浙江省社科普及全额资助项目、浙江省社科规划一般课题（编号：14KPCB04YB）

浙江乡土旅游

Travel in Zhejiang Province

丁春文 等 编著

杭州 | 浙江工商大學出版社
ZHEJIANG GONGSHANG UNIVERSITY PRESS

图书在版编目(CIP)数据

浙江乡土旅游 / 丁春文等编著. —杭州 ：浙江工商大学出版社，2018.6(2019.1 重印)

ISBN 978-7-5178-2800-6

Ⅰ. ①浙… Ⅱ. ①丁… Ⅲ. ①地方旅游业—浙江 Ⅳ. ①F592.755

中国版本图书馆 CIP 数据核字(2018)第 132284 号

浙江乡土旅游

丁春文 等 编著

责任编辑 张 玲
封面设计 林朦朦
封面摄影 叶建波
责任印制 包建辉
出版发行 浙江工商大学出版社
(杭州市教工路 198 号 邮政编码 310012)
(E-mail:zjgsupress@163.com)
(网址:http://www.zjgsupress.com)
电话:0571-88904980,88831806(传真)
排 版 杭州朝曦图文设计有限公司
印 刷 虎彩印艺股份有限公司
开 本 710mm×1000mm 1/16
印 张 14.25
字 数 248 千
版 印 次 2018 年 6 月第 1 版 2019 年 1 月第 2 次印刷
书 号 ISBN 978-7-5178-2800-6
定 价 42.00 元

浙江工商大学出版社营销部邮购电话 0571-88804228

序　言

历时四载，这本名为《浙江乡土旅游》的科普读物，终于顺利面世，呈现在读者面前。

《浙江乡土旅游》科普读物，肇始于浙江工商职业技术学院校本课程“浙江乡土旅游”。2008年，为了培养旅游人才对地方乡土文化特别是浙江乡土旅游文化的理解与把握，在诸位专业同仁的鼓励下，本人开设了“浙江乡土旅游”课程。其时，作为省内新开设的一门课程，既无教学大纲，亦无参考教材，本人从自编讲义开始，慢慢探索建设了这门全新的课程。

“浙江乡土旅游”课程于2008年春季学期正式开课，定位为旅游管理专业的专业核心课程(60学时)，教学对象为旅游管理专业学生；同时，该课程也是全校学生的公选课(28学时)。该课程于2012年被列为学校网络课程建设项目，2013年以优秀等次通过验收；2013年6月成功申请首批宁波市数字图书网络课程建设项目，2014年1月同样以优秀等次通过验收；2015年6月，该课程被列为宁波市数字图书馆第二批高校网络(MOOC)课程建设项目，2015年10月通过验收(此次验收无等次划分)。2015年底该课程入围浙江省首批省精品在线开放课程建设初选名单，2016年底正式立项为浙江省首批省精品在线开放课程立项建设名单，2018年5月通过建设验收。课程建设投入的大量劳动为《浙江乡土旅游》科普读物积累了丰富的基础性素材。

2009年，“浙江乡土旅游”课程自编讲义被列为学校精品建设教材项目；以该自编教材为基础申报的《浙江乡土旅游》读本被浙江省社科联列为2010年度普及读物资助项目。资助项目的研究成果又立项为2014年浙江省社科联社科普及全额资助项目(同时立项为2014年省社科规划一般课题)。自2014年起，《浙江乡土旅游》科普读物编撰小组认真调研，通过小组会议、专题会议、专家会议、个别沟通等多种方式，充分协商，科学分工，相互合作，历时四载，最终完成了本书编撰任务。

众多的浙江旅游介绍书籍，已经基本把浙江著名的旅游资源介绍无遗。《浙江乡土旅游》编撰的重点是，通过对浙江旅游景区景点的介绍，传播浙江的乡土人文知识，挖掘浙江历史文化、民风民俗及其世代传承。这既是建设现代化浙江的需要，也是传承浙江历史文化的责任。本书的读者群是全省广大的普通读者，因此，本书在编撰中注重景区景点介绍与乡土人文知识普及，讲求科学性、文学性，兼顾思想性、教育性，力求通俗易懂，深入浅出。本书力争发挥科普读物的作用，宣传浙江乡土旅游资源，传播浙江乡土旅游文化知识，以浙江乡土旅游资源为载体，集中揭示浙江乡土文化内涵。

本书是集体智慧的成果。邱德玉、熊国铭、陈乡、姜坤等分别为本书第三章、第六章、第七章、第八章的编著提供了基本素材。本书在编撰过程中参考了诸多文献资料。除文末参考文献标引外，受篇幅所限，个别文献资料来源未能提及，在此向所有参考的文献作者表示感谢。另外，本书参考了大量互联网最新讯息（诸如百度百科相关词条、相关网站等），原出处未能一一列出，在此表示谢意和歉意，如有其他问题，见本书后可与本书作者联系。

本书力图通过对浙江乡土旅游资源的介绍，挖掘其中的乡土文化知识，揭示其蕴含的乡土文化内涵；力图以浙江乡土旅游资源为载体，集中展示宣传浙江乡土旅游文化；力图通过雅俗共赏、寓教于乐的形式，普及、传承浙江历史文化，激发爱国爱乡的自豪感和责任感，弘扬浙江精神，激励浙江民众创业创新，建设美丽浙江、“最美浙江”。读者朋友读完此书，尚有收获，我们则甚感欣慰。

由于作者水平有限，书中存在的不足和错漏之处，敬请读者批评指正。

丁春文

2018 年 5 月 28 日

CONTENTS | 目录

第一章　浙江乡土旅游概览

“诗画浙江”是浙江的旅游形象口号，也是浙江旅游宣传的主题口号。这一口号以简练的语言充分揭示了浙江旅游的本质特点与形象——山水见长，文化著称，江南山水与文化相互交融，相得益彰。

第一节 “诗画浙江”——浙江旅游形象口号赏析

一、引言——喊响宣传口号，塑造旅游形象

近年来，中国许多城市和地区通过向公众征集旅游形象口号，以期树立自身的旅游整体形象，并在市场竞争中占有一席之地。比如，2001年底，“上海，精彩每一天”被隆重推出，正式成为上海市的旅游宣传口号。不独上海如此，其他省市的旅游宣传口号也是层见迭出，广东省是“活力广东，欢乐祥和”，北京市是“不到长城非好汉”，重庆市是“壮丽三峡，激情重庆”，云南省是“七彩云南，旅游天堂”，山西省是“晋善晋美”，山东省是“好客山东”，贵州省是“多彩贵州”，福建省是“两门两马一家亲，两山两水两岸情”，海南省是“阳光海南度假天堂，生态净土健康世界”，等等。

这些旅游形象口号在向外界推广和传播当地的旅游形象中起到了独特的作用，成为旅游目的地的灵魂所在，既塑造了旅游目的地独特的形象，又吸引了广大游客前来观光游览。

二、诞生——“诗画江南，山水浙江”

浙江旅游资源丰富，旅游产品众多，但一直以来都没有简明生动的主题形象口号和图形标识。基于浙江旅游资源的丰富性和突出性，以及构成浙江旅游总体形象的理念基础是江南水乡、文化大省、名山名湖、休闲胜地、钱潮奇观和海天佛国等，旅游宣传口号要求能在此基础上展示出“江南忆，最忆是浙江”的风采。

2001年7月，浙江省旅游局为了树立浙江旅游的总体形象，促进旅游产业进一步发展，与浙江日报社、浙江电视台联合向海内外征集浙江旅游宣传的主题形象口号和图形标识。在短短两个多月的时间里，评委会收到来稿8210件，最

后，杭州王宪诞提交的“诗画江南，山水浙江”口号及浙江广策广告公司陈卫设计的潮水形旅游标志，双双脱颖而出，成为代表新世纪浙江旅游内涵的标志口号和图形标识。

“诗画江南，山水浙江”这一旅游形象口号的提出，在一定程度上为当时的浙江旅游找到了一个宣传的主题，对旅游发展起到了积极的促进作用。浙江旅游资源类型齐全、丰富，有秀美的山水，如三江两湖(钱塘江、富春江、新安江、西湖、千岛湖)，如大运河、东海海滨，如普陀山、雁荡山；有悠久的历史文化遗存，如河姆渡文化、绍兴的人文历史、千年古镇等。只是浙江虽有丰富的资源却并没有世界级的知名度和影响力。从旅游资源和形象提炼的角度看，浙江“诗画江南，山水浙江”的旅游形象口号也显得模糊和不够准确。因此，根据专家的意见，将“诗画江南，山水浙江”改为“诗画浙江”。“诗画浙江”既明确和强化了浙江的地域概念，又描述了浙江旅游的内涵——山水、人文资源兼备，有具象性的指示也有抽象的概括。

2015 年 6 月，浙江向全球发布了由中国美术学院周峰设计的全新旅游标识。浙江旅游新标识，以浙江典型山水为主要元素，三座青山层峦叠嶂，配以中国传统水墨笔画勾勒出的蜿蜒水流，突显出江南清新秀美的气质。同时，三座青山以“山”字为型，流水以“浙”字的首字母“Z”为轮廓，点明了文化属性与地域属性。标识整体色调以蓝绿为主，“青山绿水，处处分明”，渲染出浙江的秀色宜人。(见图 1)

图 1　浙江旅游标识——“诗画浙江”

三、内涵——山水见长，文化著称

浙江旅游资源量大面广，种类齐全，山、湖、河、海、洞、林、瀑、石，动静兼备，神奇壮观。清秀的莫干山、明秀的西子湖、奇秀的雁荡山、旷秀的千岛湖，令人流连忘返。在浙江灵秀的山水中或有名人古迹，如白居易、苏东坡，或有梵音古刹，如灵隐寺、普济寺，神韵山水，如诗如画。

“诗画浙江”这一主题口号以简练的语言充分揭示了浙江旅游的本质特点与形象——山水见长，文化著称，江南山水与文化相互交融，相得益彰。它极富艺术感染力，用精练的笔触为我们营造出了一种意境，勾勒出浙江山水的神韵以及浙江的人文底蕴。

“诗画浙江”作为浙江的旅游形象口号不仅体现了浙江山水的秀美，而且高度概括了浙江的人文气质和文化气息，令我们对江南景色产生无限遐想：让我们想象乌镇小桥流水般的诗情画意，杭州“水光潋滟晴方好，山色空蒙雨亦奇”的美丽景色以及绍兴王羲之、鲁迅等文人雅士打造出的浓郁文化气息。

“诗画浙江”是浙江旅游的鲜明主题。十几年来，浙江旅游宣传口号从“诗画江南，山水浙江”到“诗画浙江”，形成良好、持续的宣传效应。当前，“诗画浙江”旅游形象已经深入人心，成为浙江旅游的金字招牌。

目前，浙江各地，包括一些著名旅游景区，都有了自己的旅游宣传形象口号（详见本章附录一）。比如，宁波的旅游宣传口号是“书藏古今，港通天下”。读者朋友可以收集一些资料，去仔细品味一下各地的宣传口号。

第二节 浙江乡土旅游特色线路赏析

一、浙江欢迎您——浙江乡土旅游特色

浙江人杰地灵,文化灿烂,自古便被誉为"丝茶之府、鱼米之乡、旅游胜地"。浙江境内有1万多年的上山文化、7000多年的河姆渡文化和5000多年的良渚文化,是中国古代文明的发祥地之一。悠久的历史,积淀了浙江深厚的文化底蕴。

(一)丰富的旅游文化内涵

以德清战国青瓷、绍兴越窑、龙泉窑、杭州南宋官窑为代表的陶瓷文化,以南戏、越剧、婺剧为代表的戏剧文化,以东阳木雕、青田石雕、温州瓯塑为代表的工艺美术,以海派、浙派为代表的书画艺术,以浙江茶文化、杭州丝绸文化、宁波服装文化、横店影视文化为代表的区域特色文化,异彩纷呈,让人沉醉其中。浙江宗教文化繁荣,杭州灵隐寺、天台国清寺、宁波天童寺、舟山普陀山、金华黄大仙祖宫,更是享誉古今,蜚声中外。

(二)鲜明的旅游文化主题

"诗画浙江"是浙江旅游的鲜明主题。自然风光与历史文化交相辉映,旅游产业与相关产业高度融合,传统旅游与现代旅游完美结合,是浙江旅游的最大特色。娇媚万千的西湖、千岛湖、南湖;雄奇伟岸的雁荡山、莫干山、天目山、江郎山;清幽雅致的乌镇、西塘、南浔、廿八都、龙门古镇;浓郁独特的春节绍兴祝福、元宵海宁硖石灯会、清明仙都公祭黄帝、端午西溪龙舟盛会、中秋钱江观潮、重阳永康方岩庙会;休闲时尚的海钓旅游、滑雪旅游、游艇旅游、高尔夫旅游等,吸引着世界各地的游客纷至沓来。然而浙江林林总总3000多个景点,恐怕花上一年的时间,也还是品不遍、游不够、赏不尽。

(三)理想的旅游购物天堂

作为中国最富裕的省份之一,浙江民营经济发达,各类专业市场繁荣,是理想的旅游购物天堂。这里既有全球最大的小商品市场——义乌中国小商品城,又有杭州丝绸城、绍兴轻纺城、诸暨珍珠城、海宁皮革城、永康五金城、嵊州领带城等40多个享誉全国乃至世界的专业市场。货真价实、价廉物美,没有你买不到的,只有你想不到的。此外,浙江还是享誉大江南北的美食之乡,是著名杭帮菜的发祥地,其口味纯正、风味独特的美食,一定会让游客大饱口福、流连忘返。

(四)完善的旅游消费体验

经过多年的建设和努力,浙江旅游基础设施日臻完善,旅游接待能力显著提高。目前,浙江全省建有9个民航机场,开辟了200多条国际国内航线,杭州、宁波、温州、义乌都有往来于澳门和香港的航班;密布成网的高速公路、铁路,可以让游客在3小时内轻松便捷地到达省内主要城市;省内有27个"中国优秀旅游城市",以旅游星级饭店为代表的多种住宿业态和以旅行社为代表的旅游服务商,为四方游客提供着热情周到的服务。虽然说浙江是中国陆域面积最小的省份之一,但是旅游者体验到的旅游服务却是最精致的。浙江倡导的特色文化酒店,主题突出,风格鲜明,带给旅游者不一样的感受。

二、最具浙江文化特色的乡土旅游线路

(一)吴根越角——浙江古代文化探秘之旅

1.主要内容

1万多年前的上山文化、7000多年前的河姆渡文化和5000多年前的良渚文化,让浙江积聚了深厚的文化底蕴。绚丽多彩的自然风光与源远流长的历史、内涵丰富的人文景观相互结合,景中有文化,文化在景中,凸显了浙江吴越文化的独特品位。

2.乡土特色

便捷的境内交通、完善的服务设施、良好的旅游环境及清、精、绝的旅游创意,把浙江的旅游文化精品巨细无遗地串联在一起。沿途可看湖、寺、楼,园林、岩洞、博物馆,还有沉静幽香的千年古镇、水城经典风貌的历史街区。

3.主要行程

杭州(西湖景区、雷峰塔、灵隐寺、古运河景区)→绍兴(鲁迅故里、东湖、兰亭、柯岩)→嘉兴(南湖、乌镇)→湖州(安吉竹博园、南浔古镇、嘉业堂藏书楼、湖笔博物馆)→上海或者杭州。

(二)生态美景——浙江山水文化之旅

1. 主要内容

山川钟秀、历史悠久、文化厚重的奉化溪口,将自然景观、人文景观与佛教道场三者结合得如此紧密、和谐与完美,在全国乃至全世界都是极为罕见的。以山水奇秀闻名的雁荡山,则素有“海上名山”“寰中绝胜”之誉,史称“东南第一山”。山水萦绕的仙都,九曲练溪、十里画廊、山水飘逸、如梦如幻。有“世界第九大奇迹”“中国古希腊神庙”之称的龙游石窟,更是给人以强烈的震撼。

2. 乡土特色

浙江具有中国典型的水乡地貌,境内有诸多享誉海内外的奇山丽水。东南形胜,名不虚传。

3. 主要行程

杭州(千岛湖、萧山湘湖、余杭径山)→宁波(溪口)→台州(江南长城)→温州(雁荡山)→丽水(仙都景区、遂昌金矿)→衢州(龙游石窟)→上海或者杭州。

(三)寻根溯源——浙江戏剧文化之旅

1. 主要内容

“躺下去它是一段悠长的历史,竖起来是一块文化的巍巍丰碑。”浙江历来是戏剧大省。从前被誉为南戏发展的摇篮,曾是余姚腔和海盐腔的发源地,近百年间,又被称为“近代戏曲艺术继承和发展的重要实验地”。

2. 乡土特色

浙江的戏剧史和戏剧文化是映射整个浙江悠久文化历史的一面铜镜,真实地演绎了浙江政治、人文、民俗的很多进程和细节。通过欣赏和了解浙江戏剧文化,游客亦能略窥浙江文化的厚重和精彩。

3. 主要行程

杭州(越剧、杭剧)→绍兴(绍剧、新昌高腔)→宁波(宁波甬剧、宁海平腔、余姚姚剧)→温州(温州南戏、瓯剧)→金华(婺剧、横店影视城)。

(四)佛教圣地——浙江佛教文化之旅

1. 主要内容

浙江有许多佛教名山大刹,特别是普陀山,它是我国的四大佛教名山之一。到浙江可以参观杭州灵隐寺、净慈寺,绍兴新昌大佛寺,宁波雪窦山弥勒佛道场,舟山普济寺、法雨寺、不肯去观音院等多座在中国佛教史上具有重要地位的名寺。

2. 乡土特色

浙江地处的江南地区，是我国佛教传播较早的地区之一，物华天宝，人杰地灵，佛寺众多，高僧辈出，佛法昌盛，杜牧曾有诗描述江南地区佛教的盛景："南朝四百八十寺，多少楼台烟雨中"。

3. 主要行程

杭州（灵隐寺、净慈寺）→绍兴（新昌大佛寺）→宁波（雪窦山弥勒佛道场）→舟山（普济寺、法雨寺、不肯去观音院）→上海或者杭州。

（五）购物天堂——浙江丝绸文化之旅

1. 主要内容

浙江是中国乃至世界最大的丝绸系列服装的设计生产区域，也是中国第一丝绸的产地，近几年来形成了中国最大丝绸商品城——杭州丝绸城，小商品城集散地——义乌中国小商品城和中国规模最大、最具影响力的海宁皮革城，都有着独特的影响力和吸引力。

2. 乡土特色

浙江自古以来就有"鱼米之乡""丝绸之府"的美誉，物产丰富，经济发达，有"文化之邦"的盛名。杭州更是有着时尚之都、品质之城的美誉，美丽的宁波犹如东海边的一颗明珠，散发着书藏古今、港通天下的独特魅力。浙江之行不仅是购物之旅，也是浙江乡土文化之旅。

3. 主要行程

杭州（西湖、杭州丝绸城、国际名品街、时尚女装街、四季青服装批发市场）→宁波（天一广场、鼓楼步行街、老外滩）→义乌（小商品城）→东阳（横店影视城）→诸暨（珍珠市场）→海宁（皮革城）→上海或者杭州。

三、最具浙江风情特色的乡土旅游线路

按照地理位置和旅游内容，以杭州（西湖）为中心，浙江逐渐形成了浙东海天佛国游、浙西钱江溯源游、浙南奇山秀水游、浙北竹乡风情游、环浙湿地公园游等五条最具浙江风情特色的乡土旅游线路。

（一）浙东海天佛国游

1. 主要内容

浙东既是中国佛教圣地聚集之地，又是典型的江南水乡地貌。从杭州至绍兴、宁波一带，水网交织、阡陌纵横；舟山是海岛，山、海风光美丽壮观。

2. 风情特色

这里的居民择水而居，采石筑桥，生活方式独特。无论自然景观还是人文遗产均异常丰富，可感受到古老传统和现代文明浑然一体之美。

3. 主要景点

沿线景点主要有绍兴柯岩、书法圣地兰亭、新昌大佛、中国现存最古老的私家藏书楼天一阁、奉化溪口、滕头村、河姆渡遗址、佛教名山普陀山等。

(二)浙西钱江溯源游

1. 主要内容

有着母亲河之称的钱塘江是浙江境内最长的河流。浙西钱江溯源游，沿着钱塘江从美丽的杭州西湖开始，向西经富春江、新安江、千岛湖至钱塘江源头——开化钱江源国家森林公园。一脉碧水逶迤于锦峰秀岭之间，孕育出一路"春来江水绿如蓝"的江南景色，青山和绿水是这一旅游线的主景。

2. 风情特色

这条线路上可以欣赏到有"天下第一秀水"之称的千岛湖国家森林公园，以山水称奇的大奇山国家森林公园，富春江、新安江森林公园，还可以探寻钱江源头的原始森林，享受茫茫林海古朴苍劲的原始风光。

3. 主要景点

沿线景点主要有严子陵钓台、富春江"小三峡"、瑶琳仙境、富阳古法造纸及古籍印刷作坊、浙西大峡谷、山里人家、红灯笼乡村家园、天目溪漂流、兰溪诸葛八卦村、龙游石窟、大慈岩及千岛湖等。

(三)浙南奇山秀水游

1. 主要内容

浙南奇山秀水包括天台山、雁荡山、楠溪江、瓯江等。由宁波沿东南海岸南下至温州，沿途可游览天台山、雁荡山、楠溪江 3 个国家级风景名胜区。

2. 风情特色

新昌的大佛寺，天台山的国清古刹、石梁飞瀑，雁荡山的灵峰、灵岩、大小龙湫以及楠溪江沿岸古镇均为浙江山水之上品。

3. 主要景点

沿线主要景点有武义俞源太极星象村，永康方岩，温岭长屿硐天，温州南麂列岛、洞头渔家乐、瑶溪、泽雅、雁荡山、楠溪江，缙云仙都等。

(四)浙北竹乡风情游

1. 主要内容

浙江的毛竹资源占全国总资源的六分之一。安吉的竹类种植园里有 200 余种竹子，是全国规模最大的竹类种植园。竹乡风情游把名城湖州、嘉兴、苏州、无锡连成一线，也把沿途江南六大古镇（湖州南浔，嘉兴乌镇、西塘，苏州同里、周庄、甪直）紧密串联在一起。从杭州乘车至嘉兴，再转乘游船沿古运河直达中国另一个名城苏州；也可从杭州出发经湖州，乘船观赏太湖风光，直达风景旅游城市无锡。

2. 风情特色

杭嘉湖平原是著名的蚕乡，也是古代丝绸文明的发祥地之一。游人沿途可感受小桥流水的风情，还可参与采桑、喂蚕、织布、印蓝花布等活动。

3. 主要景点

沿线主要景点有南浔丝业会馆、小莲庄、方丈港蚕村、西塘、南北湖、乌镇等。特别值得一提的是钱江涌潮，这是北半球独一无二的自然景观，每年都吸引着大批的海内外旅游者。

（五）环浙湿地公园游

1. 主要内容

因为一部电影，游客们认识了杭州西溪国家湿地公园。如果觉得浙江风光旖旎的湿地公园只有杭州西溪湿地公园，那就大错特错了。从杭州出发，向东有绍兴的镜湖国家城市湿地公园、宁波的杭州湾国家湿地公园，向南有金华的浦江浦阳江国家湿地公园、丽水的云和梯田国家湿地公园，向西向北分别有衢州的乌溪江国家湿地公园、湖州的下渚湖国家湿地公园，个个都风光秀丽、特色鲜明。

2. 风情特色

浙江省湿地资源具有类型齐全、分布集中、景观优美、区域性强、生物多样化、生态环境优良等特点。环浙湿地公园的“海滨游”“沿江游”“湖泊游”“水乡游”“休闲垂钓游”等众多特色路线，可以让游客领略浙江各具特色的湿地旅游风情。

3. 主要景点

截至2017年，浙江共有省级以上湿地公园49个，其中国家级湿地公园12个，即杭州西溪国家湿地公园、绍兴镜湖国家城市湿地公园、诸暨白塔湖国家湿地公园、宁波杭州湾国家湿地公园、台州天台始丰溪国家湿地公园、玉环漩门湾国家湿地公园、浦江浦阳江国家湿地公园、丽水九龙国家湿地公园、云和梯田国家湿地公园、衢州乌溪江国家湿地公园、德清下渚湖国家湿地公园、长兴仙山湖国家湿地公园等。游客可以根据个人需要对湿地公园游览路线进行个性化设计。

附录一　浙江各地旅游宣传形象口号

(一)各地级市

1. 杭州市:爱情之都,天堂城市
2. 宁波市:书藏古今,港通天下
3. 温州市:时尚之都,山水温州
4. 绍兴市:梦幻水乡,人文绍兴
5. 湖州市:山水清远,生态湖州
6. 嘉兴市:水都绿城,休闲嘉兴
7. 金华市:风水金华,购物天堂
8. 衢州市:神奇山水,名城衢州
9. 舟山市:海天佛国,渔都港城
10. 台州市:神奇山海,活力台州
11. 丽水市:秀山丽水,浙江绿谷

(二)各县(市)区旅游宣传形象口号(部分)

1. 杭州西湖区:畅享慢生活,纵情西湖区
2. 杭州建德市:山水画廊,休闲天堂
3. 杭州富阳市:富春山水,孙权故里
4. 杭州桐庐县:潇洒桐庐,富春山水
5. 宁波江北区:慈孝古县城,风情老外滩
6. 宁波镇海区:镇海雄关,人文商帮
7. 宁波慈溪市:杨梅甜醉天下客,大桥喜迎四海宾
8. 宁波奉化市:山海圣地,人文奉化
9. 宁波象山县:东方不老岛,海山仙子园

10. 温州瑞安市:天瑞地安,景秀书香
11. 温州乐清市:海上雁荡,流金乐清
12. 温州洞头县:海霞故乡,百岛洞头
13. 温州文成县:见证帝师韵彩,感悟魅力文成
14. 绍兴诸暨市:游西施故里,观五泄飞瀑
15. 湖州德清县:名山湿地,休闲德清
16. 湖州安吉县:中国竹乡,生态安吉
17. 嘉兴海宁市:游潮乡胜景,揽天下奇观
18. 嘉兴平湖市:要游山海湖,请到金平湖
19. 嘉兴桐乡市:水墨乌镇,风雅桐乡
20. 嘉兴嘉善县:寻梦古镇水乡,相约生态嘉善
21. 金华义乌市:小商品的海洋,购物者的天堂
22. 金华武义县:浙中桃花源,江南华清池
23. 金华磐安县:山祖水源,休闲磐安
24. 衢州江山市:江山如此多娇,风景这边独好
25. 舟山普陀区:海天佛国,东方渔都
26. 台州黄岩区:中华橘源,山水黄岩
27. 台州临海市:江南要塞,古韵临海
28. 丽水莲都区:秀山丽水,画乡莲都
29. 丽水龙泉市:品瓷,论剑,游龙泉
30. 丽水缙云县:黄帝缙云,人间仙都
31. 丽水遂昌县:非常山水,肆意遂昌
32. 丽水景宁畲族自治县:神奇畲乡,休闲景宁

(三)著名景区旅游宣传形象口号(部分)

1. 杭州市西湖风景名胜区——天上明珠,人间西湖
2. 杭州市千岛湖风景名胜区——秀水千岛湖,休闲好去处
3. 雁荡山风景名胜区——寰中绝胜,梦回雁荡
4. 嘉兴市桐乡乌镇古镇旅游区——心的乌镇。来过,未曾离开
5. 金华市东阳横店影视城景区——每天都有新发现
6. 舟山市普陀山风景名胜区——想到了就去,普陀山
7. 缙云县黄龙景区——黄帝之都,仙境缙云
8. 宁波杭州湾跨海大桥海中平台——望海,听潮,品大桥

9. 宁波镇海九龙湖景区——碧水仙踪,养心天堂
10. 天台山景区——山水神秀,佛宗道源
11. 仙居景星岩景区——摘星揽月天上人间
12. 仙居神仙居景区——神仙居住的地方
13. 嘉善西塘景区——生活着的千年古镇
14. 仙居皤滩古镇——唐宋元明清,从古游到今
15. 杭州宋城景区——给我一天,还你千年
16. 绍兴鲁迅故里——跟着课本游绍兴
17. 余杭山沟沟景区——四川有个九寨沟,杭州有个山沟沟
18. 杭州雷峰塔景区——杭州休闲旅游第一站
19. 温州雁荡山景区——神奇雁荡,天下奇秀
20. 兰溪市诸葛八卦村——八卦奇村,华夏一绝

附录二　中国旅游形象标识——“美丽中国之旅”

2013 年 2 月，“美丽中国之旅”正式被确定为中国旅游整体形象标识。（见图 2）

图 2　中国旅游形象标识——“美丽中国之旅”

该形象标识以印章作为主体表现形式，以“美丽中国”和 Beautiful China 分别作为中英文表述，将中国的印章和书法艺术形式结合起来，并通过甲骨文的“旅”字来突出旅游特色。标识以蓝色为背景颜色，象征着美丽中国事业发展的朝气和生命力。中文字体“美丽中国”字样为红色，是国旗的颜色，代表中国文化，其中“中国”二字采用毛体书法风格，“美丽”二字力求简洁；英文字体为黑色，采用欧美手写形式，以体现流畅和自然，彰显了中国旅游国际化视野，象征着开放、充满活力、具有美好前景的中国旅游事业。

第二章　浙江乡土旅游——省情

在中国经济向市场经济转轨的进程中，浙江从人均半亩地的资源小省，发展为经济活跃、人民富裕的经济大省。改革开放40年来，浙江在“改革开放政策并无特殊、地理区位条件亦非独有、经济基础更无优势”的情况下，实现了经济的快速腾飞，人均国内生产总值、财政收入增幅、外贸出口增幅、城乡居民人均收入等连续多年位居全国前列，被称为“浙江现象”。

第一节 “七山一水二分田”——浙江乡土地理

一、东海之滨，陆接五省（市）——浙江地理位置

浙江地处中国东南沿海长江三角洲南翼，是华东六省一市（指江苏省、浙江省、安徽省、福建省、江西省、山东省、上海市）之一。浙江东临东海，南接福建，西与江西、安徽相连，北与上海、江苏接壤。境内最大的河流钱塘江，因江流曲折，称之江，又称浙江，省以江名，简称“浙”。省会杭州。

二、陆小海大，岛屿众多——浙江区域面积

浙江省东西和南北的直线距离均为450千米左右，陆域面积10.55万平方千米，为全国的1.1%，是中国面积最小的省份之一。

浙江海岸线总长6486.24千米，居全国首位，占全国海岸线总长的20.3%。浙江海域面积26万平方千米，相当于陆域面积的2.5倍，面积大于500平方米的海岛有2878个，是全国岛屿最多的省份，占全国岛屿总数的40%。其中，面积502.65平方千米的舟山岛是我国第四大岛。浙江沿海共有2161个岛屿，浅海大陆架22.27万平方千米。

三、七山一水二分田，西南向东北倾斜——浙江地形地势

浙江地形复杂，山地和丘陵占74.6%，平原和盆地占20.3%，河流和湖泊占5.1%，耕地面积仅208.17万公顷，故有“七山一水二分田”之说。

浙江地势由西南向东北倾斜，大致可分为浙北平原、浙西丘陵、浙东丘陵、中部金衢盆地、浙南山地、东南沿海平原及滨海岛屿等6个地形区。省内有钱塘

江、瓯江、灵江、苕溪、甬江、飞云江、鳌江、京杭运河(浙江段)等 8 条水系;有杭州西湖、绍兴东湖、嘉兴南湖、宁波东钱湖四大名湖及人工湖泊千岛湖。

四、夏热冬冷,春秋宜游——浙江气候

浙江位于我国东部沿海,处于欧亚大陆与西北太平洋的过渡地带,属典型的亚热带季风气候区,气候特点是:季风显著,四季分明,气温适中,光照较多,雨量丰沛,空气湿润,雨热季节变化同步,气候资源复杂多样,气象灾害繁多。

属于亚热带季风气候的浙江,夏季炎热多雨,冬季低温少雨,全年降水充沛,降水集中在春夏季。而且因为浙江濒临东海,大陆度指数较小,所以秋温高于春温。受夏季风进退影响,浙江的降水在 5 月、10 月出现两个峰值,6—7 月之间有梅雨,7—8 月受副热带高气压控制,降水少,易发生伏旱。冬季,浙江受冷暖空气共同作用,阴雨天多,但是降水不多。每年还会受到台风的影响。

浙江年平均气温 15—18℃,极端最高气温 33—43℃,极端最低气温－17.4℃到－2.2℃;全省年平均降雨量在 980—2000 毫米,年平均日照时数 1710—2100 小时。

一年中从 4 月开始气温回暖,到 5 月上旬梅雨期前为止,春季的江南桃红柳绿,草长莺飞,一派迷人风光。9 月酷热退去,10 月秋高气爽,正值桂花盛开,且羊肉、大闸蟹、海鲜等季节美食纷纷上市,中秋后是观海宁潮的最佳时节,也是旅游的好时光。一年四季的大部分时候都可以来浙江旅行,其中最适宜到浙江旅游是 4、5 月和 9、10 月。

夏季的浙江,平原温度高,此时最好到浙西、浙南的高山间避暑,或是观赏溪涧瀑布。冬季的浙江不是十分寒冷,且是旅游淡季,适合背包族静静欣赏美景;冬季还可以去泡温泉,浙江境内的著名温泉有金华武义温泉和宁海南溪温泉。

五、总量多密度大,城镇化率高——浙江人口

相对于浙江较小的陆域面积,浙江人口无论是绝对量,还是相对量,均居全国前列。据统计,2017 年末全省常住人口为 5657 万人,人口总量在全国各省(自治区、直辖市)排名第十,属于人口比较多的省份;2017 年,全省人口密度为 536 人每平方千米,在全国各省(自治区、直辖市)排名第十。

2017 年末,全省常住人口中,居住在城镇的人口为 3847 万人,占总人口的 68.0%(据国家统计局数据,2017 年中国城镇化率为 58.5%);居住在乡村的人口为 1810 万人,占总人口的 32.0%。浙江的城镇化走在全国前列,2017 年,城

镇化率在全国各省(自治区)中排名第四(列广东、江苏、辽宁之后)。

2017年末,浙江全省常住人口中,男性人口2897万人,女性人口2760万人,分别占总人口的51.2%和48.8%,性别比为105.0(以女性为100,男性对女性的比例)。全年出生人口67.43万人,出生率为11.92‰;死亡人口31.3万人,死亡率为5.56‰;人口自然增长率为6.36‰。(见表1)

表1　2017年末浙江各市人口主要数据

	年末常住人口(万人)		出生率(‰)		死亡率(‰)		城镇化率(%)	
	2017年	2016年	2017年	2016年	2017年	2016年	2017年	2016年
全省	5657	5590	11.92	11.22	5.56	5.52	68.0	67.0
杭州市	946.8	918.8	12.5	11.1	5.1	5.1	76.8	76.2
宁波市	800.5	787.5	10.0	9.7	4.8	4.7	72.4	71.9
温州市	921.5	917.5	13.7	13.2	5.0	4.9	69.7	69.0
嘉兴市	465.6	461.4	11.7	11.3	5.8	5.8	64.5	62.9
湖州市	299.5	297.5	10.4	9.5	6.7	6.9	62.0	60.5
绍兴市	501.0	498.8	9.2	8.6	6.4	6.5	65.5	64.3
金华市	556.4	552.0	13.3	12.4	5.7	5.6	66.7	65.7
衢州市	218.5	216.2	12.6	11.3	6.5	6.5	55.7	53.7
舟山市	116.8	115.8	9.7	9.3	6.2	6.1	67.9	67.5
台州市	611.8	608.0	12.6	12.1	5.8	5.6	62.2	61.3
丽水市	218.6	216.5	12.8	11.8	6.1	5.9	59.7	58.0

(资料来源:浙江省统计信息网)

六、89县(市)区千余乡镇(街道)——行政区划

2016年底,浙江全省辖有湖州、绍兴、温州、嘉兴、宁波、金华、衢州、舟山、杭州、台州、丽水等11个地级市(其中杭州、宁波为副省级城市);下辖89个县级行政区,包括36个市辖区、19个县级市、34个县(含1个自治县);再下分的乡镇(街道)级行政区,截至2016年底共有1378个,其中乡274个,镇655个,街道449个。

第二节 长江文明发源地——浙江乡土历史

一、远古浙江——长江文明源

浙江素称“文物大省”，历史悠久，文化灿烂，积淀深厚，是中国古代文明，特别是长江文明的发祥地之一。

早在5万年前的旧石器时代，浙江就有原始人类“建德人”活动；境内已发现新石器时代遗址100多处，有距今7000多年的河姆渡文化、距今6000多年的马家浜文化和距今5000多年的良渚文化。

在余姚河姆渡遗址出土的大量文物中，有种类齐全的骨、石、陶、木制成的生产工具和生活用具，大量保存完好的古代稻谷，榫卯结构清楚的木构件，以及色彩鲜艳的漆碗，依然能吹出动听音响的原始骨哨等。河姆渡文化表明了中华民族的祖先早在7000多年前，就已经创造出了令人惊叹的人类文明，证明了长江流域和黄河流域同是中华民族的发祥地。

二、古代浙江——吴越之地，浙江行省

在春秋时期，浙江分属吴、越两国。以会稽（今绍兴）为都城的越国，在越王勾践时期曾经相当富强。

秦朝在浙江设置了会稽郡。东汉末年，浙江曾为军阀王朗和严白虎所据，后来吴郡富春（今浙江富阳）人孙坚及其子孙策、孙权逐步统一长江下游地区。此后，浙江以及邻近的太湖地区（即秦时的会稽郡辖区），为东吴、晋、宋、齐、梁、陈六朝领地。

589年，在陈为隋所并后，浙江再次进入中原王朝统治时期。8世纪开始，唐王朝设立浙江西道节度使（驻地镇江）和浙江东道节度使（驻地绍兴），大体延续

了秦汉会稽郡的范围。两浙藩镇的统治最终演化成后来的吴越国割据。公元10世纪初，浙江临安人钱镠建立吴越国，以今杭州为都城。

南宋王朝建都临安（今杭州）。元代浙江属江浙行中书省。

明朝时浙江承宣布政使司，辖杭、嘉、湖、宁、绍、台、金、衢、严、温、处11府，1州（安吉州），共75县，省界区域基本定型。清朝初期地方行政承袭明朝，康熙初年（1662）始为省，浙江省的建置至此大体确定。

第三节 江南出才子——浙江乡土文化

一、文化底蕴——“鱼米之乡、丝茶之府、文物大省、旅游胜地”

浙江,位于中国长江三角洲的南端,面临浩瀚的东海。这里气候温和,雨量充沛,土地肥沃,物产丰富。从新近发现的萧山新石器时代“跨湖桥遗址”中出土了大量遗迹、遗物,到20世纪末的漫漫7000年间,浙江先民在与自然和社会的变革撞击中,创造了一个个令人震撼的历史辉煌。浙江又是吴越文化的重要发祥地,有着十分丰富和特色鲜明的传统文化。悠久的历史和灿烂的文化,使浙江赢得了“鱼米之乡、丝茶之府、文物大省、旅游胜地”的美誉。

浙江是典型的江南水乡,盛产鱼、虾、蟹、菱、莲;气候温和,年无霜期240—280天,可种植双季稻,粮、棉、水产在全国都占有重要地位,素称“鱼米之乡”。

浙江“丝茶之府”的历史久远。距今4700年的良渚遗址出土的丝织物就已揭示了浙江丝绸的历史之久,唐代大诗人白居易“红袖织绫夸柿蒂,青旗沽酒趁梨花”的诗句又道出了当时浙江丝绸的水准之高,旧时清河坊鳞次栉比的绸庄更见证了当时丝绸经济的繁荣。浙江是我国主要产茶区之一,数千年来,勤劳智慧的浙江人民创制了众多名茶,其中出类拔萃的龙井茶名列中国十大名茶之中。

文物大省也就是文化大省,十分丰富的文化遗存和特色鲜明的传统文化,为浙江赢得了“文物(化)大省”的美誉。仅以浙江文学而言,浙江“文化大省”绝非虚名。南朝会稽人士谢灵运开创了中国古代山水诗派,对后世影响颇巨。浙江代有人才,如骆宾王、贺知章、孟郊、罗隐、周邦彦等。白居易、元稹、杜牧、范仲淹、王安石、苏轼等大文豪先后任职浙江,文采风流,代代相传。南宋时期,浙江文学蔚为大观:陆游作品众多粹美,史所罕见;南渡的李清照和世居钱塘的朱淑真乃宋代女作家的“双子星”;陈亮、吴文英、王沂孙、周密、张炎等均为南宋词坛大将。元明清时期，浙江文学延继繁荣之势，赵孟頫、杨维桢乃元之大家；晚明张岱的小品，徐渭、袁枚的诗文和以朱彝尊、厉鹗为代表的浙西词派，影响很大；清初洪昇的《长生殿》是戏剧瑰宝，晚清龚自珍、王国维等皆一代之人杰。浙江文人在现代文学上的建树同样卓荦不凡：鲁迅开创了现代小说的先河，他的《呐喊》《彷徨》是非常重要的白话小说集，此外鲁迅还是现代杂文的开拓者；茅盾是文学研究会的干将；而郁达夫则是创造社的主将；湖畔诗社是我国第一个新诗社，其他如徐志摩、戴望舒、夏衍、施蛰存、艾青等都是现代文学史上的重要作家。

自然风光与人文景观交相辉映，使浙江成为名副其实的旅游胜地。全省有重要地貌景观800多处，水域景观200多处，生物景观100多处，人文景观100多处；有西湖等19个国家级重点风景名胜区，东钱湖等40个省级风景名胜区；有杭州、宁波、绍兴、衢州、临海、金华等10座国家级历史文化名城，12座省级历史文化名城；有全国重点文物保护单位231个，省级重点文物保护单位279个；有国家级自然保护区11个，国家森林公园39个。

二、文化类型——东南文化代表，吴越文化典型

从人文地理学出发，可将中国文化划分为中原传统农业文化区和东南功利文化区两大部分。

东南功利文化区主要集中在我国东南沿海一带，其构成主体是吴越文化，其范围包括江浙及其附近地区。也就是说，浙江既是东南功利文化区的主要代表，也是吴越文化的典型代表。

远在六七千年前的新石器时代，浙江就有了河姆渡文化和良渚文化。春秋战国时期，吴越文化独具异彩。自唐宋以来，随着我国的经济政治中心从黄河流域转向江南，文化中心也随之移向吴越，其间经过了吴越文化与中原文化的两次大融合。近代以来，东部沿海一带受到西方工业文明的熏陶，本地文化与西洋文化交流广泛，吴越文化逐渐从传统的农业文化转化为商业气息浓厚的商业文化，并在我国各文化副区中冠领群雄。

吴越文化从纵向上看，是在传统与现代的反复碰撞中发展的；从横向上看，吴越文化处在我国传统的大陆文明与西方现代文明两大板块的交锋地带，这就使得其文化具有海陆两种成分，并进而发展成传统的伦理本位主义与现实功利主义两种性质的交流和融合。

三、文化特性——勇于创新，注重功利

作为吴越文化的主要构成部分，浙江文化除了拥有东南功利文化区的基本因素外，还有自己的独特性。浙江地处我国东南沿海，素称“文化大省”，在长期的历史发展过程中，形成了以永嘉文化为主体的区别于其他地区的文化特色。浙江文化的主要特征表现在：第一，具有鲜明的“善进取，急图利”的功利主义色彩。第二，具有“富于冒险、开拓进取”的海派文化传统。这主要是因为傍海而居、出海而航的生活生产环境，培育出了浙江人顽强的生命力和开拓冒险的精神。第三，具有浓厚的工商文化传统。浙江文化自春秋战国范蠡大夫弃政从商以来，就形成了蓬勃的尚利文化，“工商皆本”的思想几乎是自始至终一以贯之的。第四，具有“崇尚柔慧，厚于滋味”的人文情怀。浙江文化尊重人欲，重视家庭和家族的血缘亲情关系，这与“存天理，灭人欲”的儒家文化导向很不一样。由此可见，浙江文化与我国占统治地位的儒家文化在很多方面都是有区别的。

浙江文化具有内生的创新冒险精神，其总体特征可以归纳为八个字：“勇于创新，注重功利”。创新冒险精神是浙江文化最显著的特征，巨大的生机和创造力是其文化的生命能量；功利主义和自然人性观构成了浙江文化的人生观基础。浙江人讲究实际、注重功利的价值取向，构成了浙江人致力于经济发展的内在动力；自主创新、敢为天下先的思维品格，构成了浙江人在经济改革中致力于制度创新，实现体制外增长的精神动力；善于经营、富于机变的文化性格，赋予浙江人在适应市场机制中胜人一筹的素质和优势。

浙江文化蕴涵的自主创新精神与现代经济具有内在的兼容性，它对浙江企业家阶层的形成具有内源性的影响。正是这些潜藏在意识深处的独特的传统文化精神和价值取向在新的历史条件下的复苏，造就了大批具有创新精神的浙江人，使浙江大地在改革开放之后很短的时间内，涌现出成千上万的农民企业家，从而为民营工业的发展做好了人力资本方面的准备。以温州为例，温州市总户籍人口为600多万，其中有200多万人在办企业或从事市场交易活动，足迹遍及世界各地，形成了“凡是有华人的地方就有温州人”的说法，“温州模式”的形成，正是温州上百万民间企业家勇于创新的结果。改革开放以来，正是在大批具有创新精神企业家的主导下，形成了浙江“制度创新”的浪潮，从而推动了浙江工业化的进程。

四、浙江名人——人杰地灵，名人辈出

浙江自古多豪杰，人杰地灵，人文荟萃，群星灿烂。

近代学者曾以《二十四史·列传》为依据对人才的省籍做过统计，浙江在西汉居第十二位，东汉及唐居第九位，北宋居第八位，南宋和明居第一位。有清一代科举，进士及第共 342 人，浙江 81 人，占 24.7%，居全国第二位。另据统计，《二十四史》中记载的 6000 多位历史人物，其中载明籍贯的有 5769 位，浙江籍的历史人物，名列全国第三位。对《中国文学家辞典》中 404 位中国现代文学作家的籍贯进行分省统计，浙江占第三位。浙江人口最少，若按人口比例计算，浙江居首位。对《中国科学家辞典》中 275 位中国现代科学家的籍贯，进行分省统计，浙江居第二位，如按人口比例计算，浙江居首位。中华人民共和国成立以来的"两院"院士(学部委员)中，浙江籍人士更占了近五分之一。

打开浙江历史的画卷：卧薪尝胆的越王勾践，东吴大帝孙权，吴越王钱镠，杭州刺史白居易，杭州太守苏东坡，著名将领岳飞，"留取丹心照汗青"的文天祥，大明军师刘伯温，抗倭明将戚继光，一身正气的于谦，舍生取义的张苍水，抗英英雄葛云飞，革命志士章太炎，巾帼英雄秋瑾，辛亥先烈徐锡麟，一世雄才陶成章……浙江的英豪志士、革命英雄演绎的一幕幕历史活剧，或波澜壮阔，或精彩绝伦，或令人动容，他们的精神永远激励着后人。

浙江还是科学精英荟萃之地，如活字印刷术发明者毕昇，《梦溪笔谈》作者沈括，主持设计修建钱江大桥的茅以升，"绝学鸣天象"的竺可桢，著名生物学家童第周，数学巨子苏步青，著名生物学家谈家桢，著名物理学家严济慈等。

浙江可谓"文曲星"高照。在浙江的文化史上，有多少个闪光、经典的名字：褚遂良、贺知章、白居易、苏东坡、陆游、李渔、洪昇、袁枚、阮云、俞樾……出自浙江的现代文坛巨星有中国新文化主帅鲁迅，以及文坛名家茅盾、夏衍、郁达夫、柔石、夏丏尊、冯雪峰、丰子恺、俞平伯、邵荃麟、殷夫、徐志摩、吴晗、柯灵、楼适夷、艾青，直至黄宗英、茹志鹃、胡石青、冯骥才、林斤澜。书画名家有王羲之、赵孟頫、徐渭、吴昌硕、黄宾虹、潘天寿、沙孟海。

当代浙江商界也是人才辈出，俊杰遍地。"常青树"鲁冠球，"破三铁"的冯根生，民企造车"第一人"李书福，互联网"狂人"马云，网易创始人丁磊，激情澎湃创下多个"互联网第一"的孙德良等，都在中国大地上声名贯耳。浙商成了一个具有强大影响力的符号，它既是一个经济符号，又是一个文化符号。这种符号，意味着吃苦耐劳的草根本色，意味着出类拔萃的商业天赋与才能，意味着创业创新

的精神品质，还意味着心怀天下的诚信与责任。

这些人物尽管从事不同职业、处在不同行业、成就不同伟业，但他们的作为、业绩、精神背后却同样有着深厚的浙江文化渊源。他们的思想观念、精神品格、文化价值呈现出共同的区域人文印记，深刻影响着当代浙江人的价值观念、行为取向、精神风貌，为当代浙江精神注入了深层次的文化因子。

“遍地英雄下夕烟”，正是从古到今的英雄豪杰、贤才俊秀，与浙江人民一起创造了浙江的历史，书写着浙江的今天。

第四节　富庶文明城乡——浙江经济社会

一、鱼米丝瓷，富庶江南——浙江经济发展历程

浙江经济开发较早。早在东汉时期，浙江就已出现了较大规模的水利工程，煮盐业、制瓷业也已达到相当的水平。公元3世纪以后，浙江经济获得进一步发展，商业也日渐繁荣。到了隋唐时期，浙江的社会经济迅速发展，农业产量大有提高，杭州、嘉兴地区成了中国江南重要的粮食产地。丝织、瓷器、造纸等手工业生产发达，商品货币经济活跃，明州(今宁波)成为当时中国东南沿海重要的贸易港口。

公元10世纪以后，浙江进入封建经济的繁荣时期，成为当时中国的富庶地区之一。农业生产不但粮食产量大幅度提高，而且经济作物的种类和种植面积也有所扩大。丝织、制瓷、造纸、印刷和造船业等已居当时中国的领先地位。商业性集镇纷纷兴起，海外贸易不断扩大，丝绸、茶叶、瓷器是当时输出的主要商品。现在的宁波、温州，是当时中国东南部进行对外贸易的重要商埠，海上航运可达日本、朝鲜和东南亚诸国。

19世纪中叶鸦片战争以后，随着帝国主义的侵入，浙江日益沦为半封建半殖民地社会，经济发展滞缓。直至1949年5月，浙江人民在中国共产党的领导下，迎来了新生，进入了建设、发展的新时期。

二、浙江模式，全国瞩目——浙江经济现状

浙江是改革开放最早的省市之一。其实早在20世纪70年代中期，市场经济已经在温州等地萌芽和发展。经过近40年的发展，浙江一穷二白的落后面貌得到了彻底改变，城乡面貌发生了翻天覆地的变化，浙江人民走出了一条具有浙

江特色的发展路子，取得了举世瞩目的伟大成就。直至今日，浙江依然是全国经济最发达、思想最活跃的地区之一。

（一）总值大，增速快，人均高——浙江经济总量

近年来，浙江经济总量一直紧随广东、江苏、山东之后，稳居全国第4位。其中，最为直观的数据莫过于GDP。1949年，浙江省的GDP仅有15亿元，到了2008年已达21487亿元，按可比价格计算，比1949年增长272倍，年均增长10%。人均GDP由1949年的72元增加到2008年的42214元，按可比价格计算，比1949年增长100倍，年均增长8.1%，其中改革开放前30年年均增长12%，在各省市区中人均GDP增长最快。

2017年，浙江省的GDP总量达51768亿元，列广东、山东、江苏之后，居全国第4位；全省人均GDP为92057元（按年平均汇率折算为13634美元），列上海、北京、天津3个直辖市之后，居全国第4位和各省区第1位。（见图3）

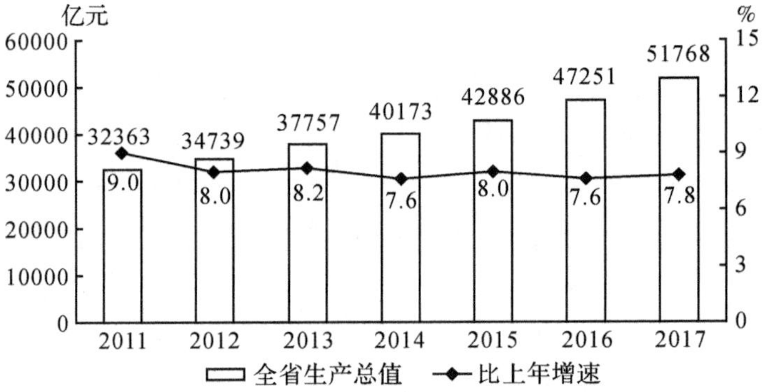

图3　2011—2017年浙江地区生产总值及增长速度示意图

（资料来源：浙江统计信息网）

（二）勇于创新，领跑全国——浙江民营经济

了解浙江，首先要了解浙江经济，了解浙江经济就要先了解浙江民营经济。民营经济的迅速发展和创业创新，是浙江经济社会发展的一道亮丽风景：目前，它创造了全省70%以上的生产总值、60%以上的税收、76%的外贸出口、90%以上的新增就业岗位；全国民营企业500强中，浙江就占了200多席，总数居全国第1。中国第一家私营企业、第一个专业市场、第一个股份合作社、第一个农村合作社、第一座农民城，都诞生在浙江。

企业集聚和区域特色形成县域块状经济，杭州软件、宁波服装、温州皮鞋、永康五金、海宁皮革、嵊州领带等一大批区域特色产业的市场占有率名列全国第1；从“前店后厂”，到“小商品、大市场”“小企业、大集群”，制造业基地与商品市场联动发展造就“市场大省”。无论是商品专业市场的数量，还是年成交额，都稳居全国首位。在中国最大的义乌小商品市场，几乎可以买到游客想得到的任何小商品；民营经济与国有经济互促共进，浙江民营经济的发展不仅没有削弱国有经济，而且还激活了国有经济的改革发展，国有经济总量上升、增量活跃、控制力增强，形成了国有民营相互促进、齐头并进的良好局面。浙江经济也是浙江人经济，浙商善于"跳出浙江发展浙江"，深受各地欢迎。目前有440万浙江人在省外发展，100万浙江人在境外创业。

三、小康城乡，平安浙江——浙江社会发展

中华人民共和国成立60多年来、特别是改革开放40年，浙江社会发展取得了巨大进步，老百姓的生活发生了翻天覆地的变化。

首先，城乡居民生活实现了从温饱到小康的历史性跨越。1949年，浙江城镇居民人均可支配收入和农村居民人均纯收入分别为116元和47元，2008年增加到22727元和9258元，比1949年分别增长195倍和196倍，扣除价格因素，年均实际增长5.5%和6.3%。2017年，浙江城镇居民人均可支配收入和农村居民人均可支配收入分别为51261和24956元，继续领跑全国。浙江城镇居民人均可支配收入连续16年、农村居民人均纯收入连续32年列全国各省区第1位。(见表2)

表2　2017年浙江居民人均收支主要指标

	全省居民		城镇常住居民		农村常住居民	
	绝对数(元)	增长(%)	绝对数(元)	增长(%)	绝对数(元)	增长(%)
人均可支配收入(元)	42046	9.1	51261	8.5	24956	9.1
1.工资性收入	24137	8.7	28818	8.1	15457	8.8
2.经营净收入	7123	8.1	7669	7.6	6112	8.7
3.财产净收入	4742	9.3	6911	8.3	718	8.5
4.转移净收入	6043	12.0	7863	11.2	2669	12.2
人均生活消费支出(元)	27079	6.1	31924	6.2	18093	4.2

(资源来源：浙江统计信息网)

收入的增长推动了居民生活质量持续改善，浙江城乡居民恩格尔系数(恩格尔系数是食品类支出占个人生活消费支出的比重)分别从中华人民共和国成立初期的60%以上分别降至2008年的36.4%和38%。2017年，浙江城镇居民家庭恩格尔系数为27.9%，比上年下降0.3个百分点；农村居民家庭恩格尔系数为

31.0%，比上年下降0.8个百分点，且低于全国平均恩格尔系数0.7和0.2个百分点。恩格尔系数的下降说明随着居民生活水平的提高，消费心态更趋于理性化，消费结构及内容的多元性、多样性及个性化特征更加显著，消费行为方式可选择的空间也更大。

其次，住房方面，城镇居民经历了由集体宿舍、小套、中套住宅，到大套住宅的更换，实现了从租房到购房的跨越，真正拥有了自己的住房；农村居民则经历了由草房、瓦房，到楼房的变迁。城镇居民的人均居住面积由1957年的6.4平方米增加到2008年的34.3平方米，农村居民人均居住面积由1962年的11.7平方米增加到2008年的58.5平方米。2013年，城镇居民人均住房建筑面积38.82平方米，农村居民人均居住面积60.82平方米。

2017年居民住房条件得到进一步改善，主要体现在住房情况和生活设施的改善。住房情况方面，从居住样式看，年末浙江居民居住在单元房的比例为42.9%，同比提高了0.3个百分点；从住房主要建筑材料来看，以钢筋混凝土为主要建筑材料的住房比例为44.3%，同比提高了0.2个百分点；从房屋来源来看，浙江居民自有房比例为86.2%，同比提高了0.7个百分点。生活设施方面，年末浙江居民饮用水管道供水入户的比例为97.7%，同比提高0.6个百分点；住宅内厕所为水冲式卫生厕所的比例为93.7%，同比提高了0.3个百分点；主要炊用能源为天然气、煤气、液化石油气的比例为94.1%，同比提高了2.1个百分点。

另外，截至2017年末，浙江每百户居民家庭家用汽车拥有量为47.9辆，也就是说，浙江有近一半的居民家庭已配备家用汽车，这个数据和上年相比增加了2.7辆。城镇常住居民家庭每百户家用汽车拥有量为55.5辆，比上年增加2.2辆；农村常住居民家庭每百户家用汽车拥有量为33.3辆，比上年增加3.1辆。

最后，特别值得一提的是，2017年，浙江群众安全感满意率达到96.58%，再创历史新高，连续14年位居全国前列，被公认为最具安全感的省份之一。

浙江人重视学习别人的先进经验，但不盲从；对于符合本地实际、能带来实效的发展路子，无论外界有什么议论和压力，都能毫不动摇地坚持，不图虚名，不搞花架子，多做少说。面对指责，不争论，不辩解；面对成绩，不自大，不张扬，形成了“真富、民富、不露富”的可喜局面。自强不息、坚忍不拔、勇于创新、讲求实效，是浙江人民在建设中国特色社会主义的实践中奋发进取精神状态的集中反映，是改革开放时代精神的深刻体现。这种精神赋予浙江人很强的适应能力和创新、创造能力，使浙江赢得了经济发展和体制创新的先发优势，成为全国经济增长速度最快和最富有活力的省份之一。

第三章　浙江乡土旅游——山水

黄岩垒温岭，幽幽三门通天台，观葱葱象山，邀来万朵云和，果然景宁，诚可仙居；兰溪注平湖，巍巍路桥接椒江，眺茫茫临海，获得八方泰顺，无愧丽水，宜为龙游。这些有趣的浙江地名，仿佛把山水浙江的美丽画卷呈现在眼前。浙江得天独厚的自然风光，与丰富的人文景观交相辉映，凸现出浙江旅游独特的资源特色、文化品位。好山多情，好水无忧，亦诗亦画的浙江山水，充满了无穷魅力。

第一节　名山皆过目，此景难图录——浙江名山、名岛

山是风景的骨架。浙江地形以山地为主，有名山50多座，主要有雁荡山、莫干山、天目山、会稽山、天台山、雪窦山、仙都山、烂柯山、江郎山等，其中龙泉市境内的黄茅尖，海拔1929米，是浙江第一高峰；庆元县的百山祖，海拔1856米，为浙江第二高峰。

一、寰中绝胜，海上名山——雁荡山

（一）"东南第一山"——雁荡山旅游全貌

雁荡山，位于中国东南温州市境内和台州市南部，素有"寰中绝胜、海上名山"之誉，史称"东南第一山"。雁荡山国家级风景名胜区，包括北雁荡山、中雁荡山和南雁荡山，其中北雁荡山更为人熟识。雁荡山形成于1.2亿年前，由火山喷发而成，因南北雁荡均山顶有湖，芦苇丛生，常有秋雁宿之，因而得名。广义的雁荡山景观，自北而南包括温岭的方山景区，乐清的显胜门景区、二灵景区、大龙湫景区，平阳的明王峰景区、石城景区和东西洞景区等。

（二）雁荡山旅游著名看点

雁荡山绵延数百公里，按地理位置不同可分为北雁荡山、中雁荡山、南雁荡山、西雁荡山（泽雅）、东雁荡山（洞头半屏山）。通常所说的雁荡山风景区主要是指乐清市境内的北雁荡山，以奇峰怪石、古洞石室、飞瀑流泉称胜。其中，灵峰、灵岩、大龙湫三个景区被称为"雁荡三绝"，特别是灵峰夜景，灵岩飞渡堪称中国一绝。

1.雁荡精粹——北雁荡山

北雁荡山位于温州乐清境内，群峰峥嵘，巨石擎天，素以峰、嶂、洞、瀑称胜，号称"东南第一名山"。有102峰、64岩、26石、46洞、14嶂、18瀑、28潭、13坑、

13岭、10泉、2水、8门、4阙、7溪1涧、8桥2湖、5尖2峡等，其中尤以峰、洞、瀑、石取胜。北雁荡山景点多达380余处，分灵峰、灵岩、大龙湫、雁湖、三折瀑、显胜门、仙桥、羊角洞等八大景区。

其中被称作“二灵一龙”的灵峰、灵岩、大龙湫尤为突出，有“雁荡三绝”之誉。灵峰又名夫妻峰、合掌峰，高大挺拔，凌空耸立在朦胧夜色中，恰似一只展翅欲飞的雄鹰；灵峰之下有观音洞，远看似乎平淡无奇，入内方见别有洞天，层层楼阁，雕梁画栋，乃晋代建筑。灵峰周围群峰环立，松柏参天，千年古刹灵岩寺隐身其中，高260米的天柱峰，与展旗峰相距200米并立对峙，形成了著名的“南天门”。号称“天下第一瀑”的大龙湫瀑布位于马鞍岭西3千米处，水从连云嶂下来，高约190米，是我国著名瀑布，列我国单级瀑布之首。徐霞客曾在游记中写道：“怒涛倾注，变幻极势，轰雷喷雪。”清代袁枚在《大龙湫》诗中曰：“龙湫之势高绝天，一线瀑走兜罗棉，五丈以上尚是水，十丈以下全为烟，况复百丈至千丈，水云烟雾难分焉。”

2.“第一山”——中雁荡山

中雁荡山原名白石山，也在乐清境内，位于乐清市西南10千米，距温州市区20千米。分玉甑、西漈、三湖、东漈、凤凰山、杨八洞、刘公谷等七大景区，总面积93.44平方千米，景点300余处，被宋太宗御笔赐“第一山”。

中雁荡最为著名的当数西漈和玉甑景区。西漈的地貌似北雁荡山，有21处胜景。玉甑峰，海拔500多米，峰下有玉虹洞，洞内有玉屏禅寺，雕梁画栋，古意盎然。与玉虹洞隔峭壁相望有白龙洞，洞内也有楼。中雁荡山的名气虽不及北雁荡山和南雁荡山，但不少温州的名人也对其颇为青睐。如南宋王十朋《登白石山》，有过“十里湖山翠黛横，两溪寒玉斗琮琤。路从飞鸟上头过，人在白云高处行”的描述。叶适的《记白石净慧院经藏记》则赞美说：“乐清之山，东则雁荡，西则白石，舟行至上水，陆见巨石冠于崖首，势甚壮伟，去之尚数十里外，险绝有奇致。其山麓漫平，深泉衍流，多香草大木，陆地尤美。”

3.“浙南第一胜景”——南雁荡山

南雁荡山位于平阳县境内，简称南雁，距温州市区87千米，以秀溪、幽洞、奇峰、石堑、景岩、银瀑为六大特色，有“浙南第一胜景”之称。人云“北雁好峰，南雁好洞”，南雁荡尤以崖洞闻名。

南雁荡的开发其实早于北雁荡，五代时高僧愿齐就率门徒三百在此开发。南雁景区面积97.68平方千米，共有67峰、28岩、24洞、13潭、8潭、9石。有东西洞、顺溪、畴溪、石城、东屿等景区，其中东西洞景区景点较为密集，在0.5平方千米范围内，有始建于宋代的会文书院、仙姑洞道观和唐代的观音洞寺院，三教荟萃，国内罕见。

（三）雁荡山旅游之乡土特色

1. 灵峰夜景，"雁荡一绝"

灵峰夜景的奇特之处在于同一景物因观看时间、角度的不同而变幻万千。每逢夜幕初降，白天形似合掌的两峰即变为男女拥抱的轮廓，故"合掌峰"又名"夫妻峰"；步行到灵峰寺前檐下仰观"夫妻峰"，已变为巨大的雄鹰正欲凌空而起；侧面观之，则是一个相思女的形象；转至灵峰寺后仰望，原来的雄鹰形象又变成"双乳峰"。而在渡船岩向里面侧看双笋峰，又像"老僧送客"。在临碧亭看，又像老婆婆转首向外；再向前几步看，却变成了须眉皆白的老公公。皓月东升，犀牛峰又会伸起它的牛脖子，遥望月亮，构成了"犀牛望月"的景观。灵峰夜景观景时，最好有导游详细讲解且带游客从不同角度观看山峰，这样景点特色更逼真、形象。

2. 灵岩飞渡，闻名遐迩

灵岩飞渡是在天柱峰和展旗峰的峰顶拉上一条绳子（过去用麻绳，现在改用钢索），即为表演舞台（高达 200 米，宽亦 200 多米），表演者在上面上演翻跟斗、飞翔等动作。最引人入胜的是悬空倒挂，表演者两脚紧扣着绳子，在站稳后，突然头顶朝下倒栽下来，身子微微地蜷曲着。他们精湛的表演常常赢得观众的热烈欢呼和经久不息的鼓掌。

（四）雁荡山旅游指引

1. 雁荡山旅游之住宿

雁荡山的住宿设施比较齐全。一般上档次的宾馆（如响岭头的雁荡宾馆），旺季价格开到 300—400 元每间，淡季房价可打对折。档次低一点的（如灵秀小庄），房价在 200 元以下。当然也可以去家庭旅馆，有些条件也很不错，带卫生间、空调、电视的双人标准房在 50—100 元每间。

2. 雁荡山旅游之美食

雁荡山特色佳肴以食用海鲜为主，当地著名的八大名菜为：鸡末香鱼、蛤蜊豆腐汤（在当地有"天下第一鲜"的美称）、蟠龙戏珠（以雁荡山的溪鳗为主料做成）、美丽黄鱼、碧绿虾仁、清蒸海蟹、雁荡石蛙（夏秋两季难得的佳肴）、土豆野味煲（野兔与土豆焖制）。雁荡风味小吃著名的有香螺、番薯粉丝汤、雁荡烙饼、米粉丝面、茴香五味豆腐干、绿豆面等，清明时节更可品尝到当地的雁荡清明馃。

3. 雁荡山旅游之特产

雁茗、香鱼、观音竹、金星草、山乐官(鸟)，世称雁荡五珍。香鱼、对虾、蛸蛑、泥蛤、牡蛎是当地盛产的水产。当地土特产有雁茗茶、雁荡山雪梨、石斛、香糕、冬米糖等。工艺品类有黄杨木雕、麻编、草编。

4. 雁荡山旅游之季节

雁荡山年平均气温 17.5℃，最热的 7 月份平均气温为 27℃，最冷的 1 月份平均气温为 5℃，可谓冬无严寒，夏无酷暑，气候宜人。一般来说春、夏、秋是旅游雁荡山的最佳季节，冬季雁荡山下雪的时间不多，但由于温度低仍会出现雾凇般的景象，也别有风情。看瀑布最好是在雨水丰盛的季节，五六月或八九月雨后晴朗的日子，190 余米落差的大龙湫就像一条巨龙从天而降，十分壮观。

二、江南第一山——莫干山

(一)避暑胜地——莫干山旅游全貌

莫干山位于湖州德清境内，为天目山之余脉，系国家重点风景名胜区，为全国四大避暑胜地之一，盛夏平均气温比上海、杭州低 5—6℃。因春秋末年吴王派镆铘与干将在此铸成举世无双的雌雄双剑而得名。莫干山峰峦起伏，绵延连亘，东西长约 15 千米，南北宽约 12 千米，景区总面积 43 平方千米，平均海拔 500 米，主峰塔山海拔 719 米。

莫干山以竹、云、泉“三胜”和清、静、凉、绿“四优”闻名遐迩。春天山花烂漫、万紫千红，夏天清泉竞流、凉风扑面，秋天风轻云淡、气爽宜人，冬天林寒涧瑟、琼花飞舞。莫干山有剑池、塔山、天池、芦花荡、荫山街、旭光台、仙人桥、怪石角、滴翠潭等多处景点。莫干山有 200 幢风格各异、形制美观的别墅阁楼，有西欧田园式的乡村别墅，有欧洲中世纪城堡式别墅，也有飞檐翘角的中国古典式建筑，号称“世界建筑博物馆”。

(二)莫干山旅游著名看点

1000 多年的开发史，使莫干山形成了丰富的人文景观。众多的历史名人，既为莫干山赢得了巨大的名人效应，也为莫干山留下了难以计数的诗文、石刻、事迹以及 200 多幢式样各异、形状美观的名人别墅。

1. 干将、镆铘铸剑——剑池

莫干山因干将、镆铘铸剑而得名，而剑池据说就是他们磨剑的地方，藏于荫山修篁幽谷中。相传，镆铘、干将在此铸雌雄宝剑，磨以山之石，淬以池之水，则铦利异常。此处景点颇多，主要有四叠飞瀑，干将、镆铘雕塑，磨剑石、试剑石、观瀑亭、摩崖石刻等。

2. 四叠飞瀑

莫干山阜溪上游50米处，有两股溪水汇合，水势增大，顺涧而下，直奔阜溪桥，此乃第一叠飞瀑。溪水出阜溪桥后，猛跌二三丈，注入剑池，成为第二叠瀑布。剑池约五米见方，周有铁栏，靠峭壁处有亭，瀑布注池，稍一停蓄，水势益壮。于是飞瀑凌空，直泻剑潭，为第三叠。飞充剑潭而下，束水入溪，形成短瀑，此为第四叠。嗣后逶迤远去，淹没于竹林绿海，行踪难寻。阜溪桥桥柱上刻有陈毅来游时留下的“夹道万竿成绿海，百寻涧底望高楼”“飞瀑剑池涤俗虑，塔山远景足高歌”诗联。

3. 名人别墅——“世界建筑博物馆”

莫干山绿波万里的竹海令人叹为观止。然而，更令人惊异的还是在竹海中隐藏着的一幢幢各尽其美的精致别墅。200多幢别墅形象丰富、无一雷同，分别体现欧、美、日、俄等10多个国家的建筑风格，各国住宅府邸形式的复制品使莫干山素有“世界建筑博物馆”之美称。来此欣赏，不禁会产生身居域外，周游列国的感觉。更令人流连的是，这里的每一幢别墅都蕴藏着丰富的历史文化内涵：皇后饭店、毛泽东下榻处、张云逸疗养处、陈毅下榻地；武陵村松月庐，蒋介石度蜜月、参加会议时多次在此下榻；白云山馆系由国民党第一任外交部部长黄郛所建，周恩来与蒋介石曾在此进行国共和谈；静逸别墅，国民党元老张静江的别墅；林海别墅，杜月笙、张啸林的别墅。

（三）莫干山旅游之乡土特色

1. 洗肺健身游

莫干山生态环境好，拥有95%的绿化覆盖率，中心区有1700亩竹林，多飞瀑流泉。竹林具有吸收有毒气体及粉尘、净化空气的功效；飞瀑流泉产生的负氧离子是城市的10多倍。因此莫干山实为一天然大氧吧，是难得的洗肺之所。

2. 春季踏青游

莫干山的春季，初为幽兰飘香，沁人肺腑；继而修竹吐翠，遍山皆绿；后为杜鹃盛开，姹紫嫣红，正如“前花未谢后花繁，满山七色巧打扮”。春季踏青，云雾变幻，竹笋破土，山花争艳，晨雾中一幅幅完美的“山居图”，令人陶醉不已。

3. 盛夏避暑游

早在20世纪初，莫干山就与庐山、北戴河、鸡公山合称为全国四大避暑胜地。7、8两月平均温度仅为24.1℃，早晚尤其凉爽，最适宜避暑，向有“晨起如春，夜眠如秋”“白天不用扇子，晚上不离被子”之说。夏日漫步山间竹径，流泉淙淙，飞瀑轰鸣，氤氲雾气，缭绕衣裙；仰观悬崖飞瀑，匹练直下，晴空细雨，扑面而来，暑气顿消，人们精神倍增。

4. 浪漫冬日游

冬日莫干山时有大雪，漫山琼花飞舞，银装素裹，千山雪浪腾涌。此时上山，踏雪寻梅，围炉品茗，无疑是一次充满诗情画意的浪漫之旅。若逢大雪天，漫天琼花飞舞，千山雪浪腾涌，另有一番意趣。这时，是观望雪景和开展溜冰、滑雪等体育活动的最好时节。

(四)莫干山旅游指引

1. 莫干山旅游之住宿

莫干山别墅群共拥有床位 3600 多张，有高、中、低多个档次，适合各个消费层次；娱乐、餐饮、会议等配套设施齐全。此外，景区周边也有可供食宿的农家乐、旅店、民宿，价格比较实惠，消费也较别墅低。

2. 莫干山旅游之美食

莫干山的笋系列食品及蕨菜、野芹菜、石鸡等山珍野味，不仅味美可口，更兼有药理作用。主要名菜有：生炒石鸡、兰花鞭笋、翠玉扁尖、竹盅藏腿、南乳焖肉、清蒸甲鱼、竹筒山鸡等，其中生炒石鸡最负盛名。

3. 莫干山旅游之特产

(1)莫干黄芽。莫干山盛产名茶，尤以“莫干黄芽”为最，被评为浙江名茶。

(2)莫干竹器。莫干山遍地修篁，竹制品品种繁多。各类竹制工艺品，如竹床、竹椅、竹枕、竹扇、竹碗、竹瓢、竹花瓶、竹花篮等，各类产品皆做工精巧细致，堪称高级工艺品。

(3)笋干、笋衣。莫干山竹笋，不仅有很好的保健价值，而且还有一定的药用价值。笋衣、笋干、笋豆、竹荪等系列食品风味独特，均为馈赠亲友之上品。

4. 莫干山旅游之季节

莫干山拥有东南风强、西北风相对较弱的冬暖夏凉的山地环境，具有春秋季长，夏季短的气候优势，一年四季皆宜旅游，且风景独特。当然，秋季是去莫干山疗养的最佳时令。

5. 莫干山旅游之线路

(1)莫干山清新一日游，建议游玩线路：莫干湖→白云山馆→剑池→芦花荡→下渚湖→武陵村。

(2)莫干山旖旎二日游，建议游玩线路：第一天，莫干湖→白云山馆→荫山洞→武陵村；第二天，剑池→观瀑亭→芦花荡→怪石角→下渚湖。

6. 莫干山旅游之必带物品

防虫:山上是度假避暑的好地方,但置身于山林竹海,不免会有蚊虫,最好出行前带上驱蚊剂、清凉油之类的东西。

防晒:夏天行走于丛林中最好还是涂点防晒霜,不是所有地方都大树成荫。

三、浙江其他名山

浙江名山众多,除雁荡山、莫干山外,江郎山、雪窦山、方岩、天台山、普陀山、神仙居、仙都山、天目山等均风景各异,都是著名的旅游胜地。

(一)中国丹霞,世界遗产——江郎山

江郎山位于衢州江山境内,为典型的丹霞地貌景观。相传古时候有江姓三兄弟登其巅,化为三座石峰,因而得名。江山之名也源出此山。江郎山 2010 年 8 月作为"中国丹霞"的系列提名地之一,与福建泰宁、湖南崀山、广东丹霞山、江西龙虎山(包括龟峰)、贵州赤水列入世界自然遗产名录。

江郎山最著名的景点是三爿石,也称三峰列汉。郎峰、亚峰、灵峰三座石峰呈"川"字形排列,最高处海拔 824 米,石峰高 369 米,状如天柱,摩天插云。郎峰居东南,体形庞大,宛如城堡;亚峰在中间,形似宝剑,直立其间;灵峰位于西北,形态浑圆,尖顶朝天。辛弃疾有诗云:"三峰一一青如削,卓立千寻不可干;正直相扶无倚傍,撑持天地与人看。"三峰之间有大弄、小弄可出入。小弄内岩壁如削,高 312 米,长 298 米,宽仅 3 米余,被华东 56 位地质学家勘定为"中国一线天之最"。江郎三峰,自古以来,人迹罕至,令大诗人白居易亦有"安得此身生羽翼,与君往来醉烟霞"之遐想。

除主景三峰列汉外,江郎山还有一蹬盘空、松梢挂月、树杪飞泉、洞岩钟鼓、烟霞楼台、古寺春云、山村暮雪等景观,合称"江郎八景"。《徐霞客游记》云:"夫雁宕灵峰、黄山石笋,森立峭拔,已为瑰观,然俱在深谷中,诸峰互相掩映,反失其奇;即缙云鼎湖,穹然独起,势更伟峻,但步虚山即峙于旁,各不相降,远望若与为一,不若此峰特出众山之上,自为变幻,而各尽其奇也!"

(二)四明第一山——雪窦山

雪窦山位于宁波奉化市西北部的四明山麓,以清幽雄奇著称于世,素有"四明第一山"的美称。雪窦山融自然景观、佛教文化、名人古迹于一体,曾被赵朴初先生称为五大佛教名山之一。山上峰峦叠翠,树木繁盛,云缠雾绕,主要景点有飞瀑如雪的千丈岩,特立独拔的妙高台,石笋林立的三隐潭,还有徐凫岩、商量岗、飞雪亭、御书亭、仰止桥、雪窦寺遗址等。其中最为惊心动魄的当推千丈岩瀑布，瀑布似玉龙、如飞雪，腾空出世，喷薄而下，狂野不羁。雪窦山有雪窦寺，为浙江名刹，系弥勒道场所在地，终年香客不绝。这里也是蒋介石、蒋经国当年经常活动和避暑之地。

雪窦山东南山脚下，是环境优美、山清水秀的溪口镇。溪口是蒋介石的故乡。镇口有武岭门城楼雄踞，南端是“武岭头”；镇中街有一幢雕梁画栋的古雅建筑，是为蒋氏故居——丰镐房。离镇 1.5 千米的鱼麟岙有“蒋母墓”，系蒋介石生母王采玉安葬之处。

（三）人间仙境——方岩

方岩位于永康市东北，海拔 400 米，壁立如削，酷似擎天方柱，故名，属丹霞地貌。方岩风景区由方岩山、寿山、烈士陵园、杨溪和邻山等 5 个风景点构成，总面积约 15 平方千米，向以岩险、石怪、景奇、谷幽而享有盛誉。

沿石阶盘旋而上，经“百步峻”，穿“步云亭”便到了“飞桥”，飞桥实为在悬崖峭壁上修筑的栈道，长数百米，盘旋而上，桥面平坦，但西凭危崖，东临深壑，盘亘虚空，备极惊险。在飞桥尽头，则见崖端上巨石豁然中开，两面崖石对峙，是为“天门”。从古至今，欲登方岩山顶，唯此可入。岩顶有广慈寺、千人坑、胡公祠、天街等胜迹和蓬莱仙境等景点，北麓有刘英烈士墓。宋代著名学者朱熹、陈亮、吕祖谦和明代应石门、程方峰、程松溪等曾在方岩（丽泽祠、三贤堂、学易斋和五峰书院）讲学。朱熹在“重楼”摩崖亲笔丹书的“兜率台”三字，至今依稀可辨。

（四）桃源仙境——神仙居

神仙居景区位于仙居县城西南 20 千米处。景区内奇峰环列，山崖陡峭，基岩落石，处处成景；险峰、幽谷、秀林、奇瀑融为一体，有鬼斧神工的将军岩、威武昂扬的狮子峰、神态安详的睡美人、因风作态的飞天瀑、意境无穷的神笔画天等 60 多处景点。身临其境，置于袅袅雾霭之中，有飘飘欲仙之感。景区上游有瀑布群和龙潭群，全长 500 米的区域内拥有连续十一级飞瀑和形态各异的深潭，为国内罕见。

在神仙居与仙居县城之间，永安溪自西南流向东北。其中西门村至杨府石牛村段，全长 12.5 千米，新开辟为“永安溪漂流”。乘上竹筏，顺溪而下，时而急穿险滩，时而如履平地，碧水、蓝天、远山、田畴、村舍，组成了一幅令人心旷神怡的田园山水画卷。

（五）天然摄影棚——仙都山

仙都位于缙云县西北、括苍山北麓，自唐代起闻名，宋以后逐渐成为道教活动的中心和旅游胜地。整个景区由仙都、黄龙、岩门、大洋山 4 个景区及鼎湖峰、倪翁洞、姑妇岩、小赤壁、芙蓉峡、黄帝祠宇、独峰书院等300多个景点组成，总面积166.2平方千米。

仙都以峰岩奇绝、山水神秀为景观特色，融田园风光与人文史迹为一体。境内九曲练溪，十里画廊；青山秀丽，云缭雾绕，兼具“桂林之秀、黄山之奇、华山之险”。宋代范成大将它列为“最号奇秀”的五大名山之一。李白曾用“缙云川谷难，石门最可观”的诗句赞美它的雄奇和壮丽。仙都又有“天然摄影棚”之称，2004年被联合国教科文组织、中国民俗摄影协会授予“民俗摄影创作基地”。

仙都，古称缙云山，从人文历史角度考察，是因黄帝缙云氏族聚居而得名，与黄山、庐山并称为轩辕黄帝的三大行宫。景区内曾建有缙云堂(黄帝祠宇)、乌伤侯庙等，其中黄帝祠宇规模最大，是仙都景区的主建筑。被誉为“天下第一石”的鼎湖峰，俗称石笋，傍练溪拔地而起，高170.8米，奇特挺秀，是世界最高大柱石，也是仙都风景区的代表景点。峰顶苍松翠柏间蓄水为池，四时不竭，风激水浪，散作晴天雨点，堪称奇观。

(六)植物王国——天目山

天目山位于杭州临安城北，因东、西峰顶各有一池，宛若双眸仰望苍天，由此得名。天目山地质古老，植被完整，是我国著名的自然保护区，也是浙江唯一加入国际生物圈保护区网络的自然保护区，其森林景观以高、大、古、稀、多、美为特点。天目山有木本植物1200多种，草本植物1800多种，有世界最古老的银杏树、全国最高的金钱松以及有“地球独生子”之称的天目铁木等等，是名副其实的“植物王国”。天目山的古柳杉群，世所罕见，最大的需七八个人合围。

天目山自古以来就是宗教名山、旅游胜地。西天目山南麓的千年古刹禅源寺，是佛教临济宗的中兴之地，被日本永源寺派奉为祖山。位于海拔1020米处的开山老殿，曾为浙西名刹之一。距禅源寺1000米处有太子庵，为南朝梁昭明太子读书咏经之处。禅源寺东侧平地突起7块巨石，排列如北斗，即“七星石”。七星石旁有株硕大却已枯死的柳杉，相传宋时已被称为“千秋树”，清时被乾隆皇帝敕封为“大树王”。

四、金沙碧滩、渔乡风情——浙江海岛

浙江有大大小小的岛屿3000余个，奇岛美礁、金沙碧滩、渔乡风情等构成了魅力无比的浙江海岛风情。浙江著名的岛屿有普陀山、嵊泗列岛、桃花岛、洞头岛等。

(一)碧水奇礁，金沙渔火——嵊泗列岛

1.唯一的国家级列岛风景名胜区——嵊泗列岛旅游全貌

嵊泗列岛是我省唯一的国家级列岛风景名胜区，取嵊山、泗礁两岛首字而得名，位于舟山群岛最北部，长江口与杭州湾的汇合处，陆地面积 67.8 平方千米，由 404 个大小岛屿组成，其中常年住人岛屿 16 个。

嵊泗风光的特色在于“海瀚、礁美、滩佳、石奇、洞幽”，景观较集中的有泗礁、黄龙、枸杞、嵊山、花鸟等岛，以长滩水湲、琼岛摩崖、绿华引渡、海浪雪景、雷洞遗恨、庐山林海、渔港垂钓、海豚逐浪、初阳望月、山海奇观十景为最佳。泗礁山最高峰插旗岗海拔 217.9 米，登岗可观东海日出。基湖沙滩长 2200 米，被称为“南方的北戴河”，为理想的海滨浴场。黄龙岛上怪石嶙峋，有摩崖数处。枸杞岛因产枸杞而得名，其五里碑岗上有一巨石，上书“山海奇观”4 个大字，系明朝万历年间抗倭英雄戚继光的部将侯继高来枸杞岛剿匪巡海时所题。嵊山岛与枸杞岛遥相对望，如一对鸳鸯。花鸟岛以洞景闻名，岛上灯塔是南太平洋四大灯塔之一，也是亚洲最大的一座。嵊泗是我国著名的渔场，享有“天然鱼库”的美誉。

2.“海外仙山”——嵊泗列岛旅游著名看点

唐代大诗人白居易对嵊泗列岛有“忽闻海上有仙山，山在虚无缥缈间”的赞誉，“海外仙山”也因此成为嵊泗列岛的代名词。作为舟山群岛中最大的列岛群，嵊泗列岛境内有大小 404 座岛屿，像一颗颗洒落在东海海面上璀璨的明珠，在万顷碧波中点缀着这片美丽丰饶的土地。

(1)列岛古迹。嵊泗列岛历史悠久。远在新石器时代，岛上已有先民居住，在春秋战国时，这里已有舟楫飞舞，是人鱼交欢的海上热土和海洋文化发祥地之一。菜园镇的基湖村就曾发现先民们使用过的石斧、石锛、陶片和完整的鹿角；同时还发现有战国前期人类居住的遗址。据古籍记载，唐朝鉴真和尚六渡扶桑、明朝郑和七下西洋、明末郑成功征发东南等都曾途经嵊泗。嵊泗列岛位于中国的“东大门”，历来是兵家必争之地，也因此留下了许多人文古迹，如鉴真东渡扶桑曾滞留过的大悲山遗址；明朝将领侯继高笔下的“山海奇观”摩崖石刻等等。这些古迹有极大的观赏价值，更可激发游人的爱国主义情感。

(2)天然鱼库。嵊泗也是中国东海的渔场中心，号称“东海鱼库”，海域盛产黄鱼、带鱼、墨鱼、黄龙虾米等。闻名全国的嵊泗渔场在其境内，每年冬汛，苏、浙、闽、沪等省市的 10 多万渔民，驶船来此捕捞生产，万船云集，桅樯如林。嵊泗的绿华港是中国少有的深水良港，水深 20 米左右，素有“国际锚地”之誉。入夜，海上巨轮高耸入云，灯火万盏，灿若繁星，加之无数亮着桅灯的溜蟹船在海湾里穿梭往来，闪闪烁烁，像无数萤火虫在飞行，构成了绿华港如梦似幻的不夜海景。

嵊泗海洋生物馆有 400 多种各类鱼、贝、虾、藻类标本，已经成为广大游客认识海岛，了解海洋的一个窗口。

(3)天然浴场。嵊泗基湖沙滩，背靠松林，沙质坚硬洁净，沙域开阔，沙坡下海域平坦，海水清澈，为理想的天然海滨浴场，享有"南方的北戴河"之盛誉。基湖沙滩和南长涂沙滩，各长达 2000 米以上，为我国长江三角洲地区首屈一指的海滨浴场；漫步沙滩，海的轻盈、海的皎洁、海的柔美，特别是海的狂舞，使嵊泗列岛呈现出静中有动的美感。

(4)渔乡风情。嵊泗列岛不仅自然风光秀丽，而且人文景观丰富，渔岛风情浓郁。嵊泗列岛景区海浴冲浪、碧海垂钓、休闲渔家乐、孤岛探险等特色旅游项目，让游客在参与中尽享海岛旅游的无穷乐趣。远东第一大灯塔——花鸟灯塔闪烁着的强烈灯束，嵊山渔港里如林的桅樯，遮天的船旗，入夜后的万船灯火，还有渔民不时哼唱的渔歌、号子……无不飘散着浓浓的海洋文化气息，讲述着生动感人的渔岛故事。这些深厚的文化底蕴和历史积淀，使嵊泗列岛风景名胜区更富情趣，更富魅力。

①休闲渔家乐：随渔民一起驾舟出海，垂钓捕鱼、起蟹笼；在礁丛中拾贝壳，还可将海货带到渔民家中烹饪、烧烤。

②沙滩戏沙：垒城堡、掏蟹洞，追逐童趣，另有一番心情；沙浴是一项既时尚又利于身心健康的沙滩旅游活动。

③海浴冲浪：海边冲浪是青年人最喜欢的活动，在搏击海浪中锻炼勇气；摩托艇冲浪，是情侣们的最佳选择。

④海底世界：嵊泗海洋生物馆陈列着各种各样、千姿百态的海洋生物标本。

⑤碧海垂钓：嵊泗列岛已被列为国家海钓基地，这里春钓黄姑鱼、真鲷；夏钓石斑鱼、虎头鱼；秋钓星鳗、鲻鱼；冬钓鲈鱼、带鱼。

3."东海鱼库"——嵊泗列岛旅游之特产

嵊泗位于全国著名的舟山渔场中心，有"东海鱼库"之称，海鲜产品极为丰富，一年四季海鲜不绝，以黄龙虾米、枸杞贻贝、三矾海蜇皮、螟脯、枪蛰最为著名，小黄鱼、带鱼、墨鱼也是嵊泗主产。菜园镇水产品市场里可买到当地各种特色海产品。

4.原汁原味——嵊泗列岛旅游之美食

到嵊泗吃海鲜是一大美事。这里海鲜品种众多，当场烹饪，原汁原味，可品尝嵊泗螺酱、花蛤、蛏子、梭子蟹、扇贝、黄鱼、海蜇皮等。菜园镇上有很多可以吃海鲜且环境不错的宾馆、排挡，一般一顿丰盛的海鲜人均消费约 100 元。

(二)美妙神奇——桃花岛

1."海岛植物园"——桃花岛旅游全貌

桃花岛古称白云山，又名桃花山，位于舟山本岛沈家门渔港的南面，普陀区诸岛屿中心，是舟山群岛1390多个岛屿中的第七大岛，面积41.7平方千米。桃花岛中南部的对峙山主峰安期峰海拔539.7米，为舟山群岛的最高峰，山脉向四周延伸，形成群峰起伏，层峦叠起的山海风景。岛上林木苍郁，植被覆盖率达75%以上，林木种类有78科、856种，素有“海岛植物园”之称。沙滩、礁石、洞崖、溪潭、峰岩、花鸟、林木等几十处自然景观，与寺庙、军事遗址、历史纪念地、名人碑刻、渔乡民俗风情等众多人文景观相得益彰，伴随着一个个美丽动人的传说故事，构成桃花岛独特的岛屿风光。

2.桃花岛旅游著名看点

桃花岛丰富的自然景观、人文景观和神话传说有机融合，形成了六大景区，即桃花峪景区、塔湾金沙景区、安期峰景区、大佛岩景区、悬鹁鸪岛景区和桃花港景带。它们组合成武侠、佛教、道教文化三条旅游专线。

(1)海岛植物园。桃花岛是浙江沿海林木品种最多的岛屿，树木花卉资源十分丰富，植被覆盖率在75%以上，树木有73种、356个品种，其中属于国家自然保护范围的珍稀树种达数十种，桃花岛上的水仙与兰花，是岛上的“土特产”。桃花岛是中国三大水仙名品之一的普陀水仙和浙江名茶普陀佛茶的主产地，产品远销中国香港、日本等地，有着“海岛植物园”的美称。

(2)影视文化。桃花岛是金庸先生所著《射雕英雄传》和《神雕侠侣》所描绘的美妙神奇的东海小岛，金庸先生名著中的“东邪”黄药师就住在这个岛上。著名导演谢晋拍摄电影《鸦片战争》时，在桃花岛上搭建了外景地定海古城，内地版《射雕英雄传》《天龙八部》《倚天屠龙记》《神雕侠侣》《鹿鼎记》以及新版《西游记》都在桃花岛拍摄。

(3)人文遗迹。桃花岛的美丽和神秘，吸引了历代不少文人墨客来此观光探奇、寻古考证。从先秦安期生第一个上岛之后，汉时大臣李少纯、宋代文学家苏轼、元朝文学家吴莱、明代军事家朱丸、清代诗人朱绪、缪燧、当代武侠文化大师金庸、诗人方牧都留下了脍炙人口的作品，不断做补充和深化桃花岛的人文景观和海洋文化。

3.桃花岛旅游之特产

(1)普陀水仙。“普陀水仙”系中国水仙，为我国十大名花之一，具有花球大、花葶多、花期长、花姿美、花香浓、养护方便等特点，被称为“观音水仙”，1996年被列为舟山“市花”。如今，桃花岛每年有大量“普陀水仙”远销外地。

(2)普陀佛茶。普陀佛茶在清朝时曾被指定为进贡的“御茶”，主产地在桃花岛白云山一带。普陀佛茶由幼嫩的牙尖炒制而成，具有形细小、色泽青翠、香气浓郁、滋味醇厚等特点，远销欧美，深受客户喜爱。

(3)海带。海带营养价值全面，价格便宜，一年四季都可食用。它的含钙量是牛奶的10倍，是苹果的100倍，还含有丰富的碘，可以防治地方性甲状腺肿的发生。桃花岛千步金沙海湾是舟山最大的海带养殖基地，面积达1000余亩。

(4)大黄鱼。桃花岛所在的桃花镇为浙江省大黄鱼养殖之乡，全镇现有大黄鱼养殖面积2200余亩，放养量达120万尾。大黄鱼由于色泽金黄、肉嫩味美，日渐成为人们餐桌佳肴，并在国内外市场销售中日趋见旺。

4.桃花岛旅游之美食

"靠山吃山，靠海吃海"，桃花岛海产品十分丰富。黄鱼、墨斗鱼、海蟹、花蛤、淡菜、贝壳类、条纹虾、对虾等，应有尽有。当地的烹调技艺，亦颇有特色。清蒸或清煮海鲜，原汁原味，鲜美可口，百吃不厌，回味无穷。

5.桃花岛旅游之季节

桃花岛旅游最佳时间为每年的6—10月。这里四面环海，受海水温差的调节，冬无严寒，夏无酷暑，终年多雨，温和湿润，是夏季避暑度假的胜地。要注意的是每年台风季节，出游前一定要注意天气预报和海洋信息。

6.桃花岛休闲二日游推荐路线

第一天：上午，游大佛岩景区，逛"临安古街"，游"归云山庄"，探秘"冯氏墓道"，消闲"东邪海船"，"清音洞"寻秘籍，"大佛岩顶"观海景；下午，游桃花峪景区，走"海边栈道"，观"海龟巡岸"，去"龙珠滩"观"东海神珠"，到"弹指峰"观海涯风光，在"桃花潭"边观"神雕石"，也可在"桃花山庄"观"药师精舍""蓉儿闺房"，在"蓉儿茶庄"品"蓉儿茶"；晚上入住桃花寨，领略金庸武侠文化的情、武、义意境。

第二天：上午，登千岛一峰，领略"百家朝圣"景观，游"别有洞天""安期炼丹洞""炼丹井""观音望海石"，敲响"千岛钟声"，在"圣岩寺"稍事休息，观千岛海天水色，乘车返回住地午餐；下午，去"金沙浴场"，可海浴或玩沙滩跑车、海上摩托、"仿古渔业"游；然后准时到达客运码头，返程。

(三)"海上雁荡"——朱家尖

"海天佛国"普陀山、"海上雁荡"朱家尖和"渔都"沈家门构成舟山旅游金三角。

朱家尖与普陀山隔海相望，距普陀山2.5千米，面积约72平方千米，是普陀山的"姐妹岛"。朱家尖以冬暖夏凉，气候湿润，独具特色的海岛自然景色见长，山、海、沙、石、洞、缝、林、礁相映成趣，被誉为"海岛生态公园"。因民间传说古时岛东大山有朱姓人家居住，故称朱家大山，朱家尖也由此得名。

十里金沙、千丈石崖、白山灵石、青山醉雾、海角烟涛、乌塘琴潮、春池花雨、南河夏浴、蛟龙喷水、渔湖揽月是朱家尖的十大景观。岛东西有连绵的五片沙滩(东沙、南沙、千步沙、里岙沙和青山沙)，全长4680米，号称“十里金沙”。岛北部奇峰峻峭，怪石嶙峋，有“海上雁荡”“东海石林”之美誉。岛南部以礁景和山景著称，有“海上盆景”之誉。近几年，沙雕已经成为朱家尖新的旅游项目。

(四)祖国渔都——沈家门

沈家门位于舟山本岛的东南部，是舟山市普陀区政府所在地。传说过去有位姓沈的大臣死了以后由皇帝赐寿地于此，墓地有联语“青龙卧镇沈家池，白虎伏视东海门”，沈家门之名由此得来。

沈家门是我国最大的渔港和鱼货集散地，贯有“渔都”之称，它与秘鲁的卡亚俄港、挪威的卑而根港一起被称为世界三大渔港，每当鱼汛时节，这里万舟云集，蔚为壮观。

(五)贝藻王国——南麂列岛

南麂列岛位于平阳县东南部海域，由23个大小岛屿组成，面积约为12平方千米。主岛形似麂，在北麂岛南，故名。南麂列岛为国家级海洋自然保护区，有贝类403种，藻类174种，素有“贝藻王国”之称。三盘尾岛上的海岛草原，奇礁、怪石、天然壁画以及大擂岛上的大面积野生水仙花等为世所罕见。

(六)海外桃源——洞头岛

洞头岛位于温州市瓯江口外东部，乐清湾外以南的浙南近海，陆域面积100.3平方千米，海域面积达792平方千米，由103个岛屿和259个海礁组成。地处洞头列岛东部的洞头洋，也称“洞头渔场”，是浙江省第二大渔场。洞头岛自然环境优美，山清水秀，山海兼胜，人文荟萃，以石奇、滩佳、礁美、洞幽、鸟多、鱼丰为特色。清朝诗人王步霄曾惟妙惟肖地描绘它的神韵：“苍江几度变桑田，海外桃源别有天。云满碧山花满谷，此间小住亦神仙。”

(七)东海碧玉——大鹿岛

大鹿岛在台州玉环景区，孤悬在烟波浩瀚的东海，距玉环坎门港6海里。相传古时天庭有只神鹿，因偷衔仙果撒于人间而被坠入东海，遂成块状鹿形的孤岛，故名大鹿岛。大鹿岛是省级海上森林公园，森林覆盖率达87.5%。海上森林、奇礁异石和岩雕艺术被称为“鹿岛三绝”。岛上还有刘海粟、沙孟海、陆俨少、朱屺瞻等名家巨匠所书的摩崖题刻，自然美和人工美水乳交融，使小岛成为“东海碧玉”。

第二节　造型独特，秀甲东南——浙江名洞、石林

浙江是中国东南沿海岩洞最多的省份之一，有名的岩洞就有500多个，主要分三种类型：第一种是石灰岩溶洞，洞内钟乳石千姿百态，景观琳琅满目，著名的有桐庐瑶琳洞、建德灵栖洞、杭州灵山洞、金华双龙洞、冰壶洞等；第二种是火山岩裂隙崩塌岩洞，如雁荡山观音洞、三门仙岩洞和杭州紫云洞等；第三种是发育在红砂岩中的喀斯特溶洞，如衢州烂柯山洞、丽水三岩洞等。此外，浙江还拥有众多的石林。

一、水石奇观——双龙洞

（一）双龙洞旅游全貌

双龙洞位于金华北山西北麓，因洞口有钟乳“青龙”“黄龙”分悬两侧，故名，是道教“三十六洞天”之一。

双龙洞由外洞和内洞两部分组成，外洞约1200平方米，可容千人。洞底平坦，顶崖平如石盖，四壁石质细腻，纹如肌理。洞内泉水清澈，自东壁下小穴内潺湲流出，终年不断。内外洞之间，有一条12米长的水道，水面离穴顶仅30厘米左右，欲进内洞，人必平卧船中，方能牵引擦岩而过。内洞约2100平方米，满目钟乳，仰望洞顶，即见双龙翻腾空中。双龙洞上方有冰壶洞和朝真洞，与双龙洞合称金华北山三奇洞。冰壶洞洞口朝天，口小肚大，洞深约120米。入洞须沿石级扶栏而下，如入壶中，故名。洞中有瀑，飞珠溅玉；瀑下无潭，潜流四散。朝真洞亦名真人洞。洞穴曲折起伏，分为四段，有花瓶洞、螺蛳洞、石弄堂、石棋盘、一线天等景。

(二)双龙洞旅游主要看点

1. 内洞外洞

“千尺横梁压水低，轻舟仰卧人回溪”，进入内洞宛如置身仙境龙宫。洞内钟乳石、石笋、石幔、石柱、石钟、地下泉水众多。“神龙见首不见尾”，在洞内游客就可以见到两龙的龙身、龙爪、龙尾。其他的主要有“晴雨石”等数十个岩溶景观，琳琅满目，惟妙惟肖，游客至此，都会忘记尘世的喧嚣，体验“洞中方一日，人间已三载”的神奇。

外洞宽广高大，洞内温度常年保持在17℃左右，冬暖夏凉。特别是在炎热夏日，金华本地人和游客到洞中纳凉已成千古风俗，比起室内空调，洞中清凉是有过之而无不及，古人形容得好：上山汗如雨，入洞一身凉。

2. 屏石横亘

内外洞之间有巨大的屏石横亘相隔，仅有狭窄的地下河相通，河长15余米，宽3米多。要想进入内洞，只有屏息仰卧小船中，逆水擦岩而过，不得稍做抬头，否则就有碰破鼻尖之虞，很是惊险，游览方式为世间罕有。古诗云“洞中有洞洞中泉，欲觅泉源卧小船”描写的即是这般探洞的场景。明朝的地理学家、旅行家徐霞客在400年前，则是向洞前的潘老太太借了澡盆，解衣游进双龙内洞的。

3. 摩崖石刻

外洞洞壁有众多摩崖石刻，洞口北壁“双龙洞”三字，传为唐人手迹，后由国民政府交通次长临摹刻撰；南壁“洞天”二字，为宋代书法家吴琳的墨宝；“三十六洞天”五个大字，则为国民党元老、近代书法家于右任先生之手笔；最里边石壁上还有“水石奇观”石刻和清代名人探洞游记碑刻；近代合肥游人的“双龙洞”三字石刻，很有趣味，他将“龙”字反刻，寓意双龙洞的两龙头，要站在洞厅内往外反过来看，才能看到他们的真面貌。

4. 黄色“石瀑”

外洞厅北有一挂黄色“石瀑”，俨然是古人衣袍，这就是传说的“吕先生藏身处”，相传八仙之一的吕洞宾曾隐身于此。又有传说是，有个村姑誓不嫁抢她的财主，被锁困在洞中，吕洞宾就是从这里去营救洞中的村姑的。

二、中国少有，世界罕见——瑶琳洞

(一)曲折有致——瑶琳洞旅游全貌

瑶琳洞，又名仙灵洞，位于桐庐县城西北20余千米的分水江畔，西山的北麓。早在唐宋时期，瑶琳洞就是古人探洞、游览的胜地。洞内石笋遍地，钟乳累累，奇峰突兀，崖壁陡峻，峡谷道深，清泉潺潺，具有大、深、奇、秀的特色。洞内“恒温高湿”，气温保持在18℃左右，是一个非常适宜旅游的洞天。现在开放的“瑶琳仙境”为整个洞穴系统的中部一段。

（二）瑶琳洞旅游主要看点

瑶琳仙境自开放以来，以其幽、深、奇、秀的瑰丽景观和优美的生态环境，赢得了中外游客的热烈赞赏。

1. 玉柱擎天（第三洞厅）

瑶琳仙境共分七个洞厅，全长约1千米，总面积2.8万平方米。其中最大的第三洞厅面积达9000多平方米，洞景气势雄伟，十分壮观。在这里有一根擎天大柱般的石笋凌空矗立，称作“玉柱擎天”。还有层层叠叠的石笋群，称作“三十三重天”。第三洞厅五彩缤纷，千姿百态，游人宛如走进虚无缥缈的神仙境地，无不赞叹称绝。

2. 仙境宫殿（第一洞厅）

第一洞厅虽没有第三洞厅高大，面积也只有4000多平方米，但其景致却像是进入仙境的宫殿。石景有亭台楼阁，又有庭院深宫，其间还有状似仙人和各种动物的石笋，游人可开启想象灵感，去寻找神话故事中的各种场景。电影《初探瑶琳洞》中仙女起舞，《少林小子》中三凤送鸡汤给三龙的场景，就是在这个洞厅拍摄的。这里还有石瀑，高7米，宽13米，称作“银河飞瀑”，可谓“天下奇观”。

在瑶琳仙境最后三个洞厅内，运用现代布景、灯光、音响等效果，及机械制动手段，展现了近20个中国神话传说故事，使观赏另有一番乐趣。

瑶琳洞内，曾发现了中国犀牙齿化石、西周时期木炭余烬、东汉印纹陶片、隋唐木炭题字、五代北宋古钱等，这为考古研究提供了重要资料。

三、华东第一石林——赋溪石林

（一）赋溪石林旅游全貌

赋溪石林又称西岭石林、淳安石林，位于淳安县城东南16千米处，属喀斯特地貌，素有“华东第一石林”的美誉。石林全长约15千米，总面积5平方千米，海拔500—800米之间。赋溪石林景色“幽、迷、奇、险”，以怪石、悬崖、灵洞、古道等千姿百态的自然景观而著称，吸引了无数的海内外游人。

（二）赋溪石林旅游著名看点

赋溪石林景色以西山坪、蓝天坪和玳瑁岭三处最佳。

1. 西山坪石林

西山坪石林有的状如仙人竞渡或美女飞天；有的似龙虎相争或鲤鱼凌波；还有的酷似泰山压顶，或仙人掌刺，无不妙趣横生。高山多雾，缥缈的白云轻纱，令人如入仙境。这里的石林质白，且表色如黛，间有山兰、野菊、天竺、棕榈等植物为之点缀，有一种幽雅别致的格调。这一带地上是石林，地下多溶洞瀑布。

2. 蓝玉坪石林

蓝玉坪石林从山腰至山巅是一条连绵百米的岩壁。拾级而上直达顶点，举目四顾，有双翁对弈、两熊相依、寿星捧桃、雄雕欲飞等景点。

3. 玳瑁石林

玳瑁石林简直像一座动物化石陈列馆。狮子林在玳瑁石池的悬岩上，一头高大的雄狮蹲居岩顶，周围有百十头小狮，或纵或蹲，或逐或卧，形态逼真。自石池前行，便是一片柏林苍翠的山坳盆地，清泉淙淙，奇岩错落，俗称“石林公园”。过山坳，顺坡上罗汉山，有十八罗汉、四大金刚、福禄寿三星等奇景。

四、世界最大象形石动物园——三衢石林

（一）“江南一绝”——三衢石林旅游全貌

三衢石林风景区位于衢州市常山县城北 10 千米处，它是常山国家地质公园核心景区、浙江三衢国家森林公园重要组成部分。三衢石林属喀斯特地貌，景区总面积 27.58 平方千米，由三部分组成：东面三衢山，景观以典雅景致见长，主要景点有赵公岩、三衢圣母；中部小古山，景观以奇、险、美为主要特色，主要景点有猴子观海、独树江南；西面大古山，景观以曲折幽深、气势宏伟著称，其中的三衢长廊、紫藤峡谷、仙人洞等被中外游客称为“江南一绝”。整个石林景区景观类型多样，各种动物造型惟妙惟肖，素有“世界上最大的象形石动物园”的美称。

（二）三衢石林旅游主要看点

1. 喀斯特石灰岩岩溶地貌景观

三衢石林景区以喀斯特石灰岩岩溶地貌景观为主要特征，融石林奇观、峡谷险胜、山林野趣于一体。与云南石林的壮年期岩溶地貌不同的是，三衢石林岩溶属幼年期，主要由峰丛构成，微地貌为石芽和溶沟，同时又是奥陶纪晚期（4.4 亿年前）的一个巨大的古生物礁，是研究华南古生代地史的重要地区。三衢石林因生物礁和优美岩溶地貌的结合而珍贵。典型的喀斯特岩溶地貌孕育出了千姿百态、亦真亦幻、韵味别致的石林迷宫奇观，掩映在绿色藤蔓中的溶沟石芽显得美轮美奂。在地质演变的作用下，形成了城堡石林、天井石林（天坑）、小古山岩溶凹地、紫藤峡谷、各类象形动物、仙人洞等典型的地貌景观，被国内外地质学家称

为“世界上罕见的地质地貌景观”，更有“世界最大的天然盆景”“世界最大的象形石动物园”“秀甲东南，江南一绝”之美誉。

2. 人文景观

三衢山独特的地貌背景孕育了丰富的人文景观。据《韶山毛氏族谱》记载，毛泽东祖籍世居三衢，毛泽东三过衢州还三问三衢山之来历。北宋名臣赵抃曾在三衢山面壁苦读，留下一代铁面御史千古佳话的“赵公岩”，一直为后人所敬仰、膜拜；明代忠臣于谦路经此地写就了千古名篇《石灰吟》。唐代的罗隐、宋代的杨万里、陈亮、程宿，元代的萨都剌、张可久、张雨，明代的王守仁，清代的陈韶等人与三衢山也是缘份颇深，挥毫泼墨，留下众多精美的诗词名句，至今传颂不衰。

(三)三衢石林旅游之季节

三衢石林最佳旅游季节是春、秋两季。这两季的温度适宜，春天满山的野花，会让人心旷神怡；秋天是胡柚收获的季节，游客们游玩的同时还可以采摘胡柚。

第三节　江南水乡，旅游胜地——浙江江河、湖泊

水是风景的血脉，浙江境内江河纵横，形成八大水系，自北向南分别是：东西苕溪、钱塘江、曹娥江、甬江、灵江、瓯江、飞云江、鳌江。此外，还有京杭运河（浙江段）。它们是山水浙江美丽风景中的重要组成部分。浙江湖泊众多，境内三大名湖是杭州西湖、绍兴东湖、嘉兴南湖；最大的人工湖是千岛湖；最大的天然湖泊是宁波东钱湖；此外，还有萧山湘湖、临安青山湖、绍兴鉴湖、云和县仙宫湖等。

浙江是典型的江南水乡，江河湖泊不仅有灌溉之利，而且风光优美，周边古迹众多，成为著名的旅游胜地。

一、日出江花红胜火，春来江水绿如蓝——钱塘江

（一）浙江最大河流——钱塘江旅游全貌

钱塘江，古称浙江、罗刹江、之江，全长 605 千米，流域面积 4.88 万平方千米（约占浙江省陆域面积的 1/2），是浙江省最大的河流。

钱塘江正源发源于安徽省休宁县的六股尖，源头称冯村河；安徽歙县浦口以上称率水；浦口以下至浙江建德梅城称新安江；梅城至桐庐称桐江；桐庐至萧山闻堰称富春江；闻堰至闸口称之江；闸口以下称钱塘江。钱塘江流经 14 个县市，最后由杭州湾注入东海。

钱塘江两岸蕴藏着极其丰富的旅游资源，沿河两岸拥有许多名山、秀水、奇洞、古迹，是全省最重要的旅游线。钱塘江口平面呈喇叭形，在海宁市附近河底有沙坎隆起，海潮倒灌，受地形收缩影响潮头陡立，形成雄伟壮丽的钱塘潮。被苏东坡誉为“八月十八潮，壮观天下无”的钱江潮是大自然的恩赐，也是世界八大奇观之一，被赞誉为“天下第一潮”，千百年来无数名人、游客为之倾倒。

(二)"天下第一潮"——钱江潮

自明代起，海宁盐官镇就成了最佳观潮胜地，全年观潮日可达120天，"天天可观潮，月月有大潮"，一年中以农历八月十八最大。海宁观潮发展至今已经形成了"一潮三看四景"的追潮旅游。在(丁桥)大缺口可观"双龙相扑碰头潮"(迎面潮)，在盐官可观"江横白练一线潮"，在老盐仓可赏"惊涛裂岸回头潮"，半夜可见"月中齐鸣半夜潮"，并享受"听潮"之美妙。一年一度的中国国际钱江观潮节期间开展的观潮、祭潮、追潮、弄潮及各种游园活动，吸引了大批游客前来观赏，成为闻名于世的一大胜景。

1. 美女坝——"回头潮"

钱塘江南岸萧山南阳的赭山美女坝和海宁市的盐官镇为观看钱江潮的最佳景区。在美女坝观赏的主要是"回头潮"。所谓"美女二回头"是指急速前进的潮水，遇到丁坝等人工阻碍物后形成的潮水。

位于钱江南岸萧山南阳的赭山湾是钱塘江口一个向南凹进的大河湾。这里，有一道长约500米的丁字坝直插江心，宛如一只力挽狂澜的巨臂。当涌潮西行至此，全线与围堤成一锐角扑来，坝头以内的潮头同坝身、围堤构成直角三角形，潮头线两端受阻，分别沿坝身和围堤向直角顶点逼近，最终在坝根前一声怒吼，涌浪如突兀而起的醒狮，化成一股水柱，直冲云霄，高达十余米。由于大坝的横江阻拦，直立的潮水又折身返回，形成一个"卷起沙堆似雪堆"的奇特回头潮。而此时江水前来后涌，上下翻卷，奔腾不息。

在南阳的赭山美女坝不仅能观赏回头潮，还能观赏"冲天潮"。冲天潮是发生于堤、坝相交处的特种潮，也是近景潮中最具欣赏魅力的潮。如同被网兜兜住一样，在堤坝相交转弯角处，潮水"哗"一声碰撞巨响，潮头直冲云天，低者两三米，高者可达十多米。清谭吉璁作《棹歌》诗云"赭山潮势接天来，捍海塘东石囤摧"，冲天潮也由此得名。

2. 大缺口——交叉潮

距杭州湾55千米处有一个叫大缺口的地方，是观看十字交叉潮的绝佳地点。由于长期的泥沙淤积，江中形成的一个沙洲将从杭州湾传来的潮波分成两股，即东潮和南潮，两股潮头在绕过沙洲后，就像两兄弟一样交叉相抱，形成变化多端、异常壮观的交叉潮，呈现出"海面雷霆聚，江心瀑布横"的壮观景象。两股潮在相碰的瞬间，激起一股水柱，高达数丈，浪花飞溅，惊心动魄。待到水柱落回江面，两股潮头已经呈十字形展现在江面上，并迅速向西奔驰。同时交叉点像雪崩似的迅速朝北转移，撞在顺直的海塘上，激起一团巨大的水花，跌落在塘顶上。

3. 盐官——一线潮

看过大缺口的交叉潮之后，建议您赶快驱车到盐官，等待观看一线潮。未见潮影，先闻潮声。耳边传来轰隆隆的巨响，江面仍是风平浪静。响声越来越大，犹如擂起万面战鼓，震耳欲聋。远处，雾蒙蒙的江面出现一条白线，迅速西移，犹如“素练横江，漫漫平沙起白虹”。再近，白线变成了一堵水墙，逐渐升高，“欲识潮头高几许，越山浑在浪花中”。随着白墙的迅速向前推移，涌潮来到眼前，有万马奔腾之势，雷霆万钧之力，势不可挡，气势磅礴，潮景壮观。

4. 老盐仓——回头潮

从盐官逆流而上的潮水，将到达下一个观潮景点老盐仓。老盐仓的地理环境不同于盐官，盐官河道顺直，涌潮毫无阻挡地向西挺进，而老盐仓的河道上，出于围垦和保护海塘的需要，建有一条长达 660 米的拦河丁坝，咆哮而来的潮水遇到障碍后被反射折回，在那里它猛烈撞击对面的堤坝，然后以泰山压顶之势翻卷回头，落到西进的急流上，形成一排“雪山”，风驰电掣地向东回奔，声如狮吼，惊天动地，这就是回头潮。

5. 天风海涛亭——半夜潮

午夜，江面上隐隐传来“沙沙”响声，涨潮了，在蒙蒙的水面上一条黑色素练在浮动，时断时续，时隐时现。少顷，声音加骤，潮水夹着雷鸣般的轰响飞驰而来，把满江的月色打成碎银，潮头如千万匹灰鬃骏马在挤撞、在撕打，喷珠吐沫，直扑塘下，犹如十万大军兵临城下。涌潮前浪引后浪，后浪推前浪，在江面形成一垛高耸潮峰，波涛连天，好似冲向九天皓月。这时许多游客把篝火、芦花抛入大江，随波西去，以此来寄托自己的美好心愿……

观十万军声半夜潮的最佳之处是在天风海涛亭一带，为“天风赏月”之景。其以浪漫、别具一格的情调吸引了大量的观汐游客。北宋诗人苏东坡还为此写下了这样一首诗篇，以表情怀：“定知玉兔十分圆，已作霜风九月寒。寄语重门休上钥，夜潮留向月中看。”

钱塘江大潮，白天有白天波澜壮阔的气势，晚上有晚上的诗情画意。看潮是一种乐趣，听潮是一种遐想。难怪有人说“钱塘郭里看潮人，直到白头看不足”。

（三）钱塘江旅游之观潮指南

1. 最佳观潮时节

每年的农历八月十八前后，是观潮的最佳时节。这期间，秋阳朗照，金风送爽，钱塘江口的海塘上，游客群集，兴致盎然，争睹奇景。

2. 观潮注意事项

(1)对钱塘江潮水的涨落规律、习性特别是潮水的危险性要有充分的认识。钱江潮水并非只在农历八月十八有,而是一年四季天天都有,要注意媒体发布的钱塘江潮汛信息。

(2)观潮活动要选择安全区域和地段,注意警示标志,服从管理人员的管理。要注意沿江堤坝上的警示标志,并严格遵守。不要越过防护栏到河滩、丁字坝等上面去游玩、纳凉,更不要在江中游泳、洗澡。

(3)掌握自救的方法。在面临危险的情况下,不要惊慌失措,要迅速、有序地向安全地带撤退。撤离时,不要为了抢救财物而失去宝贵的自救时机。在万一落水或被潮水击打的情况下,要尽量抓住身边的固定物,防止被潮水卷走。周边人员在看到有人落水后,要迅速采取救援措施并立即拨打报警电话。

二、浙江其他江河

(一)浙江第二大河流——瓯江

瓯江处浙江省东南部,古名为慎江,也曾称永嘉江或温江,干流全长 388 千米,上下游落差 1300 米,流域面积 1.79 万平方千米,平均年流量 202 亿立方米,是浙江省第二大河流。

瓯江发源于丽水庆元县与龙泉市交界的洞宫山锅帽尖西北麓,由西往东,途经丽水、温州两市,在温州湾灵昆岛附近流入东海。瓯江上游称龙泉溪,至丽水大港头纳松阴溪后称大溪,至青田湖边纳小溪后称瓯江。支流有小溪、松阴溪、好溪和楠溪江等。

瓯江水生动植物众多,其中仅鱼类就有 111 种,尤其是栖息着珍惜的淡水生物——鼋。鼋是浙江唯一可与大熊猫、白鳍豚、金丝猴相提并论的一级保护动物。

瓯江中下游是浙南水运的大动脉。沿江自然风光美丽,名山胜水众多,贯穿有龙泉凤阳山、百山祖自然风景保护区,丽水南明山,缙云仙都,青田太鹤山、石门洞,永嘉楠溪江、大箬岩,温州江心屿,乐清北、中雁荡山,平阳南雁荡山,瑞安仙岩山等著名风景游览区。

(二)田园风光,山水画廊——楠溪江

楠溪江位于温州永嘉境内,旧称楠溪,因发源于缙云县南溪乌下岭而得名,是瓯江下游的最大支流,全长 145 千米。楠溪江穿梭于崇山峻岭间,河道深切,落差很大,形成了许多奇峰、峡谷、峭壁、飞瀑,并以水秀、岩奇、瀑多、树古、滩林

美而闻名遐迩。中国山水诗鼻祖谢灵运曾任永嘉太守，留下了许多脍炙人口的山水诗，因而这里又有“中国山水诗摇篮”的美誉。苏东坡赞道：“自言官长如灵运，能使江山似永嘉。”

楠溪江风景区面积625平方千米，分为大箬岩、楠溪江、石桅岩、四海山、陡门、北坑、水岩七大景区，有800余处景点。其中大箬岩历史悠久，香火旺盛，被道家称作“天下第十二福地”；石桅岩三面环溪，一峰拔起，相对高度306米，为全国岩峰之冠。集中反映耕读传家文化、宗族文化的芙蓉村、苍坡村、岩头村，淳厚古朴，分别以“七星八斗”和“文房四宝”、科学的水利设施、巧妙的村庄布局，同其他古村落一道，是中国南方农村规划建筑的瑰宝。楠溪江的竹筏漂流，安适恬人，堪称一绝。

（三）灵江

灵江源于仙居县和缙云县交界处的天堂尖山麓，与始丰溪汇合后称灵江，到黄岩三江口永宁江注入，称为椒江。灵江干流总长198千米，沿途有灵江、永宁江、永安溪、始丰溪等干支流，流域面积6613平方千米。东流入台州港，注入东海。出海口两山夹峙，形似天然关隘，称“海门”，为浙江东南海防要塞、对外开放之门户。

（四）曹娥江

曹娥江古称舜江，别名剡溪、上虞江。东汉时因孝女曹娥投江寻父，后改称今名。曹娥江源于磐安县齐公岭，支流众多，曲折北流，在上虞市三江口注入杭州湾，长192千米，流域面积5922平方千米。

曹娥江源远流长，逶迤壮观，盛唐时为唐诗之路，两岸景点星罗棋布。尤其是嵊州、上虞境内（称剡溪）段，向与鉴湖并称越中胜景。主要景观有王羲之游憩的胜地独秀山，著名历史故事“雪夜访戴”中王子猷（王羲之第五子）停泊的艇湖遗址，大诗人谢灵运游历过的古休宁县治（今三界镇），有“江南第一庙”之称的上虞百官镇曹娥庙，以及“东山再起”典故出处的上虞东山，美而如画的画图山等。

（五）甬江

甬江发源于奉化、新昌交界处的乌山撞天岗南麓，全长105千米。其干流在三江口以上称奉化江，流经奉化、余姚和慈溪，在宁波市三江口与源于上虞境内四明山的姚江汇合后才称甬江，并于宁波镇海口流入东海。

（六）苕溪

苕溪在浙江省北部，属太湖水系，为杭嘉湖地区的重要河流，由东、西苕溪组成，因两条溪大小相仿，又称姐妹溪。苕溪的得名，是由于流域内沿河各地盛长芦苇,进入秋天,芦花飘散水上如飞雪,引人注目,当地居民称芦花为"苕",故名苕溪。

苕溪上游流经浙西低山丘陵区,河床比降大,源短流急,洪水暴涨暴落,具有山溪性河流特征。天目山区是浙江省暴雨中心之一,径流丰富,苕溪年径流量达39亿立方米。下游进入嘉湖平原,水流平稳,河道曲折,兼有航运、灌溉之利。

(七)京杭大运河浙江段

610年,隋炀帝下令开凿京杭大运河中江南段的一部分,将原有的运河连接起来,完成了全长1764千米的京杭大运河。这条古老的运河流经北京、天津、河北、山东、江苏、浙江六个省市,连接了海河、黄河、淮河、长江和钱塘江五大河流。京杭大运河是中国古代最伟大的水利工程,也是世界上最长的运河。

京杭大运河旧道(东线)由江苏进入浙江的王江泾镇,经嘉兴、濮院、石门、崇福、塘栖到杭州,长120千米。北道(西线)由江苏平望镇经浙江乌镇、新市、塘栖到杭州,长90多千米。另一条西线由江苏震泽镇进入浙江湖州,经南浔、菱湖、德清到杭州,长103千米。这些河段至今仍发挥着航运的作用,且沿河两岸散布着许多旅游景点,物产丰富,古迹众多。2014年6月,京杭大运河成功晋级世界文化遗产名录。

三、"未能抛得杭州去,一半勾留是此湖"——西湖

(一)"天下西湖三十六,就中最好是杭州"——西湖旅游全貌

西湖位于杭州城西,旧称金牛湖、明圣湖、钱塘湖,也称西子湖,三面环山一面城。以西湖为中心的杭州西湖风景名胜区,是全国十大风景名胜之一。

"天下西湖三十六,就中最好是杭州。"西湖之美,在于自然与人工的绝妙融合,湖山与人文的完美结合。白居易任杭州刺史时,浚湖筑堤,治理西湖,留下了"未能抛得杭州去,一半勾留是此湖"的眷恋;苏东坡任杭州通判、知州时,再度疏整西湖,美化西湖,在修筑苏堤的同时,还留下了"水光潋滟晴方好,山色空蒙雨亦奇,欲把西湖比西子,淡妆浓抹总相宜"的千古绝句。白堤、苏堤把西湖分成外西湖、里西湖、西里湖、岳湖和小南湖五部分,孤山为西湖最大的天然岛屿,湖中有小瀛洲、湖心亭、阮公墩三个人工小岛,形成了一山、二堤、三岛、五湖的基本格局。

西湖风景名胜区共有100多处景点。近年来通过实施西湖综合保护工程,相继建成并免费开放环湖南线、杨公堤、新湖滨、梅家坞茶文化村、北山街历史文化街区等景区,西湖水域从原来的5.6平方千米扩大到6.78平方千米,重圆一

湖、二塔、三岛、三堤的西湖全景梦，重现人与自然和谐交融的江南湿地生态景观。

（二）西湖旅游著名看点——西湖三十景

1.西湖十景

十景形成于南宋时期，基本围绕西湖分布，有的位于湖上，分别是：苏堤春晓、曲院风荷、平湖秋月、断桥残雪、柳浪闻莺、花港观鱼、雷峰夕照、双峰插云、南屏晚钟、三潭印月。西湖十景各擅其胜，组合在一起又能代表古代西湖胜景精华。

2.西湖新十景

1985年，经过杭州市民及各地群众积极参与评选，并由专家评选委员会反复斟酌后，西湖新十景确定为：云栖竹径、满陇桂雨、虎跑梦泉、龙井问茶、九溪烟树、吴山天风、阮墩环碧、黄龙吐翠、玉皇飞云、宝石流霞。新十景的特点在于其地理范围大于旧十景，其中大多数位于西湖周边群山之中。

3.三评西湖十景

2007年10月20日西湖博览会开幕式晚会上，宣布了三评西湖十景的结果，它们是：灵隐禅踪、六和听涛、岳墓栖霞、湖滨晴雨、钱祠表忠、万松书院、杨堤景行、三台云水、梅坞春早、北街梦寻。

（三）西湖文化之旅——印象西湖

“印象西湖”是杭州印象西湖文化发展有限公司主办，著名导演张艺谋、王潮歌、樊跃“铁三角”导演团队联手打造的山水实景演出。“印象西湖”以西湖浓厚的历史人文和秀丽的自然风光为创作源泉，深入挖掘杭州的古老民间传说、神话，凸显西湖人文历史的代表性元素，同时借助高科技手法再造“西湖雨”，从一个侧面展现雨中西湖和西湖之雨的自然神韵。

“印象西湖”坐落于西湖的岳湖景区，整个演出分为五幕戏，分别是《相见》《相爱》《离别》《追忆》和《印象》。演出以天为幕、湖为台、山水为景，结合灯光和音乐，颇为吸引人。每个寂静的夜晚，在迷人的西子湖上，如诗如画的江南美景和流传千古的美妙传说，都在夜色和记忆里浮现绽放。如果说白天西湖显露出她美丽的容貌，那么夜晚她则在诉说自己动人的故事。

“印象西湖”是世界唯一的都市山水实景演出，以波澜起伏的西湖水为舞台，柔美的水面，变幻的美景，使演出分外的生动自然。西湖的神话和传说在演出中非常自然地复苏，恍惚间，让人仿佛进入一个千年的美梦。演出采用独特的升降隐藏式看台，带来分外宽广的视野和独特的俯瞰视角，每一个位置即使不观看表演也都是欣赏西湖全景图的绝佳所在。而个人环绕音响系统更是国内首创，结合大型的定向音响系统，给每个人带来震撼的音乐感受。

（四）西湖旅游之美食特产

西湖特产丰富，著名的有西湖龙井、西湖醋鱼、西湖野鸭、西湖酥鱼、西湖莼菜，西湖藕粉、西湖牛肉羹、西湖绸伞、慧娟火腿笋干老鸭面、桂花鲜栗羹、杭州天堂伞、西湖桂花、西湖蜜皇彩花等。

（五）西湖旅游之季节

春秋冬季为宜。每年的 3 到 5 月，阳光明媚，天气晴朗；9、10 月，秋高气爽，万里无云。冬季时节，断桥残雪，素裹西湖，别有情趣。

四、浙江其他名湖

（一）融山、海、湖于一体——南北湖

南北湖又名永安湖、小西湖，位于海盐县澉浦镇西南 2.5 千米处。南北湖三面环山，一面临海，湖形曲折，有长堤横贯东西，将湖分为南北两半，故名南北湖。南北湖总面积 30 平方千米，分湖塘、三湾、鹰窠顶、谈仙岭、滨海五大景区，湖中有白鹭洲、蝴蝶岛、湖边山、湖中堤、湖内岛等 30 处景观。

南北湖以其独特的自然风貌享誉江南，有世界最小石城之称的“谈仙石城”，有夜普陀之称的千年古刹“云岫庵”，有天文奇观“日月并升”，有举世闻名钱江潮的起源处钱江潮源。南北湖山、海、湖融为一体，洞、园、池自成格局，环境独特，景色宜人。著名园林专家陈从周教授称赞南北湖：“山有层次，水有曲折，海有奇景，比瘦西湖幽深，比西子湖玲珑，能兼两者之长。”

南北湖旅游的农家乐十分有特色。南北湖农家乐作为生态休闲旅游特色项目，历经多年发展，在风景区农户中迅速发展起来，遍布景区的每个角落。南北湖农家乐以“游南北湖、吃农家菜、住山水房”为特点，以景区优美的环境和完善的设施为依托，让游客既品尝到朴实美味的农家菜肴，又能休憩于风光旖旎的田园之中。在不同的季节，游客可参加采制新茶、湖上泛舟、岸边垂钓、山林采桔、海边捉蟹，竹海挖笋等一系列农家活动，尽情地做一回山野村夫，重温农业劳作的乐趣。

（二）山水大盆景——东湖

东湖位于绍兴城东 5 千米处的箬箦山麓。东湖原是一座青石山，从汉代起，石工相继在此凿山采石，经过一代代石工的鬼斧神凿，遂形成险峻的悬崖峭壁和沉幽深潭。它洞深、岩奇、湖洞相连，“虽出人工，宛自天开”，被誉为稽山镜水之

缩影。清末会稽名士陶渊明的第45代孙陶浚宣看到这里风景绮丽，便筑堤围湖，形成堤外是河，堤内为湖，湖中有山，山中藏洞。又经过数代百余年的装点终使东湖成为融秀、险、雄、奇于一体的江南园林，有“山水盆景”之美誉。

(三)轻烟拂渚，微风欲来——南湖

南湖因位于嘉兴市南面，故叫南湖，湖面面积0.43平方千米，它以湖上轻烟漠漠、细雨霏霏、烟雨朦胧的湖光为特色。南湖中有两个小岛，是明代嘉靖二十七年(1548)嘉兴知府赵瀛征民夫修浚城河时，运土于南湖之中堆积成的。一岛称湖心岛，建有烟雨楼，楼中保存历代文人碑石50多件，其中有清乾隆御笔南湖诗二方；另一岛叫小州，建有化圣祠，俗称“小烟雨楼”。此外，南湖还有清晖堂、乾隆御碑亭、观音阁、鱼乐园、硅化石等10多个景点，有米芾、苏轼、吴昌硕、吴镇、彭玉麟等书画家真迹石刻。

1921年，中国共产党第一次全国代表大会在此闭幕，使嘉兴成为中国共产党的诞生地，南湖成为全国人民向往的革命圣地。

(四)西子风韵、太湖气魄——东钱湖

东钱湖又名“万金湖”，位于宁波鄞州区，东西宽6.5千米，南北长8.5千米，环湖一周45千米，湖面面积近20平方千米，比杭州西湖大4倍，是浙江第一大淡水湖。东钱湖水光空蒙，山色如黛，诗情画意，妙趣天成，素有“西子风韵、太湖气魄”之美誉。

东钱湖旧有十大景：陶公钓矶、余相书楼、百步耸翠、霞屿锁岚、双虹落彩、二灵夕照、上林晓月、芦汀宿雁、殷湾鱼火、白石仙枰。其中陶公钓矶在陶公山上，相传春秋末年越国大夫范蠡功成身退之后，改名陶朱公，隐居此山垂钓为乐；霞屿为一湖中小岛，每当湖水蒸腾之时便会形成如烟似霞的朦胧奇景，故称霞屿锁岚。

东钱湖不仅擅山水之胜，更有众多人文古迹。有周穆王时的徐偃王墓，有汉代的古墓、古窑，宋代的古塔、寺院等。在保护名胜古迹的基础上，东钱湖近年来又修复和新建了不少景点，如纪念曾任鄞县县令王安石的忠应庙，怀念抗金将领岳飞的岳鄂王庙，珍藏书坛巨擘墨宝的沙孟海书画院，以及周尧昆虫博物馆等。

第四节　分布广泛，景观丰富——浙江瀑布、温泉

浙江雨量充沛，形成了众多的瀑布景观，著名的瀑布有“浙东三瀑”，即雁荡山大龙湫瀑布、青田石门飞瀑、天台石梁飞瀑，此外，还有雪窦山千丈岩瀑布、诸暨五泄瀑布、永嘉百丈瀑、建德葫芦瀑布、富阳龙门瀑布等。同时，浙江省拥有丰富的地热资源，全省有温泉 40 多处，其中最为著名的有：宁海森林温泉、泰顺承天温泉、武义唐风温泉、武义溪里温泉等。

一、天下第一瀑——大龙湫瀑布

大龙湫位于乐清市境内的雁荡山马鞍岭西 3 千米处，是我国著名的大瀑布之一。大龙湫瀑布从 190 米高的连云峰凌空而下，有跌水为珠，散珠成雾，飘雾如烟的迷人风姿，景观因风力、晴雨、季节的不同而变幻无穷，为雁荡三绝之一。大龙湫瀑布且随季节的变化而不同，雨季时迸落如雷霆，而旱季时“渤渤如苍烟，乍大后小”。清代著名文学家袁枚有诗云：“龙湫山高势绝天，一条瀑走兜罗棉，五丈以上尚是水，十丈以下全为烟，况复百丈至千丈，水云烟雾难分焉。”

大龙湫瀑布发源于百岗尖，流经龙湫背，从连云峰凌空泻下，像从银河倒泻下来，十分壮观。大龙湫的最奇绝之处，在于千变万化，不可捉摸，因季节、晴雨等变化呈现出多姿多彩的迷人景象。盛夏季节，雷雨初过，大龙湫像一条发怒的银龙，从半空中猛扑下来，声如雷鸣，震天撼地，气势雄壮。在晴朗的冬日，瀑流从半空中飘洒而下，阳光照射时，瀑布呈现出色彩绚丽的五色长虹的奇观，景色格外迷人。在阳春三月，大龙湫又是另一番景象，雨水稀少，瀑布如珠帘下垂，不到几丈，就化为烟云。

二、"拔地万重青嶂立,悬空千丈素流分"——千丈岩瀑布

千丈岩瀑布位于奉化市溪口镇雪窦山的御书亭西400米处,这里有悬崖峭壁,称千丈岩。瀑布自千丈岩顶凌空而下,形成巨瀑,碰击半壁突出之岩石,顿时水花四溅,如珠帘垂地,散若飞雪,潭泉碧透,寒气爽人,落差达186米。宋真宗赵恒赐名"东浙瀑布"。王安石观瀑诗云:"拔地万重青嶂立,悬空千丈素流分。共看玉女机丝挂,映日还成五色文。"

观看千丈岩瀑布,不同角度,有不同风姿。若攀上苍松蔽天、群峰环拱的妙高峰(或称天柱峰、妙高台),此时俯视瀑布,千丈岩瀑布若一匹雪花碎冰织成的白绫素练,从半空悬挂下来,在阳光的照射下,发出耀眼的光芒。妙高台山地高峻,据说宋朝时曾修有飞雪亭供游人观赏千丈岩瀑布,可惜现已不复存在。一首古诗中曾这样描写千丈岩瀑布:"匡庐亦有千寻瀑,无此凌虚碧玉台;身倚老松天上立,眼前飞瀑雪中来。"站在瀑下的仰止桥上,仰观高达186米的雄壮瀑布,不仅会有高山仰止之感,而且飞珠溅玉,沾湿衣服,别有情趣。离开三隐潭瀑布后,再回望千丈岩瀑布,又是另一番景色了:此时仰视千丈岩瀑布,见其气势更加磅礴,像千条银蛇,飞游奔下,令人流连忘返。

三、五条挂练玉龙奔——五泄

五泄位于诸暨市西北23千米处,素有"小雁荡"之称。当地人称瀑布为泄,一水折为五级,所以叫"五泄"。一泄娟秀奇巧,二泄珠帘飘洒,三泄千姿百态,四泄烈马奔腾,五泄蛟龙出海。早在1400年前的北魏,五泄瀑布就闻名于世,郦道元《水经注》里就有着详细的记载。五泄禅院始建于唐元和三年(808),屡毁屡建。明代画家陈洪绶书写的"三摩地"石刻门额,清乾隆朝大学士刘墉所题的"双龙湫宝"匾额,至今犹在。历代的文人墨客如杨万里、徐渭、袁宏道、宋濂都曾来此游览,留下了画稿、诗文。明代吴中四才子唐寅、文徵明等赛诗于五泄,更是传为佳话。

四、喷云吐雾洒尘埃——百丈瀑

百丈瀑位于永嘉县城西,楠溪江大若岩景区,瀑高124米。瀑旁三面合围,崖壁直立,稍内凹,似大玉甑的纵切面,瀑从高崖上飞出,疑为白绫千尺,银河倒悬。随着季节气候不同,形态也奇谲多变。雨季水旺,瀑如玉龙飞降,骏马奔腾。

到了旱天，瀑成缕缕银丝，缥缈迷蒙。明王叔果诗赞："玉甑倚云欹，飞泉百尺垂。疑从三岛汇，散入九龙池。日射虹成彩，风回雨扬丝。何当沛霖澍，四野总沾濡。"

五、华东第一森林温泉——宁海森林温泉

（一）浙江已命名的最高等级温泉——宁海森林温泉旅游全貌

宁海森林温泉位于宁海县深甽镇内，距县城 25 千米。温泉水温 49.5℃，富含氡、锂、氟等 20 多种对人体有益的矿物质和微量元素，是全国三大优质温泉之一。

宁海森林温泉旅游区内群峰环绕，峡谷幽长，有 3 潭、9 瀑、18 溪、72 峰，是国家 AAAA 级森林公园。温泉周围近万亩阔叶乔木，遮天蔽日，形成天然的超级"大氧谷"。夏季温度比杭州、宁波低 3—5℃，更是避暑胜地。宁海温泉已成为一个集休闲、度假、理疗、娱乐、观光于一体的旅游度假胜地，被誉为"华东第一森林温泉"。2013 年 1 月浙江省国土资源厅对浙江省温泉资源分级命名进行通报，宁海森林温泉被命名为 AAAA 等级，为浙江已命名的最高等级温泉资源。

（二）宁海森林温泉旅游区主要看点

国画大师潘天寿诗赞宁海森林温泉："踪迹十年未有闲，喜今便得故乡还。温泉新水宜清浴，爱看秋花艳满山。"宁海森林温泉旅游区主要看点有：

1. 普济桥

普济桥位于卧龙谷和仙人谷的交汇口上。这是一座单孔石桥，它造型优美，结构科学，形体古朴。据《普济桥碑记》载：桥建于同治十三年(1874)。上通宁绍，下通台温，实为交通要道。

2. 仙人迹

从普济桥沿仙人谷上行二里许，就可以到达仙人迹景区。这是一对间距甚大，向下行走的脚印，深深地印在溪边的岩石上。相传，这是仙人留下的脚印，大概仙人也陶醉这里的景色而驻足忘还。

3. 剑门

仙人迹上行不多远，便有两块岩壁对峙如剑，惟妙惟肖，让人叫绝。

4. 羊祜洞

从卧龙谷上行 200 多米，再左拐上山不远，便到羊祜洞。洞广约 10 平方米，人弓身而进，内高数米，有泉穿岩而滴。传说西晋大臣羊祜，随晋武帝南下谋划灭吴，曾驻军于此。

5.猴峰亭

从温泉大酒店抬头北望，头顶百米处绝壁上，有一亭子凌空而筑，犹如在突兀的峰岩上攀登戏耍的顽皮猕猴。亭上还有原全国人大常委会副委员长严济慈所题的“猴峰亭”匾额。

6.映天池

映天池湖中碧波荡漾，湖心亭、观池亭、高空索桥和自划船，交相辉映，是一幅天然的山水画。喜欢划船的朋友还可以体验一下“船行明镜中，鸟度画屏间”的真趣。

六、生态健康——武义唐风温泉

（一）武义唐风温泉旅游全貌

唐风露天温泉开创了浙江省一个全新的旅游产业——温泉养生休闲度假旅游。武义唐风露天温泉度假村是在原武义温泉山庄的基础上投资开发的以露天温泉为主导产品的三星级度假村。度假村地处武义壶山省级森林公园内，占地一百多亩，是集温泉沐浴、客房餐饮、商旅会议、棋牌娱乐、休闲度假等多种功能于一体的生态健康旅游的胜地。人性化布局、特色泉池、御式服务，为消费者带来的不仅是身体康健、放松自由，还能得到心灵的抚慰、净化和升华。

武义唐风温泉的主导产品唐风露天温泉以“诗画江南”为文化底蕴，富含露天温泉项目近20余种。西湖池“婀娜多姿”，钱塘江池“潮起潮落”，米酒池“暗香浮动”，名花池“浪漫怡人”，芦荟池“青春焕发”，还有瓜果池、牛奶池、咖啡池，等等。另有日式私家露天温泉贵宾房和中式室内温泉贵宾房二十余间，可供会务及度假之需。游客在唐风露天温泉感受到的是一种温泉沐浴文化，在这里消费是一种“健康投资”。

（二）休闲养生，健康旅游——武义唐风温泉特色项目

唐风温泉倡导休闲养生，健康旅游。有种类丰富的养生温泉供游客选择。

1.石温泉

采用大理石、雨花石、芬兰木导热，热量均匀，可躺，可卧，可坐，能够改善血液循环、增强体质，减轻精神压力，对坐骨神经痛、关节炎、风湿病等病状也有显著疗效。夏天温度37℃，冬天温度39－41℃。

2.咖啡泉

采用百分之百的纯咖啡豆精心调制而成，浸浴咖啡池，可以强身健体，消除疲劳，促进血液循环。水位深度50厘米。夏天温度38℃，冬天温度40℃。

3. 鲜奶泉

温泉水加以新鲜纯牛奶，色深味浓，有护肤养颜之功效。此泉为爱美的女士所津津乐道，常泡此泉，可使皮肤保持光滑细腻。水位深度 50 厘米。夏天温度 38℃，冬天温度 40℃。

4. 柠檬泉

在温泉水中加入柠檬片及柠檬汁，遇热产生的酸香，有提神醒脑、生津止渴之功效，对精神不振、食欲下降有特殊疗效。水位深度 80 厘米。夏天温度 38℃，冬天温度 40℃。

5. 白酒泉

温泉水中加入适量的日本小米酒，酒香醉人，提神醒目，舒筋活络，促进人体血液循环，中老年人宜浸泡此泉。水位深度 80 厘米。夏天温度 38℃，冬天温度 41℃。

6. 当归泉

当归具有滋阴补肾，活络筋脉，壮气补血的作用。浸泡当归池，药力由外向内渗透，起到强身健体的功效，尤其适合贫血体弱的女士。水位深度 85 厘米。夏天温度 39℃，冬天温度 41℃。

7. 人参泉

人参具有补气救脱，补脾益肺，安神益肾的功效。对心血虚少、肾虚阳衰也有疗效，定期浸浴此泉，药性会得到充分利用，使人体由外到内得到很好的净化，补气健体、祛暑生津。水位深度 85 厘米。夏天温度 39℃，冬天温度 40℃。

8. 灵芝泉

养阴滋水、固土培元、抗病强身的灵芝，对神经衰弱、失眠，消化不良、久病体虚，阴虚阳亢，脾肾两虚均有疗效。水位深度 45 厘米。夏天温度 38℃，冬天温度 40℃。

9. 薄荷泉

在温泉水中加入薄荷精及薄荷叶药包，当人体浸泡水中，顿时有由热至凉遍布全身之感，对常见的感冒初起、鼻塞、头痛、肝气郁滞、胃闷痛等有一定的疗效。水位深度 45 厘米。夏天温度 39℃，冬天温度 41℃。

10. 芦荟泉

芦荟具有泻火清肝、保洁杀虫等功用，是护肤品的主要原材料，将其加入天然的温泉后，可以起到美容护肤的作用。男女老少均适宜浸泡。水位深度 85 厘米。夏天温度 38℃，冬天温度 40℃。

11. 女贞子泉

在温泉水中，加入女贞子药包，结合泉水的热力作用，对肝肾阴虚、腰膝酸软、头晕、耳鸣、须发早白、目暗不明有一定疗效。水位深度 45 厘米。夏天温度 38℃，冬天温度 41℃。

12. 枸杞子泉

枸杞子具有益肝肾、强筋骨之功效，在温泉水中加入枸杞子，对目眩头晕、精血不足等有一定的疗效。水位深度 45 厘米。夏天温度 38℃，冬天温度 41℃。

13. 名花泉

采用高档花粉和花瓣与温泉水相融，能促进细胞及组织再生，可增加肌肤免疫系统功能，延缓衰老，有护肤养颜之功效，特别适合干性、敏感性皮肤。宜爱美女士浸泡。水位深度 80 厘米。夏天温度 38℃，冬天温度 40℃。

14. 名木池

源于远古时代的沐浴疗法，融合现代乡村的独特风格，利用温泉水的功效，配以芬兰百木松的芳香气味，木香缭绕，使人体倍感心旷神怡，精力充沛。夏天温度 38.5℃，冬天温度 41℃。

15. 醒神温差浴

在沐浴热温泉后，体内血液循环加速，通过 10℃冰水，使人体产生冷热反差，达到醒神健体，增强人体抵抗力的功效。

16. 药足浴

水温 42—44℃，专用于足浴的场地，有祛风、杀菌、消炎、活血功效，池底铺上精选鹅卵石，有助于均匀按摩脚底穴位。水疗池水温 39－40℃，通过压泡喷射，使人体穴位接受水压按摩刺激，可达到舒筋活血、松弛神经、缓解肌肉压力的功效。

17. 瓜果汤

水温 38—40℃，加入新鲜榨取的果汁，使此汤池富含各种维生素，补充皮肤养分，实现皮肤的护理，滋润皮肤，非常适合女性浸浴。

18. 西湖池

西湖池是仿西湖形状而建成，寓意为诗画江南的秀丽风光，水温 38—40℃，池底深浅不一，布局错落有致，池中岛上三棵石灯影映着西湖亮点三潭映月，由于泉水富含矿物质，游人在此可享受“水中沙发”的无穷乐趣。

19. 麦饭石

利用温泉水导热，麦饭石覆盖人体，吸收温泉水及麦饭石中的微量元素，能增强皮肤的弹性和毛细血管的伸缩机能。可调节人体的新陈代谢,促进血液循环,排除体内积蓄的毒性物质,对风湿、腰骨痛、关节炎等病症有着显著疗效。

20. 泡泡浴(SPA 水疗池)

温泉水通过特殊工艺加工,由池底涌出多条水柱,泉池充满泡泡,人体接受泡泡的按摩,刺激身体穴位,可舒筋活络、松弛神经。

21. 爱情海(SPA 水疗池)

“缘分由天定,情定爱情海。”这是专门为情侣们设计的温泉泡池,其中包含了几对功效与形状各不相同的水疗设备,而且都是两两相依的,为情侣们营造了伊甸园般的秘密空间。

22. 热带雨林(SPA 水疗池)

泡在暖暖的温泉水中,再享受从天而降的暖流,细心地抚摸身体的每一寸疲惫的肌肤,刺激按摩各个穴位,舒缓紧绷的神经。

23. 冲击波(SPA 水疗池)

特设的穴位按摩床和脚底针刺按摩对人体的全身进行定向的调理,温泉滋润着全身的肌肤,增加深部肌肉的血液流量,起到解痉、止痛、清除肌肉的局部疲劳,增强免疫力。

24. 温泉亲亲

温泉亲亲鱼学名叫星子鱼,是用土耳其星子鱼雄体和本地热带鱼母体,经过人工繁殖出来的新品鱼种,体长只有 2—4 厘米。此鱼属热带鱼类,一般生存在 25—43℃的温泉水、加热水、半咸淡水和高温水中。所谓的“温泉鱼疗”是指将亲亲鱼放养在温泉池中,由于特殊的生活习性,此鱼不仅能在高达 42℃的温泉水里畅游,最奇特的是当人进入池中时,它围拢过来和您亲密接触,吸吮您的全身,专门啄食人们身上死皮和一些只有在显微镜下才看得到的细菌和微生物。当这群小鱼吸啄皮肤时,人不仅不会感到丝毫的痛痒,而且有一种极为惬意的感觉,所以人们称它为亲亲鱼。它们像一群尽职的“医生”在各个部位为您按摩、去痒、涤污、杀菌,让人体毛孔畅通,排出体内垃圾和毒素,同时能更好地吸收温泉中的各种矿物质,加速人体新陈代谢,达到美容养颜、延年益寿的奇特功效。此种无医无药纯粹的自然疗法,对于常见的皮肤病、疤痕、脚气有着独特的疗效,而且无任何不良反应。所以温泉亲亲鱼也叫“小鱼医生”。

第四章　浙江乡土旅游——宗教

浙江省有佛教、道教、伊斯兰教、天主教、基督教五种宗教。各宗教历史悠久，信徒众多。佛教、道教传入浙江有1800余年历史，伊斯兰教传入浙江有1400余年历史，天主教传入浙江有400余年历史，基督教传入浙江有150余年历史。浙江佛教有全国重点寺院13座，普陀山是佛教四大名山之一，天台山国清寺被日本、韩国佛教奉为天台宗祖庭，宁波天童寺被日本佛教尊为曹洞宗祖庭。道教“十大洞天福地”中浙江占了三个。杭州凤凰寺为我国东南沿海伊斯兰教四大古寺之一。浙江全省有可统计信徒共140多万人，宗教教职人员1.5万余人，宗教活动场所8000多处，省市县三级宗教团体260多个，宗教院校2所，培训中心32处。

第一节　“海天佛国”“佛宗道源”——浙江宗教名山

浙江佛教历史悠久，佛教徒的传道和修行之所多建在大自然的名山胜景中，以致有“天下名山僧占多”的说法。佛法戒贪，不与世争。应该是，那些山原来都没有名，是因为有了大德高僧，才有慕名而来者，才变成人们向往的“名山”。

一、“海天佛国”“海山第一”——普陀山

(一)海上有仙山——普陀山旅游全貌

普陀山，与山西五台山、四川峨眉山、安徽九华山并称为中国佛教四大名山，是观世音菩萨教化众生的道场。

普陀山是舟山群岛1390个岛屿中的一个小岛，形似苍龙卧海，面积近13平方千米，与舟山群岛的沈家门隔海相望，素负“海山第一”之盛名，向以“海天佛国”“南海胜境”著称于世，是首批国家重点风景名胜区、国家AAAAA级旅游风景区。

“海上有仙山，山在虚无缥缈间”，普陀山以神奇、神圣、神秘成为驰誉中外的旅游胜地，主要有普济寺、法雨寺、盘陀庵、灵石庵等寺庙和潮音洞、梵音洞等名胜。

普陀山四面环海，风光旖旎，幽幻独特，被誉为“第一人间清净地”。山石林木、寺塔崖刻、梵音涛声，皆充满佛国神秘色彩。岛上树木丰茂，古樟遍野，鸟语花香，素有“海岛植物园”之称。全山共有66种百年以上的树木1221株。除千年古樟外，还有被列为国家一级保护植物的我国特有的珍稀濒危物种普陀鹅耳枥。

普陀山四周金沙绵亘、白浪环绕，渔帆竞发，青峰翠峦、银涛金沙环绕着古刹精舍，构成了一幅绚丽多姿的画卷。

（二）“海天佛国”——普陀山旅游著名看点

普陀山的风景名胜、游览景点很多，主要有普济、法雨、慧济三大寺，这三大寺是现今保存的二十多所寺庵中规模较大的。

1. 观音主刹——普济禅寺

普济寺又叫前寺，坐落在白华山南、灵鹫峰下，是供奉观音的主刹。全寺占地 37019 平方米，建筑总面积 15289 平方米。寺内有大圆通殿、天王殿、藏经楼等，殿、堂、楼、轩共计 357 间。大圆通殿是全寺主殿，人称“活大殿”，供奉着高 8.8 米的毗卢观音。

普济寺的前身为不肯去观音院，创建于唐咸通年间，宋神宗于 1080 年将其改名为“宝陀观音寺”，专供观音菩萨，香火始盛。到南宋嘉定年间，御赐“圆通宝殿”匾额，指定普陀山为专供观音的道场。明初朱元璋实行海禁毁寺，直到明万历三十三年（1605）朝廷拨款重建，并赐额“护国永寿普陀禅寺”，使普济寺成为当时江南规模最大的寺院。清康熙年间，荷兰侵略者侵占山寺，寺院被劫掠一空。1689 年海疆寇患平息后，康熙下旨重新修缮、扩大规模，至雍正九年（1731）时基本完成，现在的大部分建筑都是这期间完成的。抗日战争后，寺院萧条败落；“文革”期间佛像尽毁，僧侣被遣散。1979 年开始全面修复，重筑了毗卢观音等佛像和楼阁，形成了现在的规模。

2. 佛顶山寺——慧济寺

慧济寺位于普陀山佛顶山上，俗称佛顶山寺。慧济寺全寺占地 20 亩，建筑面积 3300 平方米，天王殿傍山而建，与普陀山其他寺院不同，主殿大雄宝殿供奉释迦牟尼，两边由阿难与迦叶侍之，大殿两厢各有 10 尊塑像，是传说中的“二十诸天”，后两侧供奉千手观音木雕像。寺内还保存有御印三枚，分别为明万历年间铜印，清乾隆六十年（1795）金印，嘉庆元年（1796）玉印。

慧济寺初建于明代，清乾隆五十八年（1793）改庵为寺。光绪时又大加建造，并经朝廷批准请得藏经及仪仗，钦赐景蓝龙钵、御制玉印等。从此，一切规制与普济、法雨鼎峙。全寺建筑别具一格，依山就势，横向排列，殿堂宽敞壮丽，整座寺院深藏于森林之中，以幽静称绝。大雄宝殿盖彩色琉璃瓦，阳光之下光芒四射，形成“佛光普照”奇景，煞是壮观。

3. 天花法雨——法雨寺

法雨寺位于普陀山白华顶左、光熙峰下，距普济寺 2.8 千米。法雨寺占地 33408 平方米，现存殿宇 294 间，依山取势，分列六层台基上。入山门依次升级，中轴线上有天王殿，后有玉佛殿，两殿之间有钟鼓楼，又后依次为观音殿、御碑殿、大雄宝殿、藏经楼、方丈殿。观音殿又称九龙殿，九龙雕刻十分精致生动，九龙殿内的九龙藻井及部分琉璃瓦乃从南京明代宫殿拆卸而来，被誉为普陀山三宝之一。整座寺庙宏大高远，气象超凡；不远处的千步金沙空旷舒坦，海浪声日夜轰鸣；北宋王安石曾赞之“树色秋擎书，钟声浪答回”。

法雨寺创建于明万历八年(1580)，因当时此地泉石幽胜，结茅为庵，取“法海潮音”之义，取名“海潮庵”；万历二十二年(1594)改名“海潮寺”，万历三十四年(1606)又改名“护国镇海禅寺”。后毁于战火。清康熙二十八年(1689)，普济、法雨二寺领朝廷赐帑，同时兴建；清康熙三十八年(1699)兴建大殿时，赐“天花法雨”额，故改名法雨寺。

(三)普陀山旅游之乡土特色

1. 朝佛祈福

作为中国四大佛山之一，普陀山是佛教旅游胜地，享有“海天佛国”的盛誉，可以在此烧香祈福。游览普陀山，登高望远，看这座海山风光旖旎，洞幽岩奇，古刹琳宫，云雾缭绕。

推荐景点：南海观音立像、紫竹林、普济寺、不肯去观音院、法雨寺、慧济禅寺。

2. 奇岩怪石

普陀多怪石，著名的有磐陀石、二龟听法石等 20 余处。在山海相接之处有许多石洞胜景，最著名的是潮音洞和梵音洞。在南山上，巨石森立，危岩高耸，中有两石如门，厥门飞檐奇角，中间书有“南天门”三字，旁有摩崖石刻。清康熙年间武将蓝理所书“海天大观”四字苍劲有力，为普陀一景。在伸展于海上几宝岭尽头，有朝阳洞，洞上方有一巨石，状如平台，称初映台，原有楼台三层，可观日出，日曦出海，万道霞光，如碎金铺海，奇妙万状，称“朝阳涌日”，为普陀洞中一绝。

推荐景点：磐陀石、二龟听法石、心字石、云扶石、五十三参石、朝阳洞。

3. 沐海踏沙

普陀山的四周有许多沙滩，主要的是千步沙和百步沙。

千步沙位于普陀东海滩，从几宝岭至飞沙岙，长约 1700 米，宽约 100 米，是此地最大的沙滩，为海浪夹沙积成，宽坦柔软，色如金毯，沙粒甚细，不沾人足。若遇大风激荡，潮水飞溅，状如雪崩，是一个优良的海水浴场。

百步沙位于普济寺的多宝塔东，南北长 600 多米，东西宽 200 余米。百步沙前，海域辽阔，海滩宽广而平坦。沙滩中间有一小坡延伸海中，坡冈上筑有一小巧玲珑的亭子，名师石亭，它与北端六观亭皆是游人观日出、聆潮音、沐海风的佳地。

推荐景点：百步沙、千步沙。

(四)普陀山旅游指引

1.普陀山旅游之美食

普陀山景区内除了特定的餐饮区之外，普济寺、法雨寺、佛顶山慧济寺都有提供素斋午餐，十分便宜，吸引众多香客和游人，建议就近选择。当然，在普陀旅游，一定要去海边品尝一下当地各种特色海鲜。

2.普陀山旅游之住宿

普陀山旅游可以住在普陀山景区周边的宾馆酒店，但价格较贵，平均几百元；也可以选择农家住宿，农家住宿主要分为西山新村和龙湾新村两个主要聚集区。龙湾更靠海，风景会更好一点，晚上可以在海边走走。

3.普陀山旅游之特产

去普陀山旅游，不妨买点当地的特产。

普陀山的海产品有南海紫菜、金钩虾米、舟山白鲞、螟甫鲞、三矾海蜇皮、三抱鲫鱼、海带、海蜒、贻贝等。普陀山旅游工艺纪念品富有宗教色彩和海岛特色的有佛像(木雕、陶瓷、石刻、铜铸、镀金的观音像及弥勒像等)、护身卡、贝雕、用海螺贝壳制作的动物模型、用珍珠贝壳串缀的项链等等。此外，还有一些经书、艺术书签、书画作品、宗教音乐等，有兴趣的朋友不妨带些回去，或自己赏玩，或馈赠亲友，不管是作观赏用，还是作为收藏都是不错的。普陀三大特产为普陀佛茶、普陀水仙花和南海紫菜，此外还有观音饼、普洱茶等等，如有兴趣不妨带回一二。

4.普陀山旅游之季节

普陀山旅游一年四季皆宜，可根据所需要游览的项目选择出行日期。如果想观览佛事盛况，可专门选择这几个日子：二月十九为观音菩萨生日，六月十九为菩萨得道日，九月十九为菩萨出家日(以上均农历)。其中二月大香会期为最盛，六月游山避暑者较多，九月则称小香会，香客略少。当然，这三个日子的前三天，大批香客上岛，候船时间可能长一点，期间房价也可能略高。如果想享受海水和沙滩的乐趣，那么夏季7—9月最好。

5.普陀山旅游之时间、线路

普陀山旅游建议游玩2天。

建议游玩线路：第一天，南海观音立像→潮音洞→紫竹林→普济寺→不肯去观音院。

第二天:百步沙→法雨寺→寺梵音洞→慧济寺。

二、“佛宗道源、山水神秀”——天台山

(一)天台山旅游全貌

天台山位于浙江省中东部,地处宁波、绍兴、金华、温州四市的交接地带,素以“佛宗道源、山水神秀”享誉海内外;1988 年被国务院批准为国家重点风景名胜区,1992 年被列为“浙江省十大旅游胜地”,2000 年被评为首批全国 AAAA 级旅游区,2015 年被列为全国 AAAAA 级旅游区。

以古、幽、清、奇为特色的天台山,风景区面积为 187.1 平方千米,根据其地理位置和特色划分为 13 个景区。各景天然成趣,别具一格,各擅其胜,美不胜收。主要景区有千年古刹国清寺、天下奇观石梁飞瀑、避暑胜地华顶国家森林公园、济公故里赤城山、人间仙境琼台仙谷、休闲天堂天湖景区、风韵独特龙穿峡景区等。

(二)天台山旅游著名看点

1. 千年古刹——国清寺

国清寺位于天台城北 3 千米的地方,和济南灵岩寺、南京栖霞寺、当阳玉泉寺并称“天下四绝”,是佛教“天台宗”发祥地,也是日本天台宗祖庭。

国清寺是我国创立的第一个佛教宗派天台宗的发源地,始建于隋开皇十八年(598),初名天台寺,后取“寺若成,国即清”改名为国清寺,南宋时列为“江南十刹”之一,现存建筑为清雍正十二年(1734)奉敕重修。

国清寺现存建筑总面积 7.3 万平方米,分为五条纵轴线,正中轴由南而北依次为弥勒殿、雨花殿、大雄宝殿、药师殿、观音殿;还有放生池、钟鼓楼、聚贤堂、方丈楼、三圣殿、妙法堂、伽蓝殿、罗汉堂、文物室等,大雄宝殿正中设明代铜铸释迦牟尼坐像。像背壁后,有以观音像为中心的慈航普度群塑,殿两侧列元代楠木雕刻的十八罗汉坐像。

国清寺寺宇依山就势,层层递高,既有佛教建筑严整对称的特点,又给人以灵活自如之感,殿东侧小院中一隋梅,传说为隋代天台宗五祖章安大师(561—632)手栽,主干枯而复生,逢春繁花满树。

与其他名刹相比,国清寺的自然景观具有鲜明的地方特色,寺中每一殿堂楼舍的建筑都十分精美,是我国古代建筑的珍品。

2.天下奇观——石梁飞瀑

石梁飞瀑位于天台山中,是浙东“唐诗之路”的精华所在,在崇山翠谷之中,一石横跨天际,瀑布喷涌而下,“昼夜起风雷”,令历代文人骚客为之倾倒,留下无数壮美诗篇,被誉为“天下第一奇观”。

石梁飞瀑又称“石梁雪瀑”,在石桥山中方广寺前,近瀑布的古方广寺为五百罗汉道场。两崖峭壁对峙,一石如苍龙耸脊横亘其间,即石梁,又称石桥。梁面狭约0.3米,梁底空洞高逾2米。金溪与大兴坑水自东、南而至,汇合于此,形成瀑布群,主流三折穿梁而过出,从高30米的峭壁上直泻碧泓潭,瀑布色如霜雪,势若雷霆,云涌涛激,声振林木。

月夜观瀑更佳,唐白居易有“应似天台山上月明前,四十五尺瀑布泉”的诗句,极言此中之妙。从中方广俯视,犹如磅礴云雾穿梭足下;从下方广仰观,好比银河直下九天。

3.避暑胜地——华顶国家森林公园

华顶国家森林公园是天台山国家风景名胜区的中心,面积约5.8万亩,峰峦叠嶂,如千叶莲花,有七十二峰之胜,主峰高1098米。唐诗仙李白在此写下千古名篇《天台晓望》。华顶国家森林公园素以观云揽日、品茗探幽、欣赏奇花称著,此地有“南国雪域”之誉,为旅游休闲避暑胜地。它还是天然的动植物资源宝库,列为国家保护的珍稀动植物有云豹、毛冠鹿、苏门羚、猴面鹰、台鹅耳枥、浙江七子花、樱果朴、进化型古茶树、华顶杜鹃等,更有漫山千年佛树——云锦杜鹃、佛茶仙茗——华顶云雾茶等,为世所珍。

4.济公故里——赤城山

赤城山又称烧山,距天台县城和国清寺均为2千米,景区面积1.3平方千米。为丹霞地貌,是济公活佛故里,仙佛双修的圣地,名人逸事集萃。

赤城山是水成岩剥蚀残余的一座孤山,“不与众山同一色,敢于平地拔千仞”。因其山赤,石屏列如城而得名,是天台山中唯一的丹霞地貌景观。每当旭日东升或夕阳西下,云雾缭绕山腰,霞光笼罩,光彩夺目。元邑人曹文晦形容为:“赤城霞起建高标,万丈红光映碧寥。美人不卷锦秀缎,仙翁泻下丹砂瓢。”故有“赤城栖霞”之称。赤城栖霞亦为天台八景之一。

济公东院是为纪念佛教禅宗大师济公于1996年所建。济公(1130—1209)出生于天台县永宁村,为佛教禅宗高僧,在港台地区有大量信徒(在港台两地约有200多万个济公堂),有广泛影响。济公东院依山而建,两层四开间,高为14.5米,建筑面积410平方米。院内设济公百态堂,堂中有3尊香樟木雕济公大佛,两侧有79尊铜制济公小佛像。在走廊上还设有18尊形态各异的济公像，有喜、怒、哀、乐、悲、愁等各种不同神态。

（三）天台山旅游之乡土特色

1. 佛宗道源

天台山以“佛宗道源，山水神秀”而誉满中外，佛、道文化源远流长，其在佛教、道教历史上有着重要的地位和影响。佛教的天台宗和道教的南宗都创于天台山。国清寺是天台宗的祖庭，国内外天台宗信徒都要到国清寺朝拜祖庭。桐柏宫是道教南宗的祖庭。

2. 山水神秀

天台山的自然景观得天独厚，人文景观悠久灿烂。这里既有汉末高士葛玄炼丹的“仙山”桃溪，碧玉连环的“仙都”琼台，道教南宗“圣地”桐柏，“天下第六洞天”玉京；又有佛教“五百罗汉道场”石梁方广寺，隋代古刹国清寺，唐代诗僧寒山子隐居地寒石山，宋禅宗“五山十刹”之一万年寺和全国重点寺院高明寺；还有那画不尽的奇石、幽洞、飞瀑、清泉，说不完的古木、名花、珍禽、异兽，因而获得“佛宗道源，山水神秀”的美称。

3. 天台居中，游遍浙东

天台山不但自然风光绮丽秀美，人文积淀深邃厚实，而且旅游的区位条件也相当优越。东有蒋介石故居所在的国家级风景名胜区雪窦山，北有“越中胜境”国家级历史文化名城绍兴和新昌大佛城，南有温州雁荡山，西有浙中金华双龙洞、兰溪诸葛村和“东方好莱坞”东阳横店影视城，可谓旅游要冲、黄金地带。现在，以天台山为中心，涵盖浙东的2小时旅游圈正逐步趋于成熟，浙江旅游有“天台居中，游遍浙东”的顺口溜。

（四）天台山旅游之特产

天台山物华天宝，资源丰富。有九大仙草之首、轻身延年的“铁皮枫斛”，有被誉为长生不老的天台山“乌药”，有仙道食粮“黄精”，有名扬四海的“笋笳”，有脆嫩透明的豆腐皮等。天台山云雾茶、天台山蜜橘、小红毛花生更是久负盛名。

（五）天台山旅游之季节

天台山是浙东南著名的避暑胜地，最佳旅游时间为4—10月，其中7—8月去天台山既能欣赏天台山美丽的风光，又能躲避炎炎烈日。天台山7月会有雨，雨天路滑，并且有大雾，不宜登山，雨后一两个小时的山景最美，烟雾缭绕，犹如仙境；冬天会下雪，华顶景区一般将封山，如果能在下雪前住宿在华顶景区，就能欣赏到别有情趣的雪景。

第二节　南朝四百八十寺，多少楼台在浙江——浙江宗教名寺

吴越、两宋时期，浙江一时成为全国佛教的中心，现存寺院中仍有不少是此时期兴建。南宋宁宗嘉定年间，朝廷品定江南禅院“五山十刹”，绝大多数在浙江省境，其他的也多在旧属两浙的苏南地区。杭州灵隐寺、净慈寺，宁波七塔寺、天童寺、阿育王寺，新昌大佛寺，普陀山的普济寺、法雨寺、慧济寺，天台国清寺（包括智者塔院）、高明寺、方广寺，温州江心寺等 13 座寺院，是 1983 年国务院确定的汉族地区佛教全国重点寺院。另外，奉化的雪窦寺为弥勒佛道场，也享有盛名。

一、仙灵所隐——灵隐寺

灵隐寺是中国著名佛教寺院，列我国佛教禅宗“五山”第二，建于东晋咸和元年（326），至今已有约 1700 年，为杭州最早的名刹。

（一）慧理建寺，济公出家

灵隐寺地处杭州西湖以西，背靠北高峰，面朝飞来峰，两峰挟峙，林木耸秀，深山古寺，云烟万状。

灵隐寺开山祖师为西印度僧人慧理和尚。他在东晋咸和初，由中原云游入浙，至武林（即今杭州），见有一峰而叹曰：“此乃中天竺国灵鹫山一小岭，不知何代飞来？佛在世日，多为仙灵所隐。”遂于峰前建寺，名曰灵隐。后来济公在此出家，由于他游戏人间的故事家喻户晓，灵隐寺因此闻名遐迩。

（二）东南之冠，“云林禅寺”

灵隐寺初创时佛法未盛，一切仅初具雏形而已。直至五代吴越王钱镠，命请永明延寿大师重新开拓，并新建石幢、佛阁、法堂及百尺弥勒阁，并赐名灵隐新寺。灵隐寺鼎盛时，曾有九楼、十八阁、七十二殿堂，僧房一千三百间，僧众多达

三千余人。南宋建都杭州,高宗与孝宗常驾幸灵隐,主理寺务,并挥洒翰墨。宋宁宗嘉定年间,灵隐寺被誉为江南禅宗“五山”之一。清顺治年间,禅宗巨匠具德和尚住持灵隐,立志重建,广筹资金,仅建殿堂时间就前后历18年之久。梵刹庄严,古风重振,其规模之宏伟跃居“东南之冠”。清康熙二十八年(1689),康熙帝南巡时,赐名“云林禅寺”。

灵隐寺以天王殿、大雄宝殿、药师殿、直指堂(法堂)、华严殿为中轴线,两边附以五百罗汉堂、济公殿、联灯阁、华严阁、大悲楼、方丈楼等建筑,共占地130亩,殿宇恢宏,建构有序。大雄宝殿中有一尊释迦牟尼佛像,是以唐代禅宗佛像为蓝本,用24块樟木雕刻镶接而成,高24.8米,妙相庄严,气韵生动,为国内所罕见。

(三)灵隐传说——飞来峰、康熙题匾

相传有一天,灵隐寺的济公和尚突然心血来潮,算知有一座山峰就要从远处飞来。那时,灵隐寺前是个村庄,济公怕飞来的山峰压死人,就奔进村里劝大家赶快离开。村里人因平时看惯济公疯疯癫癫,爱捉弄人,因此谁也没有听他的话。眼看山峰就要飞来,济公急了,就冲进一户娶新娘的人家,背起新娘就跑。村民见和尚抢新娘,就都呼喊着追了出来。人们正追着,一座山峰飞降灵隐寺前,压没了整个村庄。这时,人们才明白济公抢新娘是为了拯救大家。济公成佛后的尊号长达28个字:“大慈大悲大仁大慧紫金罗汉阿那尊者神功广济先师三元赞化天尊”,集佛道儒于一身,堪称神化之极。灵隐寺建有道济禅师殿,香火鼎盛。

风流儒雅的康熙皇帝来到杭州灵隐寺,老和尚请求他为寺院题块匾额。康熙信手挥笔,在纸上写了个老大的“雨”字,可“灵隐寺”的“灵”字按旧写法在“雨”字下面还有三个“口”和一个“巫”,这许多笔画怎么也摆不下了,真是急得皇帝下不了台。还好,在一个随从的暗示下,他将错就错,写成“云林禅寺”。这块匾挂了三百年,可老百姓并不买账,仍叫它“灵隐寺”。康熙题匾的笑话也一直流传到如今。

二、南山净慈——净慈寺

“南山净慈,北山灵隐”,净慈寺、灵隐寺为东南两大名刹。

(一)据全湖之胜——净慈寺

净慈寺位于杭州的西湖南岸,寺之主山为南屏山,“凭山为基,雷峰隐其寺,南屏拥其后,据全湖之胜”。净慈寺是954年五代吴越国钱俶为高僧永明禅师而建,原名永明禅院。永明禅师佛学造诣很高,主持杭州灵隐寺、六和塔的修建,并创建净慈寺,成为净慈寺的开山祖师。禅寺屡毁屡建,现在的寺宇、山门、钟楼、后殿、运木古井和济公殿,都是 20 世纪 80 年代重建的。其中大雄宝殿单层重檐,黄色琉璃瓦脊,更显庄严宏伟。特别是一口重达 100 多千克的新铸铜钟,刻有赵朴初等人书写的《妙法莲花经》,计 6.8 万字。每日黄昏,悠扬的钟声在暮色苍茫的西湖上空荡,激起人们的无限遐思。

(二)南屏晚钟

在净慈寺门右边有一座“南屏晚钟”碑亭,杭州著名的西湖十景之一“南屏晚钟”就是这里叩响的。明太祖洪武年间(1368—1398),铸了一口重约两万斤的巨钟,每日傍晚,夕阳西下,暝色苍茫,钟声在群山碧空中回荡,响彻云霄。由于南屏山空穴怪石较多,钟声经石穴回荡互激,钟声传播到十多里外。净慈寺的钟声在历史上久负盛名。“夜气滃南屏,轻岚薄如纸。钟声出上方,夜渡空江水。”明代诗人张岱的诗句把净慈寺钟声的美妙写得出神入化。

(三)雷峰古塔

净慈寺寺前有雷峰古塔,建于南屏支脉夕照山,古时有雷姓居此,故称雷峰。吴越王妃黄氏建塔于此,每当夕阳西坠,塔影横空,自成一景,故宋代诗人林逋有“夕照前村见”之句,康熙、乾隆均曾题名“雷峰西照”,后人仍复原名为“雷峰夕照”。该塔被毁前原为重檐飞栋,窗户洞达。由此,“南屏晚钟”“雷峰夕照”,成为净慈寺两大胜景,亦为名刹增辉。

三、东南佛国——天童寺

天童寺位于宁波市东 25 千米的太白山麓,始建于西晋永康元年(300),禅宗五大名刹之一,号称“东南佛国”。

(一)太白护持,天童得名

西晋永康元年(300),僧人义兴云游至扬州部会郡县(即今宁波鄞州)南山之东谷,因爱其山水,遂在此结茅修持。相传,当时东谷附近并无人烟,却有一位童子每天前来送给粥水。不久精舍建成,童子对义兴大师说,他乃太白金星,因为大师笃于道行,感动玉帝,命他化为童子前来护持左右。如今大功告成,就此告辞。言讫童子不见。由此山名太白,寺名天童。

(二)几度兴毁,规模宏大

天童禅寺从义兴结庐至今 1700 余年,几度兴毁。宋嘉定年间被列为禅宗五山之第三。天王殿四大天王十分高大,为江南诸刹所不及。明洪武十五年

(1382),朱元璋册封天下名寺,赐天童禅寺为天下禅宗五山之第四。明万历十五年(1587),一次特大山洪几乎使天童寺荡然无存。一直到崇祯四年(1631),密云禅师主持修建,历经10年,建成殿屋999间,规模恢宏,建筑华丽,佛像高大,为国内罕见。

(三)临济门庭,曹洞祖庭

天童寺院傍山而筑,梯级布局,由低渐高,有天王殿、法堂(藏经楼)、先觉堂、罗汉堂、佛祖殿、选佛场、禅场、钟楼、御书楼、御碑亭等20多幢古建筑。天童寺现尚存建筑730多间,占地面积5.8万平方米。寺内有清代顺治、康熙、雍正皇帝的御书碑刻等文物。天童寺不仅是临济宗的重要门庭,还是日本佛教主要流派曹洞宗的祖庭,在日本和东南亚久负盛名,号称"东南佛国",为全国重点佛教寺院。

四、唯一以阿育王命名的千年古刹——阿育王寺

(一)"六殊胜八吉祥地"——阿育王寺地理位置

阿育王寺位于宁波市东20千米的鄞州区五乡镇宝幢。阿育王寺坐落的方位,在鄮山分支育王山之西麓,面对玉几山,左界育王岭,右是赤莹山峡谷,三山拥处,吉林参天,修竹蔽日;西望古刹,寺在山坳之底,南而远眺,俱在峰峦之中,有世外桃源之感,加之四周翠岗蜿蜒,群陵起伏,称之为"六殊胜八吉祥地",实非虚言。早在南宗嘉熙元年(1237),宋理宗就把其列为天下五山之第二。明洪武十五年(1382),被诏定为天下禅宗五山之第五。阿育王寺素有"东南佛国"之称,是佛教禅宗名寺,因寺内珍藏佛国珍宝释迦牟尼的真身舍利及玲珑精致的舍利宝塔而闻名中外,现为佛教全国重点寺院。

(二)梁武帝赐额——阿育王寺得名

阿育王寺是我国现存唯一以阿育王命名的千年古刹,创建于西晋太康三年(282),距今已有1700多年的历史。当年,高僧慧达求得舍利宝塔于鄮山脚下,遂于其地结庐守护,为阿育王寺之创始。据史载,晋义熙元年(405),为了保护佛国珍品,始建塔亭覆护,后人也有把义熙元年作为阿育王寺的创始之年。南北朝宋元嘉二年(425),又建三级木浮屠,并创建殿宇,初具寺庙规模。梁武帝普通三年(522),又兴建殿堂楼阁,并赐寺额为"阿育王寺"。阿育王寺由此得名。

(三)规模恢宏,文物众多

阿育王寺建筑规模恢宏,占地8万平方米,有殿、堂、楼阁、轩等600多间,建筑面积14000平方米。寺依山而筑,一进入山门,便见鱼乐池、天王殿、大雄宝

殿、舍利殿、法堂、藏经楼等，建筑古朴、庄重，集建筑、雕刻、园林艺术之大成。殿堂庙宇与苍茫山色融为一体，山因寺增辉，寺为山添色。

(四)舍利宝塔，中国唯存

阿育王寺闻名中外，不仅因为其山明水秀，殿宇巍峨，更由于它有一座举世瞩目的舍利宝塔。阿育王寺大殿内有一尊小巧玲珑的宝塔，专门供奉驰名中外的稀世之宝释迦牟尼真身舍利，此塔就是舍利塔。传说释迦牟尼真身舍利仅有三颗，一颗在印度，一颗在北京，再有就是阿育王寺中的这一颗。璀璨辉煌的阿育王寺舍利殿，上铺盖着黄色玻璃瓦，金碧辉煌，佛光闪烁，塔内供奉镇寺之宝舍利，吸引了众多的国内外游客及佛教徒。

相传印度孔雀王朝国王阿育王统治时期(前 2 世纪)，在波吒利费城举行了佛教史上规模最大的第三次结集，编纂整理经、律、论三藏经典，并派遣僧侣四方传播佛教，使佛教成为世界性宗教。他还取出王舍城大宝塔阿阇世王分得的佛陀舍利，分成八万四千份，“令羽飞鬼，各随一光尽处，安立一塔”。在中国，共建造了 19 座舍利塔。这 19 座舍利塔中，唯一保存下来的就是西晋会稽鄮县塔，即阿育王寺的舍利宝塔。

阿育王寺因为舍利宝塔的存在，得到历代统治者的赏赐和殊遇。如北宋仁宗赵祯，曾请阿育王寺大觉禅师怀琏，在化成殿询问佛法大意，并赐颂诗 17 篇，留住数载。直到英宗赵曙即位，才恩准大觉禅师回山的要求，并赐诏一道，内有“凡经过小可庵院，随性住持、十方禅林，不得抑逼坚请”等语。

第三节　六和镇江，观潮胜地——浙江古塔面面观

敬佛造塔，佛教规律。初期的寺院，又称塔院，平面布局仿造印度伽蓝样式，塔位居佛寺中心，成为寺的主体建筑，其余辅助建筑环绕塔而建，可惜最初的塔院已无实例可寻。浙江古塔的起源可以上溯到东汉、三国时期。东吴赤乌年间，佛教从中原传入浙江，经过磨合期，至南北朝时，浙江大地已是伽蓝遍布，梵音不绝，“南朝四百八十寺，多少楼台烟雨中”正是对其形象的描绘。

浙江现存年代最早的古塔是建于唐咸通四年(863)的宁波天宁寺塔，它也是江南地区唯一幸存的唐塔原体。此后经唐末五代、宋、元、明、清、民国，浙江古塔没有断层，承脉关系清晰，且每个时期都具有全国意义的范例。五代吴越国遗留下来的塔主要有杭州白塔、灵隐寺石塔、临安功臣塔，黄岩灵岩寺塔、义乌双林寺铁塔等，宋塔约有 30 余座，以杭州六和塔、湖州飞英塔、松阳延庆寺塔、天台国清寺塔、宁波二灵塔、温州国安寺塔、瑞安观音寺塔为代表，多属省级重点文物保护单位。境内元塔虽少，但工艺精湛，有普陀多宝塔、临海千佛塔、临安普庆寺塔、黄岩净土寺塔等。除此而外，均为明清风水塔，间有部分民国时期修建的佛塔。

一、“六和敬”——杭州六和塔

六和塔位于西湖之南，钱塘江畔月轮山上。970 年，当时杭州为吴越国国都，国王为镇住钱塘江潮水派僧人智元禅师建造了六和塔，取佛教“六和敬”之义；六和塔又名六合塔，取“天地四方”之意。如今的六和塔塔身重建于南宋。

六和塔外形雍容大度，气宇不凡如将军。从六和塔内向江面眺望，可看到壮观的钱塘江大桥和宽阔的江面。六和塔塔高近 60 米，外看 13 层，塔内只有 7 层，塔内由螺旋阶梯相连。塔内第三级须弥座上雕刻花卉飞禽、走兽、飞仙等各式图案，刻画精细。六和塔构思精巧，结构奇妙，是我国古代建筑艺术的杰作。

从塔内拾级而上，面面壶门通外廊，各层均可倚栏远眺，那壮观的大桥，飞驶的风帆，苍郁的群山，赏心悦目。宋郑清之有诗句云："经从塔下几春秋，每恨无因到上头。"清乾隆皇帝游玩至此，兴致大发，为每层依次题字立匾，名曰：初地坚固、二谛俱融、三明净域、四天宝纲、五云覆盖、六鳌负载、七宝庄严。

20 世纪 90 年代，在六和塔近旁新建中华古塔博览苑，这里有中国各地著名宝塔的缩微雕刻，集中展示了中国古代建筑文化的成就。

六和塔是著名的观潮胜地。早在南宋时，六和塔就是观赏钱江秋潮的最佳地点之一。登古塔、观大潮，成了月轮山的新游赏内容。

二、塔在雷峰山——杭州雷峰塔

雷峰塔原建造在雷峰山上，位于杭州西湖南岸南屏山日慧峰下净慈寺前。雷峰为南屏山向北伸展的余脉，濒湖勃然隆起，林木葱郁。

雷峰塔，原名皇妃塔，又名西关砖塔，古人更多称之为"黄妃塔"。但民间因塔在雷峰，均呼之为雷峰塔。塔原共七层，重檐飞栋，窗户洞达，十分壮观。它是由吴越国王钱俶为祈求国泰民安而于 977 年在西湖南岸夕照山上建造的佛塔。塔基底部辟有井穴式地宫，存放着珍藏有佛螺髻发舍利的纯银阿育王塔和龙莲座释迦牟尼佛坐像等数十件佛教珍贵文物和精美供奉物品。古塔塔身上部的一些塔砖内，还秘藏雕版印刷的佛教《一切如来心秘密全身舍利宝箧印陀罗尼经》经卷。

雷峰塔曾是西湖的标志性景点，旧时雷峰塔与北山的保俶塔，一南一北，隔湖相对，有"雷峰如老衲，保俶如美人"之说，西湖上亦呈现出"一湖映双塔，南北相对峙"的美景。每当夕阳西下，塔影横空，别有一番景色，故被称为"雷峰夕照"。至明嘉靖年间，塔外部楼廊被倭寇烧毁，塔基砖被迷信者盗窃，致使塔于 1924 年 9 月 25 日倾圮。清人许承祖曾作诗云："黄妃古塔势穹窿，苍翠藤萝兀倚空。奇景那知缘劫火，孤峰斜映夕阳红。"雷峰塔倒塌之后，不仅作为西湖十景之一的"雷峰夕照"成了空名，而且"南山之景全虚"，连山名也换成了夕照山。2002 年，雷峰塔重建竣工并开放。

三、百姓保钱俶——杭州保俶塔

保俶塔，位于杭州市西湖北线宝石山上，始建于北宋初年开宝年间(968—976)，后屡毁屡建，现塔为六面七级实心砖塔，高 45.3 米，为 1933 年按明末以后的原式样重建。吴越王钱俶当朝时，深得民心，百姓虑其不永，筑塔于宝石山上以保之，塔名因此而得。另有讹传此塔系寡嫂祈叔平安而建，因此讹称为"保叔塔”,也有误称之为“宝所塔”。

还有一说,此塔为吴越王时期,吴延爽所建,凡九级,屡建屡废。晴时浮屠撑云,金碧排空,七宝玲珑,足可观赏,为西湖之标志。《西湖梦寻·保俶塔》写道:“宝石山高六十三丈,周一十三里。钱武肃王封寿星宝石山,罗隐为之记。其绝顶为宝峰,有保俶塔,一名宝所塔,盖保俶塔也。”

四、江南现存最早砖木混合塔——临安功臣塔

功臣塔建于五代后梁贞明元年(915),是中国江南地区现存最早的砖木混合结构仿楼阁式塔,位于临安市区东南 1 千米,海拔 157.7 米的功臣山顶,为全国重点文物保护单位。功臣塔为单壁砖砌仿木构筒体楼阁式结构,四面五层,由基座、塔身、塔刹组成,通高 25.30 米。功臣山原名大官山,山南麓的钱坞垄是吴越国太祖钱镠的出生地。唐昭宗以钱镠功大,下诏改山名为“功臣山”。后梁贞明元年(915),钱镠建功臣寺和功臣塔,皆以山为名。

五、江南现存最早石塔——宁波天宁寺塔

天宁寺塔位于宁波市中山西路,始建于唐大中五年(851),是江南现存最早石塔。天宁寺前原建有东西两塔,东塔已于清光绪年间崩塌。1995 年配合中山路改造对东塔基进行了考古,发掘出残塔基。现存者为天宁寺的西塔。原因塔砖上有正书“咸通四年(863)造此砖纪”之铭文,1995 年在西塔组修时,又发现了许多咸通年间的塔砖。故有“咸通塔”之称,由于该塔比较矮小,又形似乌龟,所以俗称“乌龟塔”。

天宁寺塔系砖结构,立面呈抛物线状、平面呈正方形,每边长约 3.20 米,共五层,逐层收缩。每层用砖叠檐,出檐较远,有别于北方常见的唐塔。塔内部呈筒形,底层四面均开设壶门,以上每层四壁均设有龛。塔高约 12 米,壁厚约 0.76 米,占地面积为 10.42 平方米。

六、“舍利飞轮英光普照”——湖州飞英塔

飞英塔位于湖州市内塔下街,始建于唐朝中和四年(884),为国家重点文物保护单位,1986 年完成大修。飞英塔由里外两塔组成,塔里有塔堪称世界一奇,为罕见的古塔珍品。

飞英塔外塔通高 55 米,七层八面的砖木结构,缘梯登塔,可直达顶层,内可

观赏石塔艺术，外可俯瞰湖州市区风光。内塔为一座 15 米高的 5 层石塔，通体雕刻佛像千尊以及狮、象、莲花、瑞草，构图古朴，造型生动，实为唐代石雕艺术瑰宝。据志书记载，唐咸通年间，上乘寺僧得长安高僧授予舍利珠 7 颗及阿育王饲虎面像建石塔珍藏之。后因称“有神光见于绝顶”，遂于石塔之外增建木塔以护之，取佛家语“舍利飞轮英光普照”之意，更名为飞英塔。

七、濠河水曲如股——嘉兴壕股塔

位于嘉兴南湖湖畔的壕股塔又作濠罟塔、濠孤塔、壕姑塔等，为壕股禅寺的中心建筑，约建于五代或北宋时期，明代时重建。《嘉兴府志》中记载“壕股”一名源于寺院近临城濠，濠河水曲如股而得名。

壕股塔共七级，高十丈，约 34 米，塔身方形，塔顶如笔，整个方塔建筑工巧，气势雄壮。塔旁为寺院，有僧房数间，相传苏东坡曾到此饮茶，并与文长老在此晤谈。壕股塔及其禅寺在宋、元时享有盛名，以前到南湖的渡口设在东门狮子汇，游客到南湖首先见到的是壕股塔，元代四大画家之一吴镇的《嘉禾八景》将此塔绘入图中，并题“苏堵玲珑插濠股”。清凌大田还写下《壕股》诗一首：“清流一脉曲，百仞涌城濠。影荡玻璃碎，风铃柳外高。”

八、“远东第一灯塔”——舟山花鸟灯塔

花鸟灯塔，是一座位于中国舟山群岛最北端、长江口至太平洋航线上的特大型灯塔。因其地理位置重要、规模巨大、功能齐全、历史悠久且具有国际影响而被称为“远东第一灯塔”，是全国重点文物保护单位。花鸟灯塔又称花鸟山灯塔，坐落在花鸟岛(即花鸟山)西北角的山嘴上。花鸟岛位于长江口外，东海舟山群岛的最北端，因多生菊花、水仙花，岛形呈飞鸟状而得名。

清朝末年，上海、宁波以及长江内河港口相继开埠，它们到日本以及太平洋的航线也日益增多。花鸟岛正处在这些航线的必经之所，而且附近岛礁极多，当时清海关海务科筹划设立的第一批灯塔中便有花鸟岛灯塔。最终花鸟灯塔由英国出资，从上海招劳工建造，于 1870 年建成。此后灯塔也由英国管理，1916 年进行了重修。1943 年太平洋战争爆发，日本接管了灯塔，“二战”期间曾遭飞机轰炸，但损伤极轻微。1950 年灯塔由中华人民共和国接收，现归上海海事局管理。

花鸟灯塔的塔身呈圆柱形，高 16.5 米，下部为白色，混凝土砖石结构，上部为黑色，材料主要是铁板。灯塔内部分四层楼面，顶为铜铸圆顶，装风向板。顶层使用巨大的玻璃作为墙体，安装有光源。其下一层有外置廊台，可凭栏远眺。

第四节　飞来峰造像雄踞江南——浙江造像、石经、刻石

一、浙江最大造像群——飞来峰造像

飞来峰位于灵隐寺前，是一座高 209 米的石灰岩山峰。飞来峰北麓山崖及自然洞壑中，有五代至元代造像 380 多尊，为浙江省最大的一处造像群。

（一）最早的造像——五代造像

飞来峰五代造像尚存 10 余尊，都是佛教净土宗的“西方三圣”（即本尊阿弥陀佛、左胁侍观音菩萨、右胁侍大势至菩萨），分布在山顶和青林洞口。在青林洞入口的西侧有后周广顺元年（951）滕绍宗雕造的“西方三圣”，是飞来峰有题记的造像中时代最早的一龛，三尊造像都坐在高束腰仰莲须弥座上，身后有缘饰火焰纹的背光，保留晚唐的风格。

（二）最多的造像——北宋造像

飞来峰北宋造像约 200 尊。

1. 青林洞阿弥陀佛像

北宋建隆元年（960），青林洞雕阿弥陀佛像，高仅 33 厘米，旁刻周钦造像题记，是北宋造像中时代最早的一尊。分布在金光洞内的都是小罗汉，雕造时间从宋咸平三年至六年（1000—1003）。

2. 玉乳洞六祖像

玉乳洞内的六祖像较大，高 96—116 厘米不等，旁刻天圣四年（1026）“马氏一娘”造像题记。

3. 青林洞“卢舍那佛会”浮雕

青林洞南口，有一龛乾兴元年（1022）的“卢舍那佛会”浮雕，壶门式花头龛高 146 厘米，宽 150 厘米。本尊卢舍那，头戴宝冠，身着圆领通肩袈裟，端坐在高束

腰莲座上，双手做说法状；左侧文殊菩萨骑狮，由拂菻牵引，狮旁有一侏儒；右侧普贤菩萨骑象，由獠蛮牵引，象旁亦有一侏儒；又有菩萨 4 尊、天王 4 尊分立两旁；龛楣上端有飞天两身，戴宝冠，着天衣，佩璎珞，捧鲜花，凌空飞舞散化；龛外侧刻乾兴元年(1022)胡承德造像题记。

4. 龙泓洞“取经”造像

龙泓洞口的 3 幅浮雕也是宋代作品：一是白马驮经，浮雕是两位高僧，身后饰头光，似长途跋涉状，右上角分别刻“摄摩腾”“竺法兰”字样，其后一人牵马，上刻“从人”两字；另一浮雕是三国曹魏僧人朱士行往西域取经，其中有 3 人拉着 2 匹驮经的马，旁刻“朱八戒”字，“八戒”字系后人改刻，原刻是“朱士行”字；还有一幅是唐玄奘取经，唐僧双手合十，作缓步前进状。3 幅浮雕全长 660 厘米，高 100 厘米。

5. 冷泉溪布袋弥勒像

冷泉溪南侧有一龛南宋布袋弥勒像，粗眉大眼，喜笑颜开，一手按布袋，一手执念珠，袒腰踞坐，自然生动，两侧围绕十八罗汉，依山势布局，或静或动，姿态各异，龛的周长达 900 厘米，是飞米峰造像群中最大的一龛。

(三)填补空白——元代造像

元代造像近 100 尊，其中题记尚清晰可辨者 19 尊，始自至元十九年(1282)，终于二十九年(1292)，雕刻精美，保存完整，除龙泓洞内的一尊观音外，其余分布在冷泉溪南岸和青林、玉乳、龙泓、呼猿各洞周围的崖岩峭壁上。明田汝成《西湖游览志余》二十五卷云：“时江南释教都总统永福杨琏真伽，自至元二十二年至二十四年，恢复佛寺 30 余所，如四圣观音，昔之孤山寺也。弃道为僧者七八百人，皆挂冠于上永福寺帝师殿梁间，而飞来峰石壁皆镌佛像。”

中国中原地区的石窟艺术，主要在晚唐以前。飞来峰造像，尤其是其中的元代造像，弥补了中国造像艺术史中的空缺。

1. 青林洞“华严三圣”

位于青林洞口的元代至元十九年(1282)的“华严三圣”，龛高 240 厘米，宽 400 厘米，顶弧拱。本尊昆卢遮那高 155 厘米，头戴五佛宝冠，耳垂珥珰，着菩萨装，全跏趺坐于莲座上，双手作五字剑印；左侧为文殊菩萨，右侧为普贤菩萨，均戴宝冠，披薄纱，佩璎珞，作半跏趺坐式；旁有徐僧录造像题记。

2. 呼猿洞石像

在呼猿洞有两龛至元二十九年(1292)杨琏真伽命工匠镌造的石像：一龛是无量寿佛、文殊菩萨、救度佛母像，本尊高 220 厘米，作禅定印，右侧文殊右手举剑,左侧救度佛母,高 150 厘米,右手作施愿印,均坐于亚字形须弥座上;另一龛为“西方三圣”,本尊阿弥陀佛高 205 厘米,全跏趺坐式,其胁侍观世音和大势至菩萨各高 150 厘米,均半跏趺坐于亚字形须弥座上。两龛造像均有题记。

3. 通天洞“大白伞佛母像”

在通天洞口外有一龛大白伞佛母像,龛高 235 厘米,宽 160 厘米,像高 154 厘米,头戴宝冠,上身赤裸,全跏趺坐于仰莲座上,左手持伞盖。龛楣上刻藏文、汉文各一行,汉文为“一切如来顶髻中出大白伞盖佛母”。

二、吴越造像代表——烟霞洞造像

烟霞洞造像位于杭州西湖南高峰西侧,翁家山南部山腰烟霞洞内。

(一)吴越时期的代表作——十六罗汉造像

烟霞洞造像依洞壁雕凿,有十六罗汉,面相不同,神态各异:有的盘膝禅坐,沉思冥想;有的袒胸露肚,足踩飞云;有的手抚老虎,圆瞪双眼;有的心中现佛,慈祥可亲;有的在远眺;有的在俯瞩;有的在怒视。作者运用熟练的技巧,简洁明快的线条,把佛经上所说的罗汉,从动态、性格和思想等方面表现了出来。罗汉附近原有题记:“吴延爽舍三十千造此罗汉。”吴延爽系吴越国王钱元瓘妃吴汉月之弟,吴越国王钱俶之舅父。故这一铺罗汉是五代后晋时期雕造,是吴越时期的代表作。

(二)观音大势至造像

烟霞洞洞口的东西两壁各有一尊菩萨,相对而立。左边一尊是观音像,高 200 厘米,右手举执柳枝,左手垂执宝瓶,头戴高宝冠,宝冠纹饰华丽,正中有“化佛”,项挂连珠,胸前瓔珞垂地。右边一尊大势至菩萨,高 185 厘米,两手交叉腹前,手执念珠,头戴宝冠,脸形丰满,神韵端庄,体态柔媚。“文化大革命”初期,洞内许多石刻艺术珍品惨遭破坏,原有的 38 尊佛像,仅剩 14 尊。后经修补,有的已复原状。

三、两龛皆经典——慈云岭造像

慈云岭造像位于杭州西湖慈云岭南坡,共两龛。据《咸淳临安志》记载:“上石龙永寿寺,在慈云岭下,天福七年吴越王建,旧名资延,大中祥符元年改今额。”主龛的左外侧刻有“新建镇国资延遐龄石像之记”12 字的题额,下面是北宋绍圣元年(1094),惟性和尚刊刻的《佛牙赞》一首。《佛牙赞》赞颂佛牙,内容与题额毫不相干,显然是惟性和尚凿平了原来的造像记,改刻成《佛牙赞》。

(一)主龛造像

主龛宽1000厘米,高580厘米,龛内造像7尊。中间3尊坐像,为阿弥陀佛和观音菩萨、大势至菩萨,合称“西方三圣”。阿弥陀佛高245厘米,头顶螺发,面相温和,身披袈裟,偏袒右肩,双手相叠,置于脐前,作禅定印,两足心刻八辐法轮。左侧观世音头戴宝冠,冠上饰化佛,两侧宝缯垂肩,右手执柳枝,左手置于脐前。右侧大势至宝冠高髻。3尊造像均作全跏趺坐式,莲座花瓣饱满,下有须弥座,身后皆有背光,中间雕饰宝相花,边缘饰火焰纹。

3尊造像两侧,有2尊菩萨立像,高272厘米,两侧是金刚力士像,高292厘米,戴盔穿甲,腰系草带,左手施无畏印,右手执长杆宝钺。龛内上部雕有飞天和迦陵嫔伽鸟。飞天头戴宝冠,身着天衣,肩披帛带,手举花束朝着弥陀飘舞散花。其后的迦陵嫔伽鸟,人首鸟身,背上着翅,尾随而来。空中天花点点,祥云朵朵,加上飞扬的飘带,更具动势。龛楣上祥云缭绕,七佛端坐云际,左端文殊骑狮,旁有拂菻;右端普贤骑象,旁有獠蛮。虽然形象各异,但都以弥陀为中心有机地形成一组既有外形变化,又有内在联系的群雕。

(二)地藏像

在主龛右前侧有一地藏像。龛高390厘米,宽238厘米,顶弧拱。正中圆雕地藏像,高196厘米,光头长耳,外披通肩袈裟,左脚踏莲花,内着衬体衣,做游戏坐式。面相圆润,深沉恬静。地藏像的两侧侍立供养人,束发,穿交领衫,系长裙,神态恭敬虔诚。地藏左侧引出云头,绕向龛楣,云间浮雕“六道轮回”。

四、依山崖开凿——宝成寺麻曷葛剌造像

宝成寺麻曷葛剌造像在杭州西湖紫阳山东麓,寺内共有三龛造像,依山崖开凿。西龛为单尊,佛像已遭破坏,后人将别处一观音像搬此供养。

(一)中龛三世佛造像

中龛三世佛,主尊释迦牟尼,东首为药师如来,西首为阿弥陀佛。三佛结迦趺坐于莲座上,披袈裟,袒右肩,广额丰颐,螺髻双盘,眉间有白毫,身后为双月形头光与身光。从风格判断为元代所作。

(二)东龛造像

东龛一铺三尊,龛高2.45米,宽4.1米,内分三小龛。

1.主尊麻曷葛剌像

主尊为麻曷葛剌像,高138厘米,短腿大腹,头发虬卷,瞪目翘须,作愤怒相,左手抱头颅,左右肩都挂着人颅,脚下又踏一人,显现大黑天降魔时的形象。麻

曷葛剌是梵语的音译，佛经上通常译作“摩诃迦罗”，就是佛教密宗的“大黑天”，或称“大日如来”，一说与释迦牟尼为同佛，大日如来是法身，释迦牟尼是应身；又一说大日如来与释迦牟尼是不同的两种佛。

2. 文殊骑狮像

麻曷葛剌的左侧是文殊骑狮。文殊右手举着法器，胸前挂着一串密宗所说大日如来降魔时胸前所系的髑髅。狮子歪头张口，背上垂下的巾幪角上挂着人头。

3. 普贤骑象像

麻曷葛剌的右侧是普贤像，显现出凶猛的样子，白象的巾幪角上挂着人头。龛楣浮雕金翅鸟三身，狰狞凶恶，头戴宝冠，身附翅膀，龇牙瞪目，张臂屈腿，腾空欲飞。

五、太学课读范本——南宋石经

杭州南宋石经又称“南宋太学石经”。南宋绍兴十三年(1143)正月，以岳飞故宅为太学(今小车桥东，浙江医科大学内)。淳熙四年(1177)，建光尧之阁，陈列高宗赵构和皇后吴氏手书的《周易》《尚书》《毛诗》《中庸》《春秋》《论语》《孟子》等刻石，作为太学课读范本。

元初，江南释教都总统杨琏真伽在南宋大内建造镇南塔，欲将太学石经搬去作塔基以镇压南宋人士；当时杭州路推官申屠致远力争，幸免全毁，然已散失很多。后太学改为西湖书院，经多次变乱和迁徙，又损失一部分。明代洪武年间，移至西湖书院，石经仍未被重视。宣德元年(1426)，巡按浙江监察御史吴讷嘱郡守卢玉润收集石经加以修补，得石经百片，存置孔庙大成殿后及两庑。吴讷又作《石经歌》刻碑以示后人。正德十三年(1518)，巡按监察御史宋廷佐，将仁和县学石经移至杭州府学，同时搬迁的还有宋高宗题李公麟画孔子及其七十二弟子像刻石。崇祯末，始将石经嵌于壁间。

1953 年，浙江省文物管理委员会整理石经，共得 86 石，经过整理，存于劳动路孔庙内，计《周易》2 石、《尚书》7 石、《毛诗》10 石、《中庸》1 石、《春秋左传》48 石、《论语》7 石、《孟子》11 石。另有明人吴讷《石经歌》1 石。石经中《论语》《孟子》皆为行书，字体较大，《中庸》次之，《易》《书》《诗》《左传》皆为小楷。每遇避讳字，均本字缺笔，而《语论》《孟子》则多改字，如敬作“钦”字。现孔庙建为“杭州碑林”，石经陈列于大成殿内。

六、“小有天园”——司马光书《家人卦》刻石

司马光书《家人卦》刻石位于杭州西湖南屏山麓“小有天园”山腰。这里山崖峭立，怪石嶙峋，漫山古藤，盘根错节。登上山巅，可以览尽西湖风光。北宋时为兴教寺所在，元末寺圮，明洪武间重建，后改为壑庵。清初为汪之萼别墅。乾隆十六年(1751)，乾隆皇帝南巡杭州，游览此地，赐名“小有天园”。

《家人卦》刻在一块大岩石上，旁边还有《乐记》和《中庸》。《家人卦》从“家人利女贞”至“反身之谓也”，共202字，宽2.21米，高2.71米，隶书12行，每行17字，字径4寸余，左上角刻有阮元题记。《乐记》自“君子曰礼乐不可斯须去身”至“举而错之天下无难矣”，隶书10行，192字。《中庸》自“子曰道不远人”至“君子无人而不自得焉”，隶书10行，197字。《武林旧事》云此摩崖出自唐人手笔，而《四朝见闻录》《咸淳临安志》《梦粱录》皆云司马光书。阮元《两浙金石志》云：“据《宋鉴》称，绍兴六年十月庚辰，上谕大臣曰：司马光隶字真似汉人，朕有五卷，日夕置座右，所书乃《中庸》与《家人卦》，皆修身治国之道，不特玩其字而已。今摩崖所刊，合乎《宋鉴》，当是诸大臣闻思陵面谕，请刊于石者。”崖石左侧有“琴台”二字，相传为北宋大书法家米芾所书，现在尚依稀可辨。

第五章　浙江乡土旅游——古遗址、古镇、古村落

古遗址、古镇、古村落是古代人类各种活动留下的遗迹，既包括人类为不同用途所营建的建筑群体，以及范围更大的村寨、城堡、烽燧等各类建筑残迹，也包括人类对自然环境利用和改造而遗留的一些场所。古迹、古镇、古村落可以揭示许多古人生活奥秘，在旅游活动中备受重视。

第一节 灿烂文化景观,彰显古代文明——浙江古遗址

浙江的古遗址已发现公布的有20多处,代表性的有余姚河姆渡、余杭良渚、萧山跨湖桥、嘉兴马家浜以及慈溪上林湖越窑遗址等。

一、华夏远古文明的摇篮之一——河姆渡遗址

(一)长江文明的发源地——河姆渡遗址全貌

河姆渡遗址位于距宁波市区约20千米的余姚市河姆渡镇,系中国南方早期新石器时代遗址,全国重点文物保护单位,面积约4万平方米。河姆渡处于青灰色海相亚黏土层之上,地势北高南低,是丘陵山地与平原的过渡地带。遗址于1973年开始发掘,是我国目前已发现的最早的新石器时期文化遗址之一。河姆渡文化的发现是中华人民共和国成立以来最重要的考古成果之一,被《考古》杂志评为20世纪中国100项重要考古发现之一。

以河姆渡遗址为代表的河姆渡文化的发现,在中国新石器时代考古中具有十分重要的意义。遗址里发现了一大批建筑水平很高的干栏式木构建筑和方形木构水井遗迹、水田农业种植的籼稻和粳稻遗存、原始纺织机构件、植物纤维编织物、木胎漆器、象牙雕刻制品等。除此之外,还发现了60多种动物遗骸和多种植物果实。所有这一切,生动地反映了河姆渡人高超的技艺,是河姆渡先民智慧的象征,也是世界文化史上的光辉篇章。

河姆渡遗址的发现,以生动而丰富的实物资料证明,灿烂而悠久的中华民族文化是由黄河流域、长江流域等古代先民共同创造的,黄河、长江同是中华民族古老文化的摇篮。

(二)河姆渡遗址博物馆

河姆渡遗址博物馆占地面积4万平方米,由文物陈列馆和遗址现场展示区

的木桨，只是形体略小一些。有桨一定有船，由此推测河姆渡人已划着独木舟在湖泊之中捕鱼采菱，也可能作为氏族间往来的交通工具。河姆渡遗址发现的漆器有20多件，早期单纯用天然漆漆于木器表面，稍后在天然漆中掺和了红色矿物质，使器物色彩更加鲜亮，第三文化层中出土的木胎漆碗是其中的代表作品。

6. 艺术品

河姆渡遗址发现的原始艺术品可分为独立存在的纯艺术品和施刻于器表之上集实用、观赏于一体的装饰艺术品，其中又以后一类数量居多，充分表现了河姆渡人的审美兴趣和文明程度。艺术品中最为人称道的是“双鸟朝阳”纹象牙雕刻件，该器长16厘米、宽5.9厘米、厚约1厘米，形似鸟窝。器物正中阴刻5个同心圆，外圆上部刻火焰纹，两侧各有一只圆目利喙的鸷鸟向对而视。画面布局严谨，线条虚实结合，图画寓意深刻，有人说它象征太阳，另有人认为是鸟在孵蛋，象征对生命、生殖的崇拜。不管何种寓意，这说明原始先民已有复杂的精神生活。

二、迈入申遗倒计时——良渚文化遗址

良渚文化遗址位于杭州城北18千米处余杭区良渚镇。1936年发现的良渚遗址，实际上是余杭的良渚、瓶窑、安溪三镇之间许多遗址的总称，是新石器时代晚期人类聚居的地方。良渚文化遗址有村落、墓地、祭坛等各种遗存，内涵丰富，范围广阔，遗址密集。2012年，良渚遗址被列入中国世界文化遗产预备名单，2018年，被推荐申报2019年世界文化遗产。

良渚文化遗址出土的石器有镰、镞、矛、穿孔斧、穿孔刀等，磨制精致，特别是石犁和耘田器具的使用，说明当时已进入犁耕阶段。出土的陶器，以泥质灰胎磨光黑皮陶最具特色，采用轮制，器形规则，圈足器居多，用镂孔、竹节纹、弦纹装饰，也有彩绘。发现的众多玉器中有璧、琮、璜、环、珠等，大部分出土于墓葬中。

1986—1987年，从良渚墓葬中出土了大量随葬品，其中玉器占90%以上，象征财富的玉器、象征神权的玉琮和象征军权的玉钺，为研究阶级的起源提供了珍贵的资料，而且使世界上许多大博物馆对旧藏玉器进行重新鉴定、命名，使一些原被误认为是“汉玉”(实际上是良渚玉器)的玉器的年代推前了2000多年。1994年又发现了超巨型建筑基址，面积超过30万平方米，确认是人工堆积的大土台，土层最厚处达10.2米，其工程之浩大，世所罕见。

与良渚遗址同类型的遗址，在长江下游的苏南，直至钱塘江以北的平原地区，分布较广，考古学界统称为“良渚文化”。据对有关遗址出土文物的碳十四测

定，其年代距今约4000—5300年，先后延续达千年之久。

考古学界认为"良渚文化是中华文明的一个源头"。良渚遗址是实证中国五千年文明史最具规模和水平的地区之一，其重大价值的不断揭示，已经改变了以往人们对中华文明起源的时间、方式、途径等重大学术问题的认识，并将继续丰富人们对中国文明史的认识。

三、全国十大考古新发现——跨湖桥遗址

跨湖桥遗址即跨湖桥新石器时代遗址。跨湖桥新石器时代遗址，位于萧山城区西南约4千米的城厢街道湘湖村。遗址西南约3千米为钱塘江、富春江与浦阳江三江的交汇处，在此形成曲折之形，往北再折向东流入东海。遗址南北均为低矮的山丘，往北越过山岭可见钱塘江，南面为东西向连绵不断的会稽山余脉。跨湖桥遗址，是因古湘湖的上湘湖和下湘湖之间有一座跨湖桥而命名。由于长期的湖底淤泥沉积，遗址的表土厚达3—4米，从而使遗址内的文物保存比较完整，现存于湘湖边的跨湖桥遗址博物馆。

跨湖桥遗址原有面积数万平方米，已发掘1030平方米。遗址堆积厚2—3米，文化内涵丰富，面貌独特，碳十四测年距今7000—8000年。出土遗物有陶器、石器、骨器和木器，有机质文物保存良好。釜、豆、盆、钵、甑、罐为常见的陶器群，形制别致，彩陶较多，分内彩和外彩两种。此外，还发现千余粒栽培稻谷米以及出土7500年前的独木舟，堪称"中华第一舟"。

跨湖桥遗址文化内涵不同于河姆渡文化和马家浜文化，是一种新的文化类型；出土的栽培稻实物将浙江的栽培稻历史提前了1000年；出土的独木舟是迄今我国年代最早的。跨湖桥遗址的发掘是浙江新石器时代考古的一个突破，对研究浙江早期新石器文化具有十分重要的价值。

跨湖桥遗址博物馆位于萧山区湘湖路978号(近湘湖)，是一座综合反映跨湖桥遗址考古发掘和研究成果的专题性博物馆，集中收藏和展示出土的骨、木、石、陶等器物。博物馆建筑面积6800多平方米，投资1亿元。博物馆建筑整体以船为造型，造型形态从发掘的世界上最早的独木舟中获得启发，从平面形态到立体面造型都采用"舟"的形态，仿佛沉湎历史的一叶小舟正欲划向远方，体现了跨湖桥文化的精髓——人与自然的互动关系。博物馆外墙面采用充满历史沧桑感的锈蚀质感的材料，充分展现8000年文化的厚重和沧桑。跨湖桥博物馆是浙江继河姆渡、良渚之后的又一家史前遗址博物馆。

四、江南古文化之源——马家浜遗址

马家浜遗址位于嘉兴市南湖乡天带桥村马家浜。马家浜遗址发现于1959年春，并于3月首次发掘。此后在长江流域陆续发现和发掘大量马家浜类型遗址。

马家浜遗址蕴含的文物十分丰富，出土了大量完整或可复原的石、骨、木陶器物，其中石器包括石斧、石锛、石纺轮等，陶器有釜、盆、盘、钵、豆、鼎、碗、壶、纺轮等，骨器中有骨耜、骨哨。

（一）马家浜遗址文化“之最”

马家浜遗址所蕴含的文化被称为马家浜文化。马家浜文化代表着长江下游、太湖地区新石器时代的文化，是中华民族古老文化的重要组成部分。马家浜文化主要分布在太湖地区，南达浙江的钱塘江北岸，西北到江苏常州一带。马家浜文化约始于公元前5000年，距今7000余，到公元前4000年左右发展为崧泽文化。

马家浜文化是新石器时代中期以血缘为纽带的母系氏族社会文化，是长江流域早期文明的发源，其后续文化为崧泽文化、良渚文化，三者形成了一脉相承的区系文化特色。

马家浜文化的“浮出水面”向世人展示了长江下游的远古文明，打破了古代文明起源是以黄河流域为中心逐渐向四周辐射的“一元”说，并创造了很多堪称“之最”的辉煌文化。

1.最早的水稻栽植地之一

在马家浜文化遗址中曾出土了156粒稻谷，经科学鉴定是距今7040年左右的人工栽培籼稻和粳稻。这些稻谷颗粒较河姆渡遗址发现的略小，和现代栽培稻籼亚种的硅酸体十分相近。

世界上迄今发现的栽培水稻最早的国家有泰国、印度尼西亚，但其栽培年限均不到6000年。日本发现的栽培水稻花粉距今约3200年，都比马家浜文化遗址的水稻遗存晚了许多年。应该说嘉兴市是迄今所知我国水稻的最早栽培地之一，也是世界最早的水稻栽植地之一。

2.最早的织物标本

在马家浜文化遗址中发现了不少陶纺轮，专家考证后认为是马家浜人用于纺织的工具。因纺织品是有机物，要保存六七千年非常困难，但在一些马家浜文化遗址出土了纺织品实物，有力地证明了马家浜人已经掌握了纺织技术，穿上了衣服。

在马家浜文化遗址出土了三块炭化了的纺织品残片，说明了马家浜人编织工艺已经具有了相当的水平。这三块纺织品残片是迄今为止我国所发现的最早的织物标本之一。

3. 全国领先的生产生活工具

马家浜人在其他许多领域也都处于领先水平。石器的制作已基本定型且大多磨制平整，并普遍使用了管钻法的钻孔技术。马家浜人对石刀的使用也远比河姆渡人先进。

从交通工具上看，马家浜文化遗址出土了完整的木桨，同时还出土了形体硕大的木橹，说明马家浜人已能驾驭大型水上交通工具。在家畜饲养、捕鱼方式的掌握等方面，马家浜文化也有其进步的一面。如马家浜文化遗址下层发现的遗物中，有陶网坠等捕鱼工具，而在河姆渡遗址两期发掘所出土的七千件遗物中却未见一件网坠等捕鱼工具，仅发现两件鱼叉，这可能不是一种偶然现象，都说明当时的马家浜在工具的制作上已经处于全国领先水平。

(二)马家浜文化与浙江古文化

江南文化的源头在哪里？多年来，人们一直众说纷纭。其实，只要稍加考证与研究，便不难发现，江南文化的源头就在嘉兴，即马家浜文化。

太湖地区耜耕农业的出现，以马家浜文化为最早，较河姆渡遗址发现稻谷的年代还要略早一些。马家浜文化遗址不仅有相当多的稻谷遗存，更重要的是还发现了水稻田。这些水稻田都分布在地势低洼的原生土上，共计 90 块。这些水稻田的灌溉系统，可分为以水井和水塘两种灌溉系统，后者既可通过水口灌溉，又可排水。

马家浜文化之后的崧泽文化时期，发现了小型的三角形石犁。到良渚文化时期，这种石犁已经得到改进提高，器体得以增大，并广泛地应用到农业生产当中，犁耕农业发展起来。良渚文化发达的犁耕农业并不是良渚人凭空创造出来的，而是在马家浜耜耕农业的基础上，不断总结提高发展而来的。

马家浜、崧泽、良渚三个文化前后相继，一脉相承，但在田野考古和室内研究工作上，由于良渚文化出土了大量制作精致、纹饰新颖的玉器，促使了学者们对良渚玉器展开了较深入的研究。研究发现，良渚发达的玉器文明正是在马家浜文化的基础上发展进步得来的。

礼制是良渚文化进入文明社会的一个重要标志，而良渚文化礼制的出现，与马家浜文化的丧葬习俗有很大的关系关。马家浜文化遗址的墓葬中，都是以俯身葬为主,这是葬俗上的一个主要特点。随葬品主要是日常生活中使用的陶器,炊器主要是釜,食器以豆为多,也有用罐、盆、杯。马家浜文化的丧葬习俗,随着社会的发展,到崧泽文化时期有了进一步的发展,并且逐渐向礼制方面靠近,演变到良渚文化时期出现了礼制。

马家浜文化中还有各种各样的巫术活动。马家浜文化遗址出土的白陶豆,器壁厚薄均匀,造型规整,器表压印凸起的弦纹、勾连纹、曲折纹、菱形纹、月牙纹等组合成的图案。这样的白陶豆,与马家浜人日常使用的陶器有明显的区别,专家推测是与巫术活动有关的一种用器。由此可见,马家浜时期人们的巫术活动是相当盛行的,直到东周时南方的几个主要的国家,如陈、楚、吴、越等都十分盛行巫术,巫风的来源正是马家浜。

第二节　小桥流水人家——浙江古镇

浙江至今保留着许多具有古朴风情和独特建筑的古镇、古村落和古民居。这些形式丰富、特征各异的古镇、古村落、古民居犹如一部生动形象的历史书卷，见证着浙江的历史文化、民俗风情，也是浙江乡土旅游最好的载体，让游客充分领略浙江乡土旅游文化。

一、"吴根越角""越角人家"——西塘

(一)西塘古镇旅游全貌

西塘位于嘉兴市嘉善县，距嘉善县城 11 千米，是一座已有千年历史文化的古镇。早在春秋战国时期，这里就是吴越两国的相交之地，故有"吴根越角"和"越角人家"之称。

西塘地势平坦，河流纵横，自然环境十分幽雅。古镇内鳞次栉比的明清建筑与纵横交错的河道相映成趣，街衢多依河而建，民居临水而筑，并以桥多、弄多、廊棚多而著称。俯瞰全镇，处处绿波荡漾，家家人影临水。晨间，小桥流水，薄雾似纱；傍晚，夕阳斜照，渔舟唱晚，触目所见，如诗如画。"春秋的水，唐宋的镇，明清的建筑，现代的人"，是对西塘最恰当不过的形容。

西塘小镇上没有非常富有的人家，也就没有像模像样的豪宅。不过也正是如此，小镇留下的古建筑成了一个群体，而且大都深藏在小镇不起眼的角落里，掩映在青砖小瓦之中。江南不张扬的性格，也使许多宅院大多一色模样。

西塘历史上民间风俗十分活跃，有逛圣堂、城隍庙会、护国随粮庙会等，这些传统风俗均以民间的文化活动为基础，表现的形式有舞狮子、跳加宫、打莲湘、麒麟送子、财神送元宝、踏白船、抢轿等。

(二)西塘旅游主要看点

1.清正廉洁——倪宅

倪宅位于古镇烧香港南。倪氏家族为镇上书香门第,倪宅前后共五进,前有廊棚,后有花园,正厅名为“承庆堂”。它是已故上海市副市长倪天增的祖居。倪天增(1937—1992)是上海市分管城建的副市长,其因清正廉洁深受百姓爱戴,被誉为人民公仆的好市长。倪宅原为五进,现只开通了前二进,正厅为承庆堂,为倪氏祖居的堂名,前厅和两旁分别设有厨房、膳房、账房、琴房等,楼上则设有闺房、卧室等,为明清时期西塘殷实家庭的真实写照。经过整合充实廉政教育资料,重新修葺一新的倪天增祖居与杭州于谦祠、宁波清风园、嘉兴南湖革命纪念馆等10家单位一起被列为首批“浙江省廉政文化教育基地”,成了党员干部接受廉洁从政教育、普通游客陶冶情操的一个场所。

2.柳亚子下榻处——西园

西塘西园旧址在西街计家弄内,系明代朱氏别业,后出让给孙氏。园内有树木、花草、假山、亭池等,风景优美。东侧假山上有“听涛轩”茶室,因假山上有白皮松1株,高数丈,风来瑟瑟有声,故名。1920年冬天诗人柳亚子来西塘,曾住西园并与西塘南社社友在西园摄影留念,题名为“西园雅集第二图”。1990年3月,镇西兴建了总面积16.6亩的公园。入园处小桥流水,石狮门厅,园内环绕砖砌花格游廊、水榭、曲桥、假山、凉亭、人工瀑布。该景点旁边的好几家客栈也都以此命名,如西园雅居、西园客栈、西园驿站等等。

3.“一落水”——廊棚

西塘古镇中最著名的风景线是一道长达近千米、造型古朴的廊棚。所谓廊棚,其实就是带屋顶的街。西塘的廊棚有的濒河,有的居中,沿河一侧有的还设有靠背长凳,供人歇息。廊棚以砖木结构为主,一色的墨瓦盖顶,沿河而建,连为一体,俗称“一落水”。廊棚既可遮阳避雨,又可供游人驻足观景,沿途还有小贩卖各种别致物品,漫步其中,一种思古之情油然而生。

4.露天弄——石皮弄

明代以前西塘古镇的大户人家有唐、王、赵、陆四姓,明以后又有倪、蒋、朱、卜、陆等大户,故多建有深宅大院。宅深形成长长的弄,镇上现有长短不一的弄122条,其中百米以上的宅弄有5条,最有特色的一条露天弄名叫石皮弄。石皮弄在西塘镇下西街,“种福堂”西首,是夹在两幢住宅之间的露天弄堂,建于明末清初。在西塘镇122条长短不一的弄中,石皮弄最窄,宽仅1米,弄口最窄处仅0.8米,全长68米,由166块石铺成,弄面平整,下为下水道。石皮弄左右两壁梯级状山墙有6—10米高，至今完整地保留着古老而又独特的风姿。

5. 种福得福——种福堂

种福堂系清代王氏私邸，王氏源起宋御营司都统制王渊，王渊护驾宋高宗赵构南渡后遭明受之变，其子孙隐没于杭嘉湖一带。清顺治、康熙年间，其中一脉子孙移居西塘，兴此宅第，前后七进加一后花园，为典型的明清民居风格。其第三进为正厅，厅堂正中央悬挂有康熙年间翰林侍读学士海宁陈邦彦题名为“种福堂”的匾额，以告诫后人“平日多行善积德，日后定能使子孙得福”。

6. 民间瓦当陈列馆

瓦当是一种材质简陋的建筑装饰配件。该馆内有花边滴水、筷笼、步鸡、砖雕、古砖、陶俑6大类300多个品种的瓦当，其中有赋予美好愿望的传统瓦当，有带宗教色彩的寺庙瓦当，有带有一定历史时期政治图案的瓦当。

7. 酒文化博物馆

古镇西塘在历史上就是个酒镇，“酌好酒，吟好诗”，一直是古代很多文人学士的两大追求。明代初年，大诗人高启乘舟过西塘，特地停下来寻问酒家。在清代，镇上名酒“梅花三白”闻香百里，民国初年的柳亚子多次醉饮镇上。西塘的酒文化，可以说与古镇同步，与古镇齐名。西部酿酒世家刘西明先生看中了酒镇西塘，将他家几辈人收藏的酒文化实物在这里陈列展示，在原有黄酒陈列馆的基础上新开了“中国酒文化博物馆”。它用数百件实物对中国酒文化进行了全方位的探讨，融知识性、趣味性、学术性于一体，在追本溯源中，提示了中国酒文化的清晰背景及其深刻内涵，涉及民俗学、史学、经济学、文学、艺术、医学等多种社会科学和自然科学知识，是中国传统文化的缩影。

(三)西塘旅游之乡土特色

西塘镇文化底蕴深厚，其代表性建筑为倪宅，是个典型的江南书香门第的院落。西园是镇上风景最幽美之处，值得一看。西塘作为典型的水乡，其石桥很有特色，整个古镇共有100多座石桥，代表性的有卧龙桥、五福桥、送子来凤桥、万安桥等。其中万安桥是好莱坞大片《碟中谍3》的场景拍摄地，极具水乡浪漫色彩。

(四)西塘旅游指引

1. 西塘旅游之线路

西塘以“桥多、弄多、廊棚多”三大特色赢得广大游人们的青睐，其中西塘旅游公司开发的景点有11处，从逆时针方向走：由古镇中部的叶家弄进入，入西街右转，经根雕馆→瓦当馆→薛宅纽扣馆→到双桥处，直走过安境桥右转，在烧香港，游倪居→圣庙→木雕馆→沿西塘港东边古街北上，过狮子桥，可见黄酒馆→沿细长的烟雨长廊，经送子来凤桥，一直往西，来到醉园→七老爷庙→返回环秀桥，右转进种福堂→沿西街往东，最终游览西园。

2. 西塘旅游之住宿

西塘旅游最好住一晚，古镇最大的特色在早晨和黄昏、夜晚。西塘不同于其他古镇，景区同时也是居民区，所以景区内遍布家庭旅馆。从景致来说，最好的客栈是位于西街右手边，从永宁桥到环秀桥这一段。这一段是真正的临水，房间开门即是水，不会有行人走来走去打扰，河对面就是烟雨长廊，可以眺望对岸的行人和风景，坐在河边喝茶、聊天，真是再惬意不过了！这段路上有秋雨阁、别有天、近水楼台、梅花苑、萍水客栈、水云间客栈、随缘小筑、望河客栈等。

3. 西塘旅游之美食

西塘小吃繁多，有芡实糕、麦芽糖、绿豆汤、豆腐花、馄饨、熏青豆、扎肉、一口粽、橘红糕、臭豆腐、鲜肉烧卖、霉干菜烧肉、椒盐南瓜、馄饨老鸭煲、肉末野开花、白斩鸡、马兰头、白水鱼、蝉衣包圆、西塘“天下第一面”等。

4. 西塘旅游之特产

西塘特产丰富，有嘉善黄酒、粉蒸肉、八珍糕、芡实糕、“六月红”河蟹、麦芽塌饼、薰青豆、大头菜、馄饨老鸭煲等。

5. 西塘旅游之季节

西塘旅游四季皆宜，一年俱是旅游的好季节。春季的西塘繁花似锦，4 月来西塘，杜鹃花开，一片春意盎然，踏青赏花，温度和湿度都十分适宜。秋季的西塘烟雨迷蒙；夏季来西塘，可品尝此时才有的特产“六月红”河蟹；冬季来西塘，可与水乡人民一起体会古镇春节的味道。无论何时，古镇都悠悠流淌着她的古朴温柔之美。

二、“鱼米之乡，丝绸之府”——乌镇

（一）乌镇旅游全貌

乌镇曾名乌墩、青墩，位于嘉兴桐乡市，具有六千余年悠久历史，是江南六大古镇之一，也是全国二十个黄金周预报景点之一。乌镇是典型的江南水乡古镇，有“鱼米之乡，丝绸之府”之称。

历史上乌镇曾出过 64 名进士、161 名举人，茅盾（原名沈雁冰，中华人民共和国第一任文化部长）、沈泽民、严独鹤等名人更是为小镇增添了几分显赫。镇东栅的立志书院是茅盾少年读书处，镇上的东栅、西栅老街是旅游的主要景点。

(二)乌镇旅游主要看点

1. 东栅景区

2001 年,乌镇保护开发东栅工程,东栅景区正式对外开放,一期景区面积约 0.46 平方千米,保护建筑面积近 6 万平方米,是中国著名的古镇旅游胜地。景区游程达 2 千米,由东栅老街、观前街、河边水阁、廊棚组成,工程全部完工后,东栅景区占地面积约为 0.9 平方千米,有 10 多个景点。

2. 西栅景区

西栅位于乌镇西大街,毗邻古老的京杭大运河,并有公路直通江苏、苏州和桐乡市区,交通十分便利。与东栅以旅游观光为主题不同,西栅以商务旅游、休闲度假为主。西栅景区占地 3.4 平方千米,纵横交叉河道 9000 多米,需坐渡船出入,有古桥 72 座,河道密度和石桥数均为全国古镇之最。西栅景区内保存有精美的明清建筑 25 万平方米,横贯景区东西的西栅老街长度达 1.8 千米,两岸临河水阁绵延约 1.8 千米。

3. 江南百床馆

江南百床馆,是中国第一家专门收藏、展出江南古床的博物馆,坐落在乌镇东大街 210 号,又称赵家厅,面积约 1200 多平方米,内收数十张明、清、近代的江南古床精品。馆内第一展厅陈列的有明代马蹄足大笔管式架子床等,采用木架构造形式,强调家具形体的线条形象;第二展厅的有清代拔步千工床等床,用料为黄杨木,长 217 厘米,深 366 厘米,高 292 厘米,前后共有三叠,此床历时 3 年方才雕成,用工千余,故有此名。

4. 江南民俗馆

江南民俗馆展示了晚清至民国时期乌镇民间的寿庆礼仪、婚育习俗和岁时节令等民俗。衣俗厅以实物、蜡像、照片等不同手段展示百余年前江南民间穿着习俗。节俗厅通过一年不同节气中乌镇人不同的生活习俗,比如春节拜年、元宵走桥、清明香市、立夏秤人、端午吃粽、水龙大会、天贶晒虫、中元河灯、中秋赏月、重阳登高、冬至祭祖等,展示江南水乡。婚俗厅以喜堂拜堂为中心,通过新人、媒婆、父母等人物以及花轿、嫁妆等实物展示婚庆的热闹场景。寿俗厅以祝寿为主题,通过厅堂的吉庆实景和字画、寿幛、寿桃、寿面等特有的做寿物品来展示。

5. 江南木雕陈列馆

这里原是东栅徐家的豪宅,又名百花厅,以木雕精美而闻名。陈列馆的正室偏屋内陈列了丰富的中国古代木雕精品器件。木雕馆里的木雕取材丰富,有“八仙过海”“郭子仪祝寿”等民间传说,有打鱼、斗蟋蟀、敲锣打鼓等生活场景,也有

“龙凤呈祥”“松鼠吃葡萄”“梅兰竹菊”等传统图样，刻画出具有江南地方特色的民俗风情。

6. 余榴梁钱币馆

余榴梁，乃土生土长的乌镇人，钱币收藏大家，著有《中国花钱》《中国鉴赏与收藏》《钱币》《钱币漫谈》《钱币学钢要》《世界流通铸币》等多部学术专著。他苦心集藏 40 年，拥有世界上 230 多个国家和地区的历代钱币近 26000 种，其中有金属流通货币、纸币、花钱等，材质有金、银、铜、铁、锡、铝、铅、锑、陶、镍、纸、竹、骨、琉璃、塑料等 15 种，上起夏商，下至现代。

7. 茅盾故居

茅盾故居坐落在乌镇市河东侧的观前街 17 号，四开间两进，层木结构楼房，坐北朝南，总面积约 450 平方米。故居分东西两个单元，是茅盾的曾祖父分两次购买。故居包括卧室、书房、餐厅等建筑，其家具与布置仍是茅盾当初居住时的样子。

8. 汇源当铺

汇源当铺是徐东号第九世孙徐焕藻(茗香)于道光年间创办的，在应家桥和南花桥之间，五开间的门面，楼上楼下，1.8 米高的柜台。据《乌青镇志》记载，乌镇典当行最多时达 13 家，到了 1931 年，只有汇源当铺 1 家还在支撑。当铺四周有高墙围护，靠外墙脚均用一人头高的条石筑就，使盗贼无法翻墙、掘洞，更有人在高出屋顶的更楼日夜瞭望。大门用不易着火的厚实的银杏木制成，外包铁皮，内有坚实的门闩、落地闩。进门有关帝堂，以示忠义为本，兼有驱除邪恶的祈求。头埭为店厅，是收兑典物的交易场所，除汇源当外都设有高柜台、木栅栏。后埭是库房，为了防火，埭与埭的舍房各不相连，庭院中放了不少装满水的七石缸，称之为“太平缸”。

(三)乌镇旅游之乡土特色

乌镇的街道和民居都沿溪、河建造，所谓“人家尽枕河”，值得流连漫步，好好欣赏。乌镇的皮影戏馆值得一看，可以看到典型的南方皮影表演。另外，乌镇是蓝印花布的原产地之一。宏源泰染坊是始创于宋元年间的蓝印花布制作基地，也是蓝印花布制品集散中心，喜欢江南特色蓝印花布的朋友可以去参观一下。

(四)乌镇旅游指引

1. 乌镇旅游之特产

乌镇特产有乌锦、丝绵、布鞋、篦梳、湖笔、白水鱼、手工酱、三白酒、姑嫂饼、熏豆茶、生铁锅、杭白菊、蓝印花布、木雕竹刻、乌镇定胜糕等。

2. 乌镇旅游之季节

乌镇一年中最美的季节是春天与秋天，一天中最美的时候是清晨与傍晚。避免夏季正午时去乌镇游览，日光直晒无廊棚可遮挡。

3. 乌镇旅游之住宿

在乌镇旅游很多游人会选择民宿，乌镇民宿分布于西栅市河的南北两岸，或面水或临街，出门跨入绵延的西栅老街，推窗可揽市河秀色。乌镇民宿客房形式多样，都充满了浓浓的江南人家风情，房客可选择自己下厨过把瘾，也可让房东准备菜肴。当然如果觉得房屋因古老而潮湿或者是觉得不舒适的话也可以选择距离景区较近的硬件良好、服务标准的酒店。

三、丝弦未绝，巨富之乡——南浔

（一）巨富之镇——南浔古镇旅游全貌

“走遍江南九十九，不如南浔走一走”。南浔古镇位于湖州市东北角，地处杭嘉湖平原腹地，北面是太湖，东与江苏省交界，是江南六大古镇之一，列浙江省15个历史文化名镇之首。

南浔建镇已有1400多年历史，南宋时(1127—1279)就已繁华，明万历至清代中叶为经济繁荣鼎盛时期。据《江南园林志》载：“以一镇之地，且拥有五园，且皆为巨构，实江南所仅见。”在中国近代史上，南浔是罕见的一个巨富之镇，有被称为“四象八牛七十二黄金狗”的百余家丝商巨富，所产“辑里湖丝”驰名中外，成为“耕商之富，甲于浙右”。

南浔自古以来文化昌盛，人才辈出，书香不绝。明代时就有“九里三阁老，十里两尚书”之谚。仅宋、明、清三代，南浔就出了进士41名。今有“四中委八院士，高级职称七百三十八人”之说，被称为“中国名人第一镇”。南浔“文园”内收有近百名南浔名人字像，建有一条“名人走廊”，从刚刚辞世不久的国家宏观经济学家桂世镛到《水浒后传》作者陈忱无不一一收进。这是南浔可贵的历史遗产，蕴含了古镇丰富的文化内涵和历史价值。

南浔名胜古迹众多，与自然风光和谐地融为一体，既充满了浓郁的历史文化底蕴和灵气，又洋溢着江南水乡古镇诗画一般的神韵。

（二）南浔旅游主要看点

1. 百间楼

一条弯弯的河道两边全是带有廊檐的民居，粉墙黛瓦。这里曾是明朝被罢黜的礼部尚书董份回乡后给女眷们居住的地方，当初建成时约有100间楼房，故称“百间楼”。

2. 小莲庄

小莲庄，是清光绪年间南浔首富刘镛（字贯经，不是那个著名的“刘罗锅”）的私家园林、家庙及义庄所在，位于南浔镇南栅万古桥西，北临鹧鸪溪，西与嘉业堂藏书楼隔河相望。园林以荷花池为中心，依地形设山理水，形成内外两园。内园是一座园中园，处于外园的东南角，以山为主体，仿唐代诗人杜牧《山行》之意，凿池栽芰，叠石成山，山道弯弯，半山苍松，半山红枫，枫林松径，山路回转，小巧而又曲折，宛然一座大盆景。此园与外园以粉墙相隔，又以漏窗相通，似隔非隔，内外园山色湖光，相映成趣。外园则以荷池为中心，池广约十亩，沿池点缀亭台楼阁，步移景异，颇具匠心。

3. 张静江故居

张静江故居又名尊德堂，系张静江祖父张颂贤（又名竹斋，南浔“四象”之一）于清光绪二十四年（1898）所建。故居保持清代传统三进五间式古建筑风格，一进有一厅五室，每进之间各有天井，每进一堂便递高一级，俗称步步高升。每进连有防火用的直式火巷。故居显露一种豪华、古朴、幽深的遗风。封火墙高于屋顶，坡面屋顶覆盖龙鳞般的小青瓦，屋檐口加盖既利排水，又能防风的滴水瓦。室内栋如鳞次，宛如宫殿；雕刻十分精湛，以戏文、民俗图案为主，自然美观，可谓南浔一绝。

张静江故居大门上方悬挂“张静江故居”的横额，正厅上悬挂南通张謇题写的黑漆金字“尊德堂”堂匾。两侧是孙中山题写的一副楹联：“满堂花醉三千客，一剑霜寒四十州。”抱柱对联为同治、光绪二皇帝的老师翁同龢所写：“世上几百年旧家无非积德，天下第一件好事还是读书。”二厅、三厅陈列着张静江手书赠陈立夫的“铁肩担道义，棘手著文章”对联，以及有关张静江生平的家谱、家族发展史和张静江一生的大事记略，各种照片、书札、任命状等文物。

4. 张石铭旧宅

张石铭旧宅又名懿德堂，是张颂贤之孙张均衡于光绪二十五年至三十一年（1899—1905）所建。整个大宅由典型的江南传统建筑和法国文艺复兴时期的西欧建筑群组成，相互联通，巧妙结合，反映了主人在19世纪末与西方在经济、文化、艺术中的联系与沟通。

张石铭旧宅前临古浔溪，坐西朝东，占地面积6500平方米，建筑面积7000平方米，有五落四进和中、西式各式楼房150间，系江南罕见的基本保持明清历史旧貌的豪门巨宅之一，也是一座中西合璧式楼群的经典建筑。

（三）南浔旅游之乡土特色

1. 小莲庄是个比较有特色的园子，西边是由数十棵古香樟树组成的古树长廊。园子的外园有 10 亩荷花池，池边有逶迤的中式长廊和尖顶的西式小姐绣楼，是很典型的江南园林，值得赏玩。

2. 百间楼也值得一看，其特色是依河立楼，河道蜿蜒逶迤，有石桥相连。楼房为传统的乌瓦粉墙，形成由轻巧通透的卷洞门组成的骑楼式长街，最集中的一段是河东岸的莲花桥到长桥，房屋较为整齐，密密匝匝地布满了河岸。

3. 南浔史馆原为南浔商会旧址，始建于 1926 年，为三进中西合璧建筑风格的建筑物，也值得看看。

（四）南浔旅游指引

1. 南浔旅游之特产美食

南浔特产美食有香大头菜、双林姑嫂饼、诸老大粽子、丁莲芳千张包、臭豆腐、定胜糕，熏豆茶、百年老店“野荸荠”的橘红糕、糯米糖、火腿炒螺丝、清蒸白水鱼等等，各种地道的水乡小吃和小菜让人赞不绝口。南浔还盛产竹笋，当地人好食之，且做法十分讲究，花样繁多。“野荸荠”的糕点也非常有名。橘红糕、定胜糕与南浔香大头菜被誉为南浔“三宝”。

2. 南浔旅游之住宿

南浔古镇住宿场所众多，推荐入住家庭旅馆，可以切身体会古镇生活。街边临水的民宿适合于喜好江南水乡风情的游客，这样的住宿场所被称为“枕河之家”。另外，古镇也有不少的商务酒店及快捷酒店可供旅友们选择。

3. 南浔古镇旅游之季节

南浔古镇一年四季皆宜旅游，相对而言，以春暖花开或秋风送爽之时为最佳。南浔的春天，水暖花开，阳光明媚，沿河两岸新绿的柳树分外迷人，是水上游古镇的最好时节。秋季凉风习习，行走于古镇细长的石板路，感受百间楼无穷的古朴与温美，让人沉醉其中。然而，夏冬两季也各有看点。夏天是赏小莲庄荷花的最好时候，满池盛开的荷花掩映与宅院古楼阁之中，美不可言。冬季，古镇春节的热闹气氛与古建筑散发的浓厚文化气息，会让人流连忘返。

除以上古镇外，浙江还有东吴龙脉——龙门，蒋氏故里——溪口，商贸古镇——皤滩，魅力名镇——安昌，流水小桥、卵石坦途——前童，百姓古镇、方言王国——廿八都镇，西施故乡——斯宅古镇，廊桥王国——泰顺等等，由于篇幅有限，恕不一一详述。

第三节　乡土旅游最佳目的地——浙江古村落

浙江大地上遗存了大量为人所知或不为人知的古村落。它们山美、水美、人美、村美、田野美，处处秀美，古老而神秘。古村落是乡土旅游的最佳目的地。古村落之旅，通过对古村落文化、村中居民古老生活方式的体验，沿着时间的涓涓细流溯源而上，可以感受先民们对理想家园的追求，探寻浙江乡土文化的核心。

一、中国第一奇村——诸葛八卦村

（一）全国最大的诸葛亮后裔集中聚居地——诸葛八卦村全貌

诸葛八卦村位于金华兰溪城西18千米，古称“高隆”，村中有3000余人是诸葛亮嫡传后裔，为全国最大的诸葛亮后裔集中聚居地。

诸葛八卦村村落布局十分奇巧罕见，高低错落有致，气势雄伟壮观，结构精巧别致，空中轮廓优美，是南宋末年诸葛亮二十世孙诸葛大狮迁居此地后，为纪念先祖诸葛亮而按九宫八卦阵图式精心设计构建的。

位于诸葛村九宫八卦图中心的钟池，一半水塘一半陆地，两面各设一口水井，形成极具象征意义的鱼形太极图。钟池周围构筑的八条弄堂向四周辐射，使村中的所有民居自然归入坎、艮、震、巽、离、坤、兑、乾八个部位。更为神秘的是村外八座小山环抱诸葛村，构成天然的外八卦阵形。当游客步入村中纵横交错的古巷时，大有似连非连、半通不通、曲折玄妙之感。置身其中，更加感悟到杜甫的“功盖三分国，名成八阵图”的内涵。

诸葛村得以保存至今要归功于诸葛大狮的设计。抗战时期，日本军队分三路侵犯兰溪，其中有一路从寿昌（建德）向兰溪而来，他们从诸葛村外面经过，由于诸葛村外围有八座山包围，所以从山下的大道经过，并没有发现这么一个庞然大村，这充分显示了该村落的隐蔽性非常好。

(二)诸葛八卦村旅游主要看点

诸葛八卦村内有明清两代房屋多达200余所,而且大都保存完好,整个村子就是一个巨大的活文物,是中国古村庄与古民居完整保留的典范。

1. 江南地区唯一仅存的诸葛亮纪念堂——大公堂

大公堂,位于村的中心,坐北朝南。堂前有一个名曰“钟池”的水塘,钟池边有一道墙,正面是一幅大八卦图,背面是一个“福”字。大公堂位于钟池北侧,始建于明代,据说是江南地区唯一仅存的诸葛亮纪念堂。祠堂前后五进,建筑面积700平方米,里间十分开阔,可供数千人举行活动。祠堂细部雕刻十分精美,各种质料、各种雕刻技法一应俱全,堪称杰作。堂内壁上绘有三顾茅庐、舌战群儒、草船借箭、白帝托孤等有关诸葛亮的故事壁画。堂外围墙旁现存六株龙柏,暗示诸葛后人六族繁衍,人丁兴旺。门庭飞阁重檐,高约10米,上悬一块横匾“敕旌尚义之门”。顶层有明英宗于正统四年(1439)所赐盘龙圣旨立匾一方,表彰诸葛彦祥赈灾捐谷千余石的义举。整座建筑古朴典雅,气势恢宏,保存完好。

2. “步步高”——民居

诸葛村的大部分住宅都是建造在起伏的山坡上,从前到后逐渐升高,叫作“步步高”。住宅的门头,都是以精美的苏式雕砖门头为主要特色。门头边由简到繁变化很多。简洁的披檐,以非常明快的结构逻辑与极其和谐的比例显出当地工匠高超的技艺。华丽的披檐有雕刻精致的牛腿、斗拱、月星等。矮门大多是花格心的,玲珑剔透,轻快又工巧。矮门上方离门楣大约30厘米的位置,架空有一道纤绣的月梁,曲线柔和而有弹性,作一些浅浮雕,与矮门呼应,完成了门洞的构图。大户人家大门包着铁皮,钉着泡钉,做得极其华丽。

诸葛村明清时代民宅有200多座,是“青砖、灰瓦、马头墙,肥梁、胖柱、小闺房”的徽派建筑典型,它的建筑质量之高,规模之大,气势豪华而壮丽,被古建筑专家称为“中国古民居的富金矿”,也是目前全国保护得最好、群体最大、形制最齐、文化内涵深厚的一个古村落。

3. 古代商业的见证——古商业街

明代开始,中国出现了资本主义的萌芽,商品经济逐渐在城镇中发展起来,也逐渐向农村渗透。诸葛村由于地处三市交界处,交通发达,南商北贾过往较多。看着每日往来的行人过客,村民便在靠近大道的住宅内陆续开设了为过往客商和过客服务的茶馆、饭店,以及各种杂货店和手工作坊。到清代,经营当铺的绍兴人,修锁、补锅、打铁的东阳、永康人,制糖、做糕点的义乌人,善于经营的徽商或开店或开作坊在这里定居下来,上塘商业区逐渐形成。上塘商业中心是一条环形街,街外圈在陆地上,街内圈在架在水面上的水阁楼上。店铺的形成各式各样,大致有排门式、石库门式和水阁楼三种。上塘古商业街是考察中国农村从纯农业经济向商品经济发展的难得史料,也是诸葛村从血缘村落向业缘村落过渡的见证。

4."回"字形布局——丞相祠堂

丞相祠堂也是为纪念诸葛亮而修建的,与大公堂相距百米,面积 1400 平方米,坐东朝西,平面按"回"字形布局,有屋 52 间,由门厅、中庭、庑廊、钟鼓楼和享堂组成,古朴浑厚,气势非凡。

祠堂雕梁画栋,门窗栏杆等部件均雕刻精细,美不胜收。中庭是祠堂最精彩的部分,中间四根合抱大柱,选用上好的松、柏、桐、椿四种木料制成,取"松柏同春"之意,祈求家族世代兴旺。中庭两边庑廊各 7 间,塑诸葛后裔中的杰出人士,用来激励诸葛子孙们奋发向上,成就一番事业。从庑廊拾级而上,两旁分列钟、鼓二楼。祠堂最后是享堂,中塑诸葛亮像,高 2 米余,两侧分侍诸葛瞻、诸葛尚及关兴、张苞像,气韵生动,呼之欲出。

5.诸葛村的中心——钟池

钟池位于诸葛村的中心,在大公堂正前面,面积 0.24 公顷,它的边上是一块与它逆对称面积的陆地,村民用以晒场之用。易经上说"东南为阳、西北为阴",再加上"天圆地方"之说,空地和钟池正呈阴阳太极图形。陆地靠北和钟池靠南各有一颗水井,正是太极中的鱼眼。钟池的南岸是一个陡坡,顺着陡坡而建的几幢大房子从北岸望去一幢比一幢高,加上前面贴水一溜小平房,跌宕起伏,轮廓线大起大落,景象峭拔而优美。

钟池四周伸展出 8 条小巷,特点各个不同,形成了坎、艮、震、巽、离、坤、兑、乾 8 个部位。8 条小巷似通却闭,似连却断,虚虚实实,犹如一张蜘蛛网,又宛如一座迷宫。

6.领略民俗民风——农坊馆

诸葛村的文化,是融传统文化、民俗文化、农耕文化和市井文化为一体的村落文化。在这里,可以亲身感受诸葛亮后裔宁静淡泊的村居生活和积极进取的民俗风情。纺纱、织布是诸葛村妇女们从小姑娘至老奶奶都必须从事的劳动任务之一。诸葛村的农坊馆里面有古老的织布机、碾盘、炒锅、小手磨等等。游客在农坊馆内可以观赏到玲珑别致的建筑木雕,以及竹雕、竹编、刺绣、剪纸和砖雕,从中领略诸葛村人的民俗风。

(三)诸葛八卦村之乡土特色

1.村貌奇美

诸葛八卦村村貌奇美,徜徉在街道上,那古香古色的建筑风格,让人得到极佳的审美享受。白粉墙上苏式青灰磨砖的雕花门楼,与披檐木门相映成趣。不少人家拥有花园、假山石,花红草绿,曲径回廊。漫步在颇具文化古韵的村落中,欣赏着融古建筑、木雕、书法绘画为一体的艺术佳作,犹如走入立体的画轴之中。

2.巧妙布局

诸葛八卦村巷道纵横,有如迷宫。话说诸葛大狮(诸葛亮第二十七世孙)在此安家落户后,他运用自己学到的阴阳堪舆学(即俗称的风水学)知识,按九宫八卦构思,精心设计了整个八卦村的布局:以钟池为核心,八条小巷向外辐射,形成内八卦;妙的是村外刚好有八座小山,形成环抱之势,构成外八卦。村内房屋分布在八条小巷,虽然历经几百年岁月,人丁兴旺,屋子越盖越多,但是九宫八卦的总体布局一直不变。据说,这是中国第一座八卦布局的村庄。来到这个奇村,闭上眼睛随便一指,都会指到一座百年以上的屋子。

3.功能独特

从当地人讲的几件往事,便可知这样的布局具有防卫功能。北伐战争期间,南方国民革命军萧劲光部队与军阀孙传芳部队在诸葛村附近激战三天,竟然没有子弹炮弹落入村子,整个村庄安好无损。抗战时期,一队日军从村外高隆岗大道经过,竟然没有发现这个村庄。村中建筑面面相对,巷道纵横,似通却闭。外人贸然进村,如果没有熟人带路,往往进得出不得。据说,曾有盗贼混入,找不到出路,只好束手就擒。

诸葛后裔多以经营药材为生,青壮年长年在外,家里防火防水防盗格外重要。因此,在房屋建筑设计上设置了许多附属设施,加强应急保护。山墙大部为马头墙,高出正常墙体 1 米左右,这样即使邻居起火,也不致漫延过来。院内普遍设有水缸、水池等救火设施,一旦起火,可立即实施扑救。为防水灾,院中普遍有较完善的排水设施,精密而实用。

4.中国第一奇村

诸葛八卦村确实是中国第一奇村,它至少有三奇。首先,奇在全村绝大多数村民都是 1700 多年前蜀国宰相诸葛亮的后代。换句话说,满村的人几乎全是姓诸葛,或是嫁到诸葛家的妇女,只有极少数不是诸葛家族的成员。在中国诸葛亮的后代约 16000 人,单单一个诸葛八卦村就聚居了四分之一(约 4000 人),堪称中国第一。其次,这个村还奇在它的布局精巧玄妙,从高空俯视,全村呈八卦形,房屋、街巷的分布走向恰好与历史上的诸葛亮九宫八卦阵暗合。最后，这里完整保存了大量元明清三代的古建筑与文物(最久远的距今700余年)。700多年来的朝代更替、社会动乱、战火纷飞，不知多少中国名楼古刹、园林台阁，或焚于战火，或毁于天灾，但这座大村庄却像个世外桃源，远离战火，避过天灾，躲过人祸。

5.独特的村风民俗

诸葛后人们聚居在诸葛村中长期以来形成了一些与众不同的生活方式，朴实而妙趣横生。走在村中，细心一点的人都会发现，窄巷中相对的两家人家门却并不相对，而是错着开，无一例外。当地人管这种做法叫“门不当，户不对”。诸葛后裔们说，这种建筑格局有利于处理好邻里关系。如果“门当户对”，两家人家每天进进出出，交往过多难免发生矛盾。发生矛盾仍要每日面对，积怨更深，难以解决。如果“门不当户不对”，问题就会迎刃而解，恐怕只有诸葛亮的后代，才会想出如此简单有效的办法来。另外，诸葛镇民居多为四合院式建筑，四面封闭，中留空间。而房屋的前沿比后沿高，每到下雨，几乎所有的雨水都聚集在自家院内。诸葛后裔们管这叫“肥水不外流”。

二、太极星象村——俞源村

(一)全国最大的俞姓聚居地——俞源村概貌

俞源村位于金华市武义县境内，距武义县城西南20千米处。俞源村布局为太极星象图，是中国唯一的笼罩着浓厚道教神秘色彩的太极星象村，被列为我国第一批历史文化名村，现居住着700多户、2000多人。

俞源即俞姓源头之意，是目前全国最大的俞姓聚居地，历史悠久。俞源村的发迹是从俞氏第五代俞涞开始的。俞涞(1307—1357)和时任明代御史中丞刘伯温交谊甚笃。据考证俞源村是刘伯温“按天体星象排列”设置的，村口设有直径320米，面积120亩的巨型太极图，村庄内主要的28幢古建筑是按天空中的星座排布的，村中还有防火、镇邪用的“七星塘”“七星井”，体现了人与自然和谐相处、“天人合一”的理想境界。

俞源村几乎是四面环山，仅在村北面有一个小缺口，整个村庄就像一个口小肚大的瓶子。一条山溪从东南方流入村中，与另一条从南方流来的山溪合二为一，后复折向北，至村口成“S”形流向村外田野。“S”形溪流正好是一条阴阳鱼界线，把田野分成太极两仪。据有关专家考证，俞源古村落布局与1974年河北宣化出土的辽代砖墓星象图中显示的形象一致，是按天体星象“天罡引二十八宿，黄道十二宫环绕”来排列的。村口太极图便是人工设计的“双鱼宫”，属阴阳双鱼星座,为十二宫之首,其余十一宫分别是环绕村庄的11座山岗,属自然生成。横贯俞源村的小溪从南至北巧分阴阳二仪,村内用来防火防旱的七口水塘是“北斗星宿”即北斗七星,大量古建筑群为“二十八星宿”。俞源村所再现的是一幅完整的天体星象图,堪称东方奇观。

俞源村现存宋、元、明、清四朝不同风格的古建筑395幢、1072间,占地面积3.4万平方米,面积之大为国内所罕见。这些古建筑中,到处可见古人用来镇火的龙的形象。这些古建筑包含着风水学、天文学、建筑学、哲学等浓厚的文化内涵。

(二)俞源村主要看点

1.俞氏宗祠

俞氏宗祠建于明代隆庆年间(1567),是俞涞的四个儿子为其所建,原称“孝思庵”,后被兵毁,重建后改为宗祠。据说,俞氏家族之所以人才辈出(明清两朝俞源出过尚书、抚台、知县、进士、举人共260余人),是因为俞氏宗祠恰好坐落于天枢、天璇、天玑和天权四星所组成的七星“斗魁”之内,而“魁星”又称为文昌星。“天上星、地上祠、福佑人”,地显天象,天、地、人合一,也许这就是俞源之所以能长盛不衰之奥妙所在。

俞氏宗祠还有个极富诗意的堂号,曰流水堂,此名由俞伯牙与钟子期的“高山流水”演化而来。俞氏宗祠分三进二院共51间,总面积2400平方米,规模隆重,气势宽宏。不管是正厅、中厅或寝堂及两侧的庑厢、廊房均高低有序,错落有致,犹如天成。站在湿漉漉的天井里,环视宗祠:厅堂轩敞,廊柱挺拔,屋梁稳重,三雕精美绝伦。虽然由鹅卵石组成的图案已被岁月的青苔所遮盖,失去了往日的那份精美和巧夺天工,但饱经沧桑的飞檐、牛腿、门雀及众多由名人名家所题写的匾额,却依然在述说着俞氏家族曾经的辉煌,特别是古戏台对面正厅中央那块由明宰相严讷赠送的“壬林堂”大匾,更是把俞氏家族当年的声望和地位刻画得淋漓尽致。

2.声远堂

声远堂于清康熙二年(1663)所建,因正厅正对巍峨苍翠的六峰山,故而声远堂又叫六峰堂、大花厅。整座大堂共分前后两部分,共92间。前厅宽敞高大,梁饰华丽、精美,小太极图雕塑玲珑别致。后厅儒雅宁静,有较高的文物价值。环视整座老屋,柱基均为明代典型的覆盆式,雀替雕花古朴典雅,地梁全用砖雕,栋梁、桁条、牛腿均为木雕之精品,特别是沿口的三根桁条雕刻更是令人感叹叫绝。左边是百鸟朝凤,右边是蛟龙出海,中间是四只麒麟及鹿、牛、羊等动物,故有“百兽大梁”之誉。转过右侧的沿口，就是百鱼梁，桁上有九条鲤鱼，会随季节气候的变化而变换颜色，或黑或黄或红，甚是奇妙。

3. 裕后堂

裕后堂建于清代乾隆五十年(1785)，原158间，现有120间，占地2560平方米，是全村最大的古屋，故有“大大厅”之称谓。裕后堂的“五无”就是指梁上无灰尘，无蜘蛛结网，无苍蝇、蚊子，无鸟雀过夜栖息过，屋内阴凉好像无夏天。传说是八卦阴阳的缘故。

(三)俞源村旅游之乡土特色

1. 博大精深的民居建筑

初步统计，俞源村古代民居395栋，构成了50多座较为完整的古民居建筑群。从单体看，许多建筑结构合理、科学，而且大多具有较高的艺术价值。例如精深楼，又称九间头，清道光时所建，此屋有九道门之多，层层设门是为了防盗，其中第七道门下还设有暗道机关，盗贼误入就会掉入陷阱而束手就擒。这幢民居的另一个特点就是整幢房屋的石雕、砖雕、木雕均精雕细刻，雕刻内容也相当独特，白菜、扁豆、丝瓜等蔬菜以及小白兔、小狗、蟋蟀、蜜蜂等动物、昆虫均成为雕刻的主题，体现出主人效法自然、悠闲自得的田园山水般的人文情调。

2. 神秘奇特的村落布局

俞源古村落引起海内外人士的注意，除了深厚的文化底蕴、完整的古村形态和丰富的古代民居建筑以外，神秘的太极文化现象和按星象布局的村落规划不能不说具有极大的诱惑力。

三、山环如廊，幽深如洞——郭洞村

郭洞村位于武义县境内，距县城约10千米，紧依武义县温泉旅游度假区。郭洞村因其“山环如廊，幽深如洞”，故名郭洞，被列为我国第一批历史文化名村。

(一)“江南第一风水村”——郭洞村概貌

郭洞是按《内经图》设计布局的，被誉为“江南第一风水村”。郭洞的地形独特，三面环山，有两条溪水在这里汇聚，北面留一块空地，远处又有左右青山相拥，正应了“狮象把门”之说。双溪汇合后沿西山环村而流，回龙桥跨溪而建，把这块风水宝地包裹得严严实实。十里外的石苍岭，北山上的塔和这座回龙桥几乎成一条直线，可见古人看风水造形势的一番苦心。桥边的龙山高390米，面积120亩，山上长满了树龄达六七百年的高大树木，还有许多难得一见的珍贵树种，属典型的古生态林。

郭洞村的民居多为明清时的建筑，保存完好，古朴精美。全村道路纵横有序，均以卵石铺地。古朴大气的明代廊柱，精雕细刻的清代牛腿，受到西洋风气影响的民国门窗，比比皆是。大片的古民居虽然鲜有豪门深院，但村宅之完整，保存之完好，可是说是一部明代到清代直至民国的建筑编年史。

(二)郭洞主要看点

1. 规模宏大，气象庄严——何氏宗祠

郭洞文化中何氏宗祠最具有代表性。郭洞人不姓郭而姓何，何氏宗祠建于明万历六十七年(1609)，总面积1200平方米，规模宏大，气象庄严。值得一提的是与农耕生活有关的一批珍稀用品，有些已有上百年的历史。

匾额多是何氏宗祠一大特色，原有94块，因在“文革”中被毁，仅保存下来5块，现已根据资料重制了40多块。祠堂中对联、仿古竹简和挂屏，展示着丰富的郭洞文化与名人事迹。宗祠后堂摆放着许多寿棺，是当地丧葬风俗的表现；陈列祖宗牌位的神龛隔扇，则为明代文物。宗祠后院有棵与宗祠同庚的雄性罗汉松，树形美观，枝叶茂盛。何氏宗祠中“郭洞民俗风情物品展”，陈列着一大批古董，有些用品很稀奇，让人一饱眼福。

2. 古民居的代表——新屋里

新屋里建于明天启崇祯年间，已有360多年历史，三进共30间，气势不凡，是郭洞古民居的代表。新屋里8个窗子的木雕图案各不相同，正房窗雕百鸟绕庭和百鸟朝凤，以寓鸟成仙为凤；西厢房雕喜鹊和百兽，配以产仔多的鱼虾，寄托子孙兴旺的愿望；东厢房窗子雕双狮耍球、鲤鱼跳龙门、松鼠等表示依山水而居。围墙砖雕精美，图案丰富，有山水、人物故事、古钱币等。

3. 郭洞灵魂——水口

水口从字面上看似乎是溪水汇聚之处，其实是拒外于村口的关卡，郭洞水口尤具特色。郭洞回龙桥东为400米高的陡峭龙山，山上是云罩雾笼的百亩原始森林，和荆棘丛生、危岩密布的西山相连。桥下溪水湍急，桥外有一道5米高的坚厚城垣，一条大路由此穿过。城门有副石刻楹联“郭外风光古，洞中日月长”，横批为“双泉古里”。水口可说是郭洞的灵魂所在。

郭洞村景点众多，除上述外，还有凤池书院、鳌峰塔、龙山原始森林、海麟院等都值得前去参观。

四、七星八斗——芙蓉村

芙蓉村位于温州市永嘉县北部岩头镇以南的楠溪江畔，为陈姓聚居之地，是一座背靠“芙蓉三冠”、布局于平地上的大型村寨。芙蓉村西南有座高山，三峰突起，状似含苞待放的芙蓉，故命名为芙蓉峰；村中一大水池，每天傍晚芙蓉峰便倒映水中，村以此而得名。

芙蓉村村落平面呈方形，纵横各四百米左右，坐西朝东，四周筑有寨墙，寨墙用蛮石砌成，具有防御功能，使整个村庄犹如一座小城堡。芙蓉村村落规划，寓以“七星八斗”格局。“星”指道路交汇方形平台，“斗”指水渠交汇处方形水池，“七星”冀轸分列，“八斗”呈八卦状分布，道路、水系都是结合散布的“星”“斗”而形成系统的。村落按照“七星八斗”的思想进行规划设计，意为天上星与地上人相对应，其规划布局隐喻村寨可纳天上之星宿，望子孙后代人才辈出如繁星；另一方面还突出“利为战”的目的，其“星”可作战时指挥台，其“斗”出水，以利战时以水克火，可防火攻，还有清洗、调节气温、美化村容等多种功能。

芙蓉村是楠溪江各村落中历史最悠久的。芙蓉村历史近千年，村内民居基本为明清时期木结构的古房旧宅，许多来访的中外建筑专家对这些保存如此完好的大规模古建筑群叹为观止。

第六章　浙江乡土旅游——文化休闲

“诗画江南，山水浙江”，文化休闲之旅是浙江乡土旅游的重要内容。浙江境内众多的名人故里、藏书楼等文化休闲景区，以及各类博物馆等文化设施，成为开展文化休闲之旅的最佳载体。

第一节　人杰地灵——浙江名人故里

浙江的面积虽然只占全国的百分之一，人口只占全国的百分之四，但从古至今载入史册的浙江籍文化名人数量却占到全国总数的五分之一，稳居全国第一。相应地，浙江也就拥有了全国最多的名人故里。

一、江南府第——蒋氏故居

江南府第雅致而高贵的建筑感观与上流阶层的审美意趣一脉相承，气质非同凡响；江南府第以超越居住生活自身的审美意趣，创造一个身心闲适悠然的所在，体现出庄严华贵的空间气质和不随时代淡逝的建筑光辉。蒋介石故居即是这样一个所在。

（一）民国第一家——蒋氏故居概况

蒋介石是近代中国著名政治人物及军事家，祖籍江苏宜兴，生于奉化溪口，逝世于台北士林官邸。他历任黄埔军校校长、国民革命军总司令、国民政府主席、国民政府军事委员会委员长、中国国民党总裁、第二次世界大战同盟国中国战区最高统帅等职。蒋氏故居，位于宁波奉化溪口镇上，堪称民国第一家。

蒋氏故居系群体建筑，主要包括丰镐房、小洋房、玉泰盐铺等建筑，其中丰镐房在溪口中街，占地 4800 平方米，建筑面积共 1850 平方米，大门、素居、报本堂、独立小楼系原有，为清代建筑，其余都系蒋氏 1929 年扩建。蒋氏故居 1996 年被列为全国重点文物保护单位，为近现代重要史迹及代表性建筑。

（二）蒋氏故居代表性建筑

1.“洋灰”建筑——小洋房

小洋房为三间两层建筑，建于 1930 年，由于结构小巧，所用建筑材料水泥也称“洋灰”，因而得名“小洋房”。1937 年 4 月，蒋经国从苏联留学回国，蒋介石把他安排在此住读，一边补习中文，研读《曾国藩家书》《王阳明全集》和《国父遗教》等著述，一边让他撰写《旅俄报告》，反省在苏联留学时打下的红色烙印，给儿子"洗脑"。蒋经国在日记里记叙为"涵斋"，略带调侃地把它比喻为"修炼身心、增加涵养的书斋"。蒋经国住读时，楼上东面是卧室，西面是书房，中间是会客厅。小洋房还住过蒋介石的外籍军事顾问端纳，侍从室主任陈布雷等。

2. 帝王之居——丰镐房

建筑布局为传统的前厅后堂、两厢四堂格局，楼轩相接，廊庑回环，墨柱赭壁，富丽堂皇；前厅及左右还有三个花园，厅堂廊庑内布满雕刻彩画。报本堂有蒋介石亲书的"报本尊亲是谓道德要道，光前裕后所望孝子顺孙"对联和"寓理帅气"匾额。旧时溪口人有传统习俗，即为祖房立名，且力求古雅。蒋介石父辈三兄弟，其祖房分别名为夏房、商房和周房。蒋父行三，是谓周房。蒋父病故后次年，蒋介石兄弟分家，众长辈议论，嘱其兄弟各立房名。从上辈"周房"及蒋介石在宗谱中属"周字辈"（谱名"周泰"），推及西周两位帝王的都城——丰邑和镐京，各取第一字定为房名，分给蒋介石的祖房故而名为"丰镐房"。丰镐两字，丰，代表蒋介石一房；镐，代表其亡弟蒋瑞青一房。瑞青早死，由蒋介石兼祧承袭，故称丰镐房。

3. "摩诃居士"——摩诃殿

摩诃殿是蒋家的私庵，因蒋氏祖宗摩诃太公蒋宗霸是个佛徒，所以这个私庵称为"摩诃殿"。这里面供奉着蒋家祖宗，1931 年由蒋经国母毛福梅出资建造，作为她与蒋家女眷拜佛诵经的佛殿。摩诃太公蒋宗霸是五代后梁时人，笃信佛教，拜奉化岳林寺布袋和尚契此为师，常念"摩诃般若波罗蜜多"，自称"摩诃居士"，溪口人尊称他是"摩诃太公"，晚年在宁波东乡小盘山创办了弥陀寺，死后葬于寺旁，筑有塔墓，蒋介石曾多次前往祭扫。摩诃殿的东侧空地，是毛福梅的墓地。这位蒋经国的生母是奉化岩头村人，生于 1882 年，1901 年与蒋介石结婚，1910 年农历三月十八生下了蒋经国，1939 年 12 月 12 日遭遇日本侵华战机轰炸罹难于丰镐房后门。1946 年冬，在蒋经国操办下，毛氏正式下葬于此。

4. "奎阁凌霄"——文昌阁

文昌阁初建于清雍正九年(1731)，因阁内供奉首奎星，故又名"奎阁"，有"奎阁凌霄"之称，是清代溪口十景之一。1924 年清明，蒋介石回乡扫墓，见其破败不堪，出资请他的哥哥蒋介卿召集民工拆除重建，次年完工后建成了一座飞檐翘角的两层楼阁式建筑，面积 500 平方米。蒋介石把它取名为"乐亭"并作《武岭乐亭记》来描述其美景。1927 年 12 月，蒋介石和宋美龄结婚后每到溪口，常在此小住，成了他们的私人别墅。文昌阁一楼为会客室，二楼是蒋介石、宋美龄的卧室和起居室。西安事变后的1937年1月13日张学良将军被送到溪口软禁，最先的落脚点也是文昌阁，住了10天后才移送到雪窦山。

5.蒋介石出生处——玉泰盐铺

玉泰盐铺是蒋介石的出生地。据《蒋氏宗谱》记载，清光绪十三年(1887)农历九月十五，蒋介石出生于玉泰盐铺楼上。玉泰盐铺为蒋介石祖父蒋斯千1871年开设，后由蒋介石父亲蒋肇聪继承。蒋肇聪去世后兄弟分家，盐铺归蒋介石的胞兄蒋介卿经营。1919年，蒋介卿外出谋事，盐铺关闭。现有楼房三间，平房三间，以及厨房、厕所等附属建筑。蒋介石出生后，盐铺曾两次失火，一次遭受白蚁腐蚀。现存建筑为蒋介石在1948年改建。大门为石砌框架，门额上书“清庐”二字，大门西侧界墙刻着蒋介石题写的“玉泰盐铺原址”六个大字。

(三)蒋氏故居之乡土特色

蒋氏故居体现了民国时期典型的江南建筑特色。蒋氏故居建筑布局多为传统的前厅后堂，两厢四堂格局，楼轩相接，廊庑回环，墨柱赭壁，富丽堂皇。蒋氏故居建筑具有中国古典写意式特性，且融合了当时西洋建筑特点，是中西方建筑特色的结合。

二、跟着课本游绍兴——鲁迅故居

(一)中国的脊梁——鲁迅

鲁迅(1881—1936)，绍兴人，原名周树人，伟大的无产阶级文学家、思想家、革命家。1918年5月，他首次用“鲁迅”的笔名，发表了中国现代文学史上第一篇白话小说《狂人日记》，奠定了新文学运动的基石，后与《药》《故乡》等小说名篇一同收入小说集《呐喊》。鲁迅是中国现代小说、白话小说和近代文学的奠基人之一，是新文化运动的领导人、左翼文化运动的支持者之一。毛泽东评价鲁迅为伟大的无产阶级文学家、思想家、革命家、评论家、作家，是中国文化革命的主将、中华精神的发扬人。

(二)江南民居杰作——鲁迅故居

绍兴鲁迅故居位于绍兴市东昌坊口(今鲁迅路208号)，在鲁迅纪念馆的西侧。1881年9月25日鲁迅出生在这里，一直生活到18岁去南京求学，以后回故乡任教也基本上居住此地。纪念馆东侧是三味书屋，鲁迅曾在这里学习了5年。

现鲁迅故居临街的两扇黑漆石库门系原新台门的边门，由鲁迅一家于1913年前后经过修缮独家进出。新台门坐北朝南共六进，有80余间房子，连后园即百草园在内占地 4000 平方米，是老台门八世祖周熊占在清朝嘉庆年间购地兴建的。鲁迅曾高祖一房移居新台门，世系绵延，至 1918 年门庭衰落，才经族人共议把这座屋宇连同屋后的百草园卖给了东邻朱姓。屋宇易主后，原屋大部分拆除重建，但鲁迅家基本被保存了下来。

跨入树荫掩翳的石库门，穿过台门斗，隔一小天井，便是一间普通的泥地平屋，往东走过侧门，绕过拐弯处的石栏水井，沿长廊进内就是当年鲁迅一家的住处。台门易主前后这里均为五间楼房，只是房基和格局稍有改变。1881 年农历八月初三辰时，鲁迅就出生在这间房子的西次间楼下，他回故乡任教期间也以西首第一间楼下为卧室。

楼房后有一天井，青石板铺面，天井里种着一株高大的桂树，每到深秋，桂香扑鼻，因而又称桂花明堂。过天井有两间南北向的楼房，前后楼披，花格门窗。东首楼下中间用板壁隔开，前半间称“小堂前”，后半间是鲁迅母亲鲁瑞的卧室。西首楼下前半间是鲁迅继祖母蒋氏的房间，后半间是过道。小堂前里方桌、太师椅、条案、茶几仍照原样摆放着，鲁迅孩提时代常到此处看书、习字、画画，他影写的《诗中画》就诞生在这里。一到夏天的晚上，鲁迅总爱躺在桂花树下的小板桌上缠着祖母给他讲“水漫金山”“猫是老虎的师父”等故事。鲁迅 13 岁的时候，祖父科场案事发，家道由此中落，生活陷入贫困，他几乎每天从母亲手里接过首饰，跑到恒济当铺把它递到比他高出一倍的柜台上，在侮蔑里接了钱，又到同样高的柜台给久病的父亲去买药。鲁迅在家庭的衰落中看透了世态的卑俗。

出过道往北经过走廊，与鲁瑞卧室相隔一个天井，就是鲁迅家的厨房。三眼大灶，一应炊具，仍保持着原样。厨房北首，隔一狭小天井有三间平屋，当年运水的父亲曾在此为周家做一些杂务，还为鲁迅做过竹器玩具。过三间平屋就是百草园了。

一篇《从百草园到三味书屋》已道尽了百草园的斑斓色彩、盎然情趣。百草园占地近 2000 平方米，有大小两园，南称大园，与西边梁家园子隔一堵 1 米多高的泥墙。有“无限趣味”的“短短的泥墙根”至今仍留存如故。百草园易主后，北端的小园建了花厅，并向西延伸扩建了假山，南端的池塘边也筑了围墙，但大园仍基本保持着原样。如今，短墙外的梁家园子已与小园连成一片，有亭子、假山、水池、花草、翠竹、树林、飞鸟，莺啼燕语，草木萋萋，是闲暇休憩的好地方。

三味书屋是鲁迅少年时代上学的地方，距故居 100 米左右。书屋系清末绍兴城内有名的私塾。房内正中墙上挂有“三味书屋”的匾额和松鹿图。房柱上有一副对联：“至乐无声唯孝悌，太美有味是读书。”房内摆设的方桌、木椅都是当时原物。在书房的东北角有一张桌面上刻有“早”字的书桌，就是当年鲁迅用过的。书屋后有小园，为鲁迅及其同学课余游玩之处。

（三）鲁迅故居之乡土特色

鲁迅故里现在是一条独具江南风情的历史街区，成为一个原汁原味解读鲁迅作品，品味鲁迅笔下风，感受鲁迅当年生活情境的真实场所。一条窄窄的青石板路两边，一溜粉墙黛瓦、竹丝台门，鲁迅祖居、鲁迅故居、百草园、三味书屋、咸亨酒店穿插其间，一条小河从鲁迅故居门前流过，乌篷船在河上晃晃悠悠，此情此景不能不让人想起鲁迅作品中的一些场景。精心保护和恢复后的鲁迅故里已成为立体解读中国近代大文豪鲁迅的场所，成为绍兴的“镇城之宝”。

三、清末中国巨商第一豪宅——杭州胡雪岩故居

胡雪岩故居位于杭州市河坊街、大井巷历史文化保护区东部，建于清同治十一年（1872）胡雪岩事业的巅峰时期，当时豪宅工程历时 3 年，于 1875 年竣工。

（一）“红顶商人”胡雪岩

胡雪岩（1823—1885），杭州人，祖籍安徽绩溪，19 世纪七八十年代的中国商界名人，他的经历充满了传奇色彩。幼时家境贫寒，为了养家糊口，作为长子的他经亲戚推荐，进斧头钱庄当学徒，从扫地、倒尿杂役干起，三年打工师满后，因勤劳、踏实正式成为钱庄的伙计。正是在这一时期，胡雪岩靠患难知交浙江巡抚王有龄的帮助，自办阜康钱庄，一跃成为杭州一富。他通过结交权贵显要，纳粟助赈，为朝廷效犬马之劳。洋务运动中，他聘洋麻匠、引陆设备，颇有劳绩；左宗棠出关西征，他筹粮械、借洋款，立下汗马功劳，受到朝廷嘉奖，封布政使衔，赐红顶戴，紫禁城骑马，赏穿黄马褂。他构筑了以钱庄、当铺为依托的金融网，开了药店、丝栈，既与洋人做生意也与洋人打商战。在其鼎盛时，胡雪岩除经营钱庄外，兼营粮食、房地产、典当，还进出口军火、生丝等，后又创办胡庆余堂国药号，成为富甲一时的红顶商人。

（二）无材不珍、巧夺天工——胡雪岩故居欣赏

胡雪岩故居整个建筑南北长，东西宽，占地面积 10.8 亩，建筑面积 5815 平方米，布局紧凑，构思精巧，居室与园林交融，建筑材料可媲美皇帝宫苑，可谓无材不珍，共耗费 300 万两白银。

胡雪岩故居内的花园——芝园怪石嶙峋、巧夺天工，其中的假山为国内现存最大的人工溶洞。进入故居，那回旋的明廊暗弄、亭台楼阁、庭院天井、峭壁假山、小桥流水、朱扉紫牖、精雕门楼，使人仿佛进入一个大大的迷宫；而百狮楼、锁

春院、怡夏院、洗秋院、融冬院、延碧堂、载福堂、和乐堂、清雅堂无处不奇;木雕、砖雕、石雕、堆塑、彩画则无品不精。故居内还有董其昌、郑板桥、唐伯虎、文徵明等名家的书法石刻作品,轿厅内的两顶做工考究的红木官轿很是值得欣赏一番。

(三)胡雪岩故居之乡土特色

胡雪岩故居既是极尽奢华的江南园林,将江南园林的造园艺术发挥到极致,又是一座富有中国传统建筑特色且颇具西方建筑风格的美轮美奂的宅第,无论是从建筑还是室内家具的陈设,用料之考究,都堪称清末中国巨商第一豪宅。

四、"西施音容邈,典范照故乡"——诸暨西施故里

(一)四大美女之冠——西施

西施本名施夷光,越国美女,一般称其为西施,春秋末期出生于绍兴诸暨。西施天生丽质,是美的化身和代名词。她用美人计助越王勾践完成复国大计,后与范蠡(陶朱公)泛舟五湖,隐居江湖,有关其传说,很具神秘感。

"闭月羞花之貌,沉鱼落雁之容"中的"沉鱼",讲的是西施浣纱的经典传说。西施与王昭君、貂蝉、杨玉环并称为中国古代四大美女,其中西施居首。自古有"情人眼里出西施"的美誉,可见世人对其评价之高。"西施音容邈,典范照故乡",是浙江大学著名学者陈桥驿评价西施的诗句。

(二)一轴一心六区——西施故里概貌

西施故里坐落于美女西施的故乡——绍兴诸暨,景区依浣纱江逶迤排开,绵延数里,蔚为壮观。中国历代名媛馆、范蠡祠、民俗馆、郑氏宗祠、购物一条街等等在此次第而列,而沉鱼落雁、东施效颦等典故,也可在景区内找到实物,可供游客体验。

西施故里总面积 1.85 平方千米,按功能划分为"一轴一心六区"。一轴为南北穿越整个旅游区的浣江游览带,一心指已有一定规模的西施殿景区,六区指主入口管理区、鸬鹚湾古渔村景区、古越文化区、美苑休闲娱乐区、三江口湿地生态保护区、休闲度假区。

(三)浣纱江畔祭西施——西施殿

西施生于 2500 年前的春秋时代,当时诸暨乃越国都城(后迁会稽)。公元前 494 年吴越交战,越败于吴,越王勾践被迫屈膝求和,携妻将臣入吴为质三年。勾践归国后,发誓洗刷这奇耻大辱,于是采用文种提出的"美人计"。几经寻觅,终于"得苎萝山卖薪女西施"。西施,姓施,名夷光,"父鬻薪,母浣纱",西施幼承浣纱之业,故世称"浣纱女"。勾践选到西施后,献于吴王,吴王大悦:"越贡西施,

乃勾践之尽忠于吴之证也。”从此沉湎于酒色不能自拔，越国却上下一心，励精图治，经过十年生聚，十年教训，终于打败了吴国。后人为纪念这位忍辱负重、以身许国的绝代佳人，就在苎萝山下修建了西施殿。

如今的西施殿于 1986 年奠基，1990 年 10 月 7 日落成，景区占地 5000 平方米，由门楼、西施殿、古越台、郑旦亭、碑廊、红粉池、沉鱼池、先贤阁等景点构成。西施殿景区在重修过程中还从民间征集了 12000 余件从老式民居上拆下来的古建筑构件，其中包括梁、柱、门、窗、牛腿、擎枋、斗拱、雀替等等，这些木、石构件雕刻精美，工艺水平高超。经过设计者的精心搭配，合理利用，无疑大大增加了西施殿的历史文化内涵和观赏价值，使它更具有了浓厚的地方特色。

（四）西施故里之乡土特色

西施故里融西施文化、古越文化、故里风情于一体。西施故里旅游区是绍兴地区唯一的国家级风景名胜区——五泄国家重点风景名胜区的重要组成部分。西施故里以西施文化为主题，充分展示古越文化和故里风情，是一处自然风光优美、文化内涵丰富、游览设施健全、经济效益良好、具有时代活力的风景游览胜地。

第二节　书香江南——浙江藏书楼

藏书楼，是历代官方机构、民间团体或个人收集典藏图书文献的地方，是专门用来藏书的建筑。中国最早的藏书建筑见于宫廷，如汉朝的天禄阁、石渠阁。宋朝以后，随着造纸术的普及和印本书的推广，民间藏书楼开始出现。江南出才子，才子皆爱书，浙江藏书名楼众多，在全国占有重要地位。

一、南国书城——宁波天一阁

(一)中国现存最古老的私人藏书楼——天一阁概貌

宁波天一阁坐落在宁波市月湖之西的天一街，是中国现存最古老的私人藏书楼，也是世界上现存历史最悠久的私人藏书楼之一。天一阁始建于明嘉靖四十年(1561)，建成于明嘉靖四十五年(1566)，原为明朝兵部右侍郎范钦的藏书处。天一阁是全国重点文物保护单位、全国重点古籍保护单位、国家 AAAA 级旅游区。

天一阁占地面积 2.6 公顷，是一个以藏书文化为核心，集藏书的研究、保护、管理、陈列、社会教育、旅游观光于一体的专题性博物馆。现藏古籍达 30 余万卷，其中，珍椠善本 8 万余卷。除此之外，还收藏大量的字画、碑帖以及精美的地方工艺品。天一阁设有天一阁发展史陈列、中国地方志珍藏馆、中国现存藏书楼陈列、明清法帖陈列等陈列厅，书画馆常年开展各种临时展览和文化交流活动。

天一阁分藏书文化区、园林休闲区、陈列展览区。以宝书楼为中心的藏书文化区有东明草堂、范氏故居、尊经阁、明州碑林、千晋斋和新建藏书库。以东园为中心的园林休闲区有明池、假山、长廊、碑林、百鹅亭、凝晖堂等景点。以近代民居建筑秦氏支祠为中心的陈列展览区，包括芙蓉洲、闻氏宗祠和新建的书画馆。书画馆在秦祠西侧，粉墙黛瓦、黑柱褐梁，有宅六栋，曰“云在楼，博雅堂，昼锦堂，画帘堂，状元厅，南轩"，与金碧辉煌的秦祠相映照。

20 世纪 90 年代以来，宁波市人民政府先后将紧邻天一阁的陈氏宗祠、闻家祠堂和秦氏支祠，以及白云庄、银台第、鼓楼、天封塔、伏跗室等文保单位(点)纳入天一阁进行统一管理，并在陈氏宗祠内增设麻将起源地陈列、白云庄设置了浙东学术文化陈列、银台第开设官宅博物馆。

(二)范钦建，子孙传——天一阁历史传承

天一阁于 1561 年由兵部右侍郎范钦主持建造。范钦平生喜欢收集古代典籍，后又得到鄞县李氏万卷楼的残存藏书，存书达到了七万多卷，其中以地方志和登科录最为珍稀。乾隆三十七年(1772)，乾隆下诏修撰《四库全书》，范钦的八世孙范懋柱进献所藏之书 638 种。明清以来，文人学者都为能登此楼阅览而自豪。

天一阁主人范钦，字尧卿，号东明，官至兵部右侍郎。他依据《易经》"天一生水，地六成之"理论，取"以水克火"之意，把藏书楼定名为"天一阁"，阁前凿池，名"天一池"。范钦原藏书籍 7 万余卷，至中华人民共和国成立前只剩 1.3 万多卷。保存下来的图书，绝大部分是明代的刻本和钞本，其中不少已是海内孤本，尤其是为数不少的明代地方志 271 种和明代科举录 370 种，更是研究中国明代历史的珍贵文献资料。同时，由于天一阁所具有的广泛感召力，从 20 世纪 50 年代以来，陆续有一批藏书家将自己的藏书捐献给了天一阁，如张氏樵斋、朱氏别宥斋、孙氏蜗寄庐、杨氏清防阁、冯氏伏跗室等。天一阁已成为宁波藏书文化的象征，成为四明文献之邦的缩影。

天一阁书阁为木构的二层硬山顶建筑，通高 8.5 米，底层面阔，进深各六间，前后有廊，二层除楼梯间外为一大通间，以书橱间隔。此外，还在楼前凿天一池通月湖，既可美化环境，又可蓄水以防火。康熙四年(1665)，范钦的重孙范文光又绕池叠砌假山、修亭建桥、种花植草，使整个楼阁及其周围初具江南私家园林的风貌。天一阁的建筑布局后来为其他藏书楼所效仿。乾隆帝南巡时，命人测绘天一阁房屋、书橱的款式，以此为蓝本，在北京、沈阳、承德、扬州、镇江、杭州兴建了文渊阁等七座皇家藏书楼以收藏《四库全书》。天一阁从此名扬天下。

历代藏书家很多，其藏书能保存百年以上的并不多见，而范氏藏书却保存至今，这与范钦对藏书的管理制度密不可分。天一阁藏书制度规定"烟酒切忌登楼""代不分书，书不出阁"，还规定藏书柜门钥匙由子孙多房掌管，非各房齐集不得开锁，外姓人不得入阁，不得私自领亲友入阁，不得无故入阁，不得借书与外房他姓，女性不能入阁，违反者将受到严厉的处罚，还制定了防火、防水、防虫、防鼠、防盗等各项措施。正因为如此，天一阁的藏书才得以保存到今日。“外姓人不得入阁”一条，使得天一阁的藏书不为外人所知，直到清康熙十二年(1673)清代思想家黄宗羲才有幸成为外姓人登阁第一人。允许黄宗羲登阁的是范钦四世孙范光燮。自此以后天一阁才进入相对开放的时代，但仍只有一些真正的大学者才会被允许登天一阁参观。黄宗羲曾获准在天一阁翻阅了全部藏书，把其中流通未广者编为书目，另撰《天一阁藏书记》留世。

(三)历经沧桑，焕发新生——现代天一阁

虽然范钦为了保护藏书而订立了严格的族规遗教，但终因年代过于久远，藏书还是有很多的失散。嘉庆十三年(1808)，阁内的藏书实有 4094 部，共 53000 多卷。鸦片战争时，英国侵略者掠去了《一统志》等数十种古籍。民国初，又有人指使盗贼潜入阁内，偷去了大量藏书，运往上海倒卖。后来又经历了许多的变故，到 1940 年，阁内的藏书仅存 1591 部，共 13038 卷。中华人民共和国成立后，政府为了保护天一阁，专门设置了管理机构，探访得到了流失在外的 3000 多卷原藏书，又增加了当地收藏家捐赠的古籍，现藏珍版善本达到了 8 万多卷。

宁波天一阁作为中国历史最悠久的藏书楼之一，与历代大学者、大文豪有着不解之缘，黄宗羲、万斯同、全祖望、袁枚等文化名人均曾登临天一阁，为其作文吟诗，倾诉仰慕之情。20 世纪 90 年代中叶，著名散文家余秋雨写出《风雨天一阁》，更使天一阁名震一时。

天一阁现收藏各类古籍近 30 万卷，其中以地方志、登科录等史料性书籍居多。收藏现代作家铁凝、黄亚洲、叶辛、高洪波、雷达、王宏甲、王剑冰、韩作荣、陈源斌、王旭峰、叶文玲、陈祖芬等 12 位作家的书稿，计 14 部 23 卷，是天一阁迄今第一次成批量收藏当代通俗类文学作品。

天一阁博物馆还接受了新昌县儒岙镇横山村村民王世朝、王世恒赠送的《天姥王氏宗谱》一箱十册。目前，天一阁已经接受市民捐赠各类家谱十部。家谱的捐赠极大地丰富了天一阁此类藏品的数量，使其成为科举录和地方志之外天一阁收藏的又一亮点。天一阁新老家谱的数量已接近五百五十部，内容涵盖了一百余个姓氏，已经成为浙东第一家谱收藏中心。

(四)天一阁之乡土特色

1. 藏书文化

天一阁被誉为中国五大藏书楼之一。宁波历来是中华藏书文化的重地，特别是自宋代以来，私人藏书蔚然成风，名楼迭出，历代著名的藏书楼有 80 余座。历经 430 余年的天一阁既是宁波藏书文化的典范，也是中国藏书文化的生动象征，如今已被人们形象地称为“宁波的书房”。宁波市城市口号“书藏古今，港通天下”中的“书藏古今”便指以天一阁为代表的藏书文化；天一阁博物馆的宣传语则为“风雨天一阁，藏尽天下书”。

天一阁藏书文化影响深远。清代乾隆皇帝敕命测绘天一阁的房屋、书橱的款式，兴造著名的“南北七阁”，用来收藏所撰修的七套《四库全书》，天一阁从此名闻全国。明清以来，文人学者都为能登此楼阅览而自豪。

2. 园林文化

天一阁是一座活着的园林。清康熙四年(1665)，范钦的曾孙范光文在书楼前后环绕水池堆叠假山，筑亭架桥，环植竹木，使之具有了江南园林的风貌。20世纪80年代和90年代，宁波地方政府又分别在藏书楼的东南侧和西南侧修建了两座附属园林，使整个天一阁建筑群的占地面积达到了25000平方米左右。因此，现在的天一阁，已并非原天一阁之概念，其既具有宁波城区内许多优秀建筑之特征，又兼有江南园林之特色，既有众多藏书楼阁，也有许多祠堂建筑、碑铭石刻，对研究宁波历史文化具有重要的价值。

(五)天一阁旅游指引

作为一个以藏书文化为核心，集藏书的研究、保护、管理、陈列、社会教育、旅游观光于一体的专题性博物馆，天一阁四季皆可游览。

至于游览的时间，如果是一般的旅游者，1—2小时即可全览天一阁；如果是藏书文化爱好者，则至少需要半天时间；如果是藏书文化研究者，那就要花费更多的时间来细细体味了。

二、东南瑰宝——杭州文澜阁

(一)江南三阁，文澜仅存——文澜阁概貌

文澜阁位于杭州西湖孤山南麓、浙江省博物馆内。初建于清乾隆四十七年(1782)，是将杭州圣因寺后的玉兰堂改建而成的，建成于乾隆四十八年(1783)。文澜阁是清代乾隆皇帝为珍藏《四库全书》而建的七大藏书阁之一，也是江南三阁(扬州文汇阁、镇江文宗阁和杭州文澜阁)中唯一幸存的。文澜阁改建的各项工费均由浙江商人捐办。

据时人记载：“阁在孤山之阳(南麓)，左为白堤，右为西泠桥，地势高敞，揽西湖全胜。外为垂花门，门内为大厅，厅后为大池，池中一峰独耸，名‘仙人峰’。东为御碑亭，西为游廊，中为文澜阁。”咸丰十一年(1861)文澜阁焚毁，部分藏书散失。光绪六年(1880)开始重建，并把散失、残缺的书籍收集、补抄起来；辛亥革命

后又几经补抄,文澜阁的《四库全书》才恢复旧观。

中华人民共和国成立以后,书阁经过多次修缮,面貌一新。文澜阁是一处典型的江南庭院建筑,园林布局的主要特点是顺应地势的高下,适当点缀亭榭、曲廊、水池、叠石之类的建筑物,并借助小桥,使之互相贯通。园内亭廊、池桥、假山叠石互为凭借,贯通一起。主体建筑仿宁波天一阁,是重檐歇山式建筑,共两层,中间有一夹层,实际上是三层楼房。步入门厅,迎面是一座假山,堆砌成狮象群,山下有洞,穿过山洞是一座平厅,厅后方池中有奇石独立,名为"仙人峰",是西湖假山叠石中的精品。东南侧有碑亭一座,碑正面刻有清乾隆帝题诗,背面刻颁发《四库全书》的上谕。东侧亦有碑亭一座,碑上刻清光绪帝题"文澜阁"三字。平厅前有假山一座,上建亭台,中开洞壑,玲珑奇巧。方池后正中为文澜阁,西有曲廊,东有月门通太乙分清室和罗汉堂。全部建筑和园林布局紧凑雅致,颇具特色。

文澜阁古建筑群是清代收藏《四库全书》的皇家藏书楼。文澜阁始建于清乾隆四十七年(1782)。是年,《四库全书》告成,当时先抄四部,分藏紫禁城文渊阁、圆明园文源阁、沈阳文溯阁、承德文津阁"内廷四阁"。后乾隆皇帝因"江浙人文渊薮,允宜广布,以光文昭",又命续抄三部,分藏扬州文汇阁、镇江文宗阁和杭州文澜阁,是为"江南三阁"。现江南三阁惟文澜阁及所藏《四库全书》存世,成为"东南瑰宝"。

(二)历经沧桑,藏书奇迹——文澜阁与《四库全书》

1. 兄弟补抄

杭州文澜阁《四库全书》在历次浩劫中几陷于毁灭,是浙江几代人的侠肝义胆才使其能够躲过战乱而幸存下来。1861 年,太平军攻陷杭州,江南著名藏书楼八千卷楼的主人、出身书香门第的钱塘人丁申、丁丙兄弟此时避祸于杭州城西的西溪。一日,兄弟俩在店铺购物时发现,用于包装的纸张竟是钤有玺印的《四库全书》,这使他们大惊失色。丁氏兄弟自然知道《四库全书》的重要性。他们进而发现,店铺里成堆的包装用纸竟都盖有皇帝的玉玺。文澜阁库书流落民间的事实使丁氏兄弟心急如焚。他们冒着战乱的风险,收集残籍予以保护,并雇人每日沿街收购散失的书本。如此半年,他们抢救并购回阁书 8689 册,占全部文澜阁本的 1/4。然而文澜阁本已残缺不全,怎么办? 抄补! 一项浩繁的抄书工程在浙江巡抚谭钟麟的支持下开始了。丁氏兄弟从宁波天一阁、卢氏抱经楼、汪氏振绮堂、孙氏寿松堂等江南十数藏书名家处借书,招募了 100 多人抄写,组织抄书 26000 余册。《四库全书》在编撰过程中曾将一些对清政府不利的文字删除,或将部分书籍排除在丛书之外，还有部分典籍漏收，丁氏兄弟借此机会将其收录补齐。此项工程历时 7 年得以完成。1882 年，文澜阁重修完成，丁氏兄弟将补抄后的《四库全书》全部归还文澜阁。

2.“乙卯补抄”“癸亥补抄”

到了民国时期，浙江省图书馆首任馆长钱恂继续组织补抄，这就是所谓“乙卯补抄”。这次补抄主要由徐锡麟的二弟徐仲荪及其学生堵申甫二人自费所为，历时 7 年，甚为艰辛。后来，时任浙江教育厅长的张宗祥被徐仲荪、堵申甫的执着精神所感动，但他知道，“修补”工程相当浩大，单靠几个人的力量很难完成，必须由政府出面牵头。在他的重视及关注下，补抄工作开始由官府组织，费用全部由浙江籍人募集，徐仲荪任总校，堵福洗任监理，历时两年，史称“癸亥补抄”。经过丁、钱、张等人的共同努力，最后完成的《四库全书》比原来更为完整。原《四库全书》有漏抄，如补抄本《竹岩集》十二卷，原四库本仅三卷，册数上比原来增多；补抄依据版本优良，集清末全国藏书楼之精华，许多被馆臣删改的文字按原样据原本得以恢复。因此，补齐后的文澜阁《四库全书》是 7 部藏书中最完整的一部。因此，文澜阁本《四库全书》的历史文献价值高于文渊阁本、文津阁本和文溯阁本，是“四库学”研究的重要资源。

3.阁书西迁

1937 年，抗日战争爆发，杭州岌岌可危，《四库全书》又面临巨大的灾难。时任浙江大学校长的竺可桢和时任浙江图书馆馆长的陈训慈组织阁书西迁。历时半年，辗转 5 省，行程 2500 千米，1938 年 4 月，《四库全书》安全运抵贵阳，后又转运到重庆。解放初，考虑到徐仲荪和堵申甫对修补《四库全书》有功，他们俩的画像被悬挂在文澜阁，以志纪念。

文澜阁《四库全书》历经沧桑，终于得以保存，这在中国乃至世界藏书史上都是个奇迹。2001 年，文澜阁作为清代古建筑，被列为全国重点文物保护单位。

(三)文澜阁之乡土特色

文澜阁是清代为珍藏《四库全书》而建的七大藏书阁之一，也是江南三阁中唯一幸存的一阁，它和《四库全书》的故事源远流长，和天一阁一样，也是中国五大藏书楼之一。

(四)文澜阁旅游指引

作为西湖边的一个景点、浙江省博物馆的一个组成部分，文澜阁四季宜游，几乎不受天气条件限制。

三、浙东第二——余姚五桂楼

(一)文献之邦，五桂珍藏——五桂楼概貌

宁波余姚历史悠久，文化灿烂。自秦代以来，涌现了许许多多彪炳史册的历史文化名人，有文献名邦之誉。五桂楼位于余姚市梁弄镇学堂弄，建于清嘉庆十二年(1807)，是诸生黄澄量的藏书楼，聚书五万余卷，有“浙东第二藏书楼”之称。南宋时，黄氏先祖有兄弟五人，同科中举，当时登科的都称之为“蟾宫折桂”。黄澄量为彰显先祖，故把藏书楼命名为“五桂楼”。五桂楼建筑占地面积107平方米，坐北朝南，三间二层楼，通面宽10.30米。勾连搭屋顶，呈众字形，有暗间起防漏作用。楼前有庭院，深8.6米，四周围以高墙。

五桂楼有五马山墙以防风火，前后有四米高的围墙，围墙东西两侧有大门，西侧为正门。进门便是卵石砌成的庭院，石刻木雕、花草竹木使庭院绿荫婆娑，花香袭人，灰尘不蒙，市声不喧，显得幽静、古朴、清雅。楼下为三楹统间，前后分隔，前厅为讲学会文之所，后厅是楼梯，楼上有书橱二十四个，藏有5万多卷古书善本、名画碑帖和手抄本，有木雕板近百块，屋顶呈“众”字形，有暗阁，明看二层，实为三层。

据传，凡遇战乱，善本多藏于顶上暗阁，暗阁中至今仍保留有“柱百竿”一根，长9.8米，竹竿上记着当时建楼的各种尺寸数据和梁架构件的符号，似现代的建筑图纸。

登五桂楼眺望，可一览四明七十二峰，故五桂楼又名七十二峰草堂。现悬挂的“五桂楼”匾额为清代书法家胡芹所书，“七十二峰草堂”为清代书法家吕屐山所题。

五桂楼有一套比较严格而独特的藏书保管制度，藏书之丰在浙东仅次于宁波天一阁，故称“浙东第二藏书楼”。五桂楼西侧原有书房两间，名曰“爱吾庐”，后扩建为五间，雕栋画梁，卷蓬饰顶，建造讲究，名称“梦花书屋”，与五桂楼相互辉映，为黄澄量居室和会友、写书之所。东侧有平房五六间，为当时工匠雕版印书所用。另建有厨房和家人居室，周围圈以围墙，庭院有卵石砌面，形成一古朴优雅的建筑群落，典型的江南书香门第。

五桂楼的藏书不仅是专事收藏，黄澄量还每“得一书，添一目，即读一书，而十而百而千而万，记于目者记于心，是亦博闻强识之一助也”，更要求儿孙们共同翻阅。黄澄量还有一套不同于宁波天一阁的藏书保管制度，尽力发挥藏书的实用价值。他把藏书向外开放，凡有文人学士前来查阅，悉供方便，打破了一般藏

书家只藏不阅的陋规，由此吸引了许多学人不辞远途劳顿，跋山涉水来到四明山西麓的梁弄，以一登五桂楼为快。

（二）富甲越中——五桂楼藏书源流

黄澄量，字式筌，号石泉，生于清乾隆年间，余姚梁弄人，诸生，一生嗜求藏书，"截缣以购，鬻产而求"。他师事孙磬，笃志力学，于书无所不窥；博学多艺，擅长丹青，历十多年之功，藏书五万余卷。嘉庆十二年(1807)，黄澄量于故居四明梁弄(今余姚市梁弄镇)构藏书楼，二年落成，署名"五桂楼"。当时五桂楼楼下为黄澄量与友人会文讲学场所，亦在此接待远道前来阅览藏书之客人；楼上为藏书，有高二米半、宽二米之书橱二十个，供陈列古籍；另有四个同样大书橱专藏手抄本和书画碑帖。

黄澄量死后，由他的儿子黄肇震(字伯器，号药溪)继承父志，继续收集书册，使五桂楼的藏书增至六万多卷。清咸丰十一年(1861)，太平军东进浙东，梁弄地处进军要道，五桂楼藏书遭受散失。后有黄澄量孙子黄联镖、曾孙黄安澜重新穷搜散失的书籍，又添买善本，经多年搜讨，终于使五桂楼藏书基本恢复到原来的规模。

据清光绪时黄安澜重新编订的《姚江黄氏五桂楼书目》，共有经史子集等书籍 6 万余卷。在近百年中，虽多动乱，但藏书仍未遭人祸兵灾，大多被保留下来。除 1956 年浙江省图书馆调 6000 多册外，今尚存 9993 册，多数属十三经类古文化栏目，其中最多的为"易经"类，如《周易析中》《周易虞氏义》《重刊十三经疏》等，为研究古文化的宝库。

五桂楼藏书保存至今，不仅在图书文献史上有着较大的价值，对当前及日后的科学研究亦有着重大的史料价值，它也因此被誉为浙江四大藏书楼之一。

（三）五桂楼之乡土特色

五桂楼融藏书文化与家庭生活于一体，建筑物周围圈以围墙，庭院有卵石砌面，是一座古朴优雅的建筑群落、典型的江南书香门第。

（四）五桂楼旅游指引

五桂楼在余姚梁弄镇。梁弄是浙江省历史文化名镇，抗战时期是四明山革命根据地的心脏，历史上还是浙东唐诗之路的重要驿站，李白、皮日休等诸多诗人驻足于此。地处山区的梁弄古镇，群山围绕，气候宜人，春夏秋冬四季皆宜游，每季都有其不同的味道。

四、“国之瑰宝”——瑞安玉海楼

（一）孙衣言、孙诒让——父子俱名

要说玉海楼，必先说父子俱名的清末大儒孙衣言、孙诒让父子。孙衣言（1814—1894），字劭闻，号琴西，清道光三十年（1850）进士，历任安庆知府、安徽按察使、湖北与江宁布政使，后迁太仆寺卿，著《逊学斋文钞》、辑《瓯海轶闻》《永嘉集内外编》等，有“晚清特立之儒”之称。孙诒让（1848—1908），孙衣言之子，字仲容，号籀庼，同治六年（1867）举人，清代著名经学大师和大教育家，与黄以周、俞曲园合称“清末三先生”。他学问体大思精，著有《周礼正义》《墨子间诂》《契文举例》《温州经籍志》等三十多部作品。

玉海楼是孙诒让晚年藏书、读书、交游、研学的场所，从1888年其父孙衣言为他建楼至1908年离世，他的活动多以玉海楼为轴心。这20年间，是晚清东西学冲突与融合最为剧烈的时期，各种思潮风起云涌，其间还发生了甲午战争、百日维新运动、义和团运动等重大事件。孙诒让密切关注事态发展，积极投身兴儒救国，在寻求富国强民道路的实践过程中，将永嘉学派的经世之学传承发展，以达到“振世救敝”和“富强之原，在于兴学”的改良目的。孙诒让以《周礼正义》《墨子间诂》《契文举例》三部代表作为线，贯穿其治学一生，玉海楼也成为他治学、研究和发扬永嘉学派的中心和标志。

（二）“国之瑰宝”——玉海楼全貌

玉海楼，位于温州瑞安市区东北隅道院前街，为浙江四大藏书楼之一。孙衣言因慕宋王应麟博览群书，取王应麟句“如玉之珍贵，若海之浩瀚”，遂以其巨著《玉海》命名该楼。玉海楼现为全国重点文物保护单位。

玉海楼建筑群由玉海藏书楼、孙诒让故居和百晋陶斋组成，分别坐落在南北相向的三条纵轴线上，总占地面积约8000平方米。玉海楼建筑古朴，树木苍翠，绿荫蔽空，庭院四季花木芬芳醉人。作为孙诒让藏书治学著述之所，玉海楼历史文化底蕴深厚，吸引了众多海内外专家、学者和各界人士纷至沓来。著名古建筑专家罗哲文教授称赞玉海楼为“国之瑰宝”。

孙诒让故居的台门取名为“百晋精庐”，两旁的对联“颐园松菊，玉海图书”，是孙诒让先生的手迹。孙诒让故居具有鲜明的建筑特色，平面布局由门屋、客厅、正楼三进构成，并用天井分开，排列在同一纵轴线上，左右对称，四柱成间，继承了传统的定例。

百晋陶斋前面有个花园，叫“颐园”。园内种植四季花木，古树葱翠，是少有

的古朴清幽之处。园中荷花池中种植的白莲，至今常年盛开不衰。原来的台门上有孙衣言的手迹，写着“方石额”三个字。旁边是孙衣言所写的对联“务求知古如君举，尤喜能文似水心”，是从孙衣言的善祠塾移至此处。

玉海楼建筑群在平面布局、大木构架、封火山墙以及装修等方面都具有浓厚的浙南地方特色。环境幽雅，景物相宜，集藏书楼、优秀民居和私家园林于一体，规模宏大、保存完整，在清代名人纪念建筑中实不多见。

玉海楼为学者的藏书楼，当年藏书达八九万卷，现在藏书三万多册，其中珍善本四千册，以富名家批校本、乡邦文献和珍善本闻名于世。如《万历温州府志》、《康熙瑞安县志》、元巾箱本《尹文子》等皆世之孤本；明正德林长繁本陈傅良《止斋集》、孙诒让批校明万历刻本《淮南鸿烈解》等皆为世所罕见的珍善本，诚可宝贵。玉海楼管理严格，订有《藏书规约》十六条。

（三）玉海楼之乡土特色

玉海楼藏书既精且博，与宁波天一阁、南浔嘉业堂合称江南三大藏书楼，集藏书楼、优秀民居和私家园林为一体。

（四）玉海楼旅游指引

玉海楼在温州瑞安市区。瑞安全年无严寒酷暑，冬短夏长，四季分明，雨水充沛，四季宜游。

五、“钦若嘉业”——南浔嘉业堂

（一）“江浙巨富”刘承干

嘉业堂藏书楼，位于湖州市南浔镇，隔溪与小莲庄毗邻，是闻名中外的文化宝库。嘉业堂藏书楼系刘镛之孙刘承干于 1920 年所建，因清帝溥仪所赠“钦若嘉业”九龙金匾而得名。该楼规模宏大，藏书丰富，原书楼与园林合为一体，以收藏古籍闻名，是中国近代著名的私家藏书楼之一，系国家级重点保护文物。中华人民共和国成立后，原书楼主人捐赠给浙江图书馆，现在的藏书楼正以公共图书馆和旅游景点的双重身份接待来自五湖四海的读者和游客。

嘉业堂藏书楼的创办者刘承干(1882—1963)，字贞一，号翰怡、求恕居士，南浔人，清末秀才。他的祖父刘墉(1825—1889)经营蚕丝致富，然轻富重文，竭力鼓励子孙念书做官。父亲刘锦藻(1862—1934)精文史之学，光绪二十年(1894)中进士，撰有《续皇朝文献通考》《南浔备志》《坚匏庵诗文抄》等著作。刘承干号称“江浙巨富”。

刘承干从小受到诗书艺文的熏陶，及长与著名考古学者王国维、罗振玉、版本目录学家叶德辉、缪荃孙等相交往，爱好古籍赏鉴，并有承袭其父史学及刘安澜（刘锦藻的长兄）藏书遗志。他早在辛亥革命前就开始聚书，凭着雄厚的资财，加上嗜书如命的癖好，手持巨资，肯出高价，“凡书商挟书往者，不愿令其失望，凡己所未备之书，不论新旧皆购之”，书商闻风不远千里而来，数年间他花资近 30 万元之巨，“几有万家之势”，先后收购了甬东卢氏抱经楼、独山莫氏影山草堂、仁和朱氏结一庐、丰顺丁氏持静斋、太仓缪氏东仓书库等十数家的藏书。故刘氏藏书几乎萃取北京、扬州、苏州、杭州等地藏书家之精华。

（二）“钦若嘉业”——嘉业堂藏书楼

刘承干于 1920 年在故乡购地 20 亩，斥金 12 万，构筑私人藏书楼。1924 年书楼落成，总体设计为园林式格局，寓书楼于幽雅园景之中。藏书楼成一大“回”字形，二层楼房，楼上下共有 52 大间，气势宏伟，其间有“宋四史皇”“诗萃皇”“希古楼”“黎光阁”等，均为藏书之所。自清末到中华人民共和国成立前，经过刘锦藻、刘翰怡父子两代经营，花费 80 万银圆，收藏了十六七万册图书，内有不少宋元善本古书和珍贵手稿、抄本、木刻、书版三四万块，它称为全国四大藏书楼之一。

嘉业堂藏书楼大门楣上“嘉业堂藏书楼”五个大字出于刘廷琛之手。刘承干建藏书楼而要以“嘉业”命名，是因他曾捐巨资助修光绪陵墓，宣统曾赐以“钦若嘉业”的匾额，他以此为荣，故以“嘉业”命名。

嘉业堂藏书楼每间书库地板坚固、书架整齐，两面均装有铁皮、玻璃双层窗户。楼四周墙基五六尺高，皆用花岗岩砌筑。平面呈“口”字形，为了便于晒书，两进房屋中间有一占地 300 多平方米的大天井，平铺方砖，不生杂草。站在大天井中东南西北四望，只见凡朝天井的库房均安装的是落地长窗，便于通风采光。所有楼堂斋室都陈列着大理石屏风、书桌、茶几和香妃榻等红木家具，一派清代厅堂的风格。底层正厅为“嘉业堂”，悬挂清宣统皇帝御赐“钦若嘉业”九龙金匾一块，楼上为“希古楼”，楼下窗格都用“嘉业堂藏书楼”篆字样作为装饰，廊外铁栏用“希古”两字作花饰，巧思匠心，殊饶别致。

第三节　文化荟萃——浙江博物馆

博物馆是征集、典藏、陈列和研究代表自然和人类文化遗产的实物的场所，以向公众提供知识、学习、教育、欣赏和娱乐为目的。浙江拥有数量众多的博物馆，且大都免费开放。

一、浙江最大的博物馆——浙江省博物馆

（一）"园中馆，馆中园"——浙江省博物馆简介

浙江省博物馆始建于1929年，旧名西湖博物馆，1931年更名为浙江省立西湖博物馆，中华人民共和国建立后，改称浙江省博物馆。浙江省博物馆是浙江省内最大的集收藏、陈列、研究于一体的综合性人文科学博物馆，馆藏文物达10万余件。

浙江省博物馆旧馆址的一部分为江南著名藏书楼文澜阁。1993年，浙江省博物馆改扩建工程竣工，新馆占地30亩，建筑面积7500平方米。博物馆内分历史文物馆、青瓷馆、书画馆、钱币馆、工艺馆、礼品馆、吕霞光艺术馆、常书鸿美术馆、明清家具馆、精品馆等10个展馆。馆舍建筑以富有江南地域特色的单体建筑和连廊组合而成，形成了"园中馆，馆中园"的独特格局，楼阁亭榭以长廊逶迤相连，掩映于湖光山色间，是天堂杭州一处耀眼的文化新景点。

（二）珍品云集——浙江省博物馆馆藏

浙江省博物馆馆藏丰富，有各类文物10万余件，珍品云集，其中一级品158件。

著名藏品包括新石器时代河姆渡文化的人工栽培稻和漆碗；良渚文化的绸片和麻布；春秋战国时期越国的各种青铜兵器、青铜农具、印纹陶和原始瓷；从东汉至明代各个青瓷窑系的一批标本；还有大量的古今书画，其中有唐代宗教画彩

绘净土变图，元代黄公望《富春山居图》卷的一半（另外一半现藏台湾）。博物馆馆藏的古书画多数是明清时期的，就近现代名家的作品，仅山水画大师黄宾虹的作品就有 3700 多件。浙江是出现资本主义经济萌芽较早的地区和太平天国后期的战略要地，其经济史料和革命文献该馆均有收藏。

其中，河姆渡文化的陶器、漆器、木器、骨器和象牙制品，良渚文化的玉器和丝织品，越国的青铜器，越窑、龙泉窑、南宋官窑等窑口的瓷器，会稽古铜镜和湖州古铜镜，明清浙籍书画家的作品等，均为闻名遐迩的文化瑰宝。

（三）精彩的展览，丰富的活动

浙江省博物馆文物长年在历史文物馆、书画馆、青瓷馆、工艺馆等陈列馆展出；同时，精品馆不定期地推出从国内外引进的各种高品位的专题展览。浙江省博物馆还有位于栖霞岭的黄宾虹纪念室、位于龙游路的沙孟海书法艺术馆，形成了丰富多彩的名人馆舍系列。1999 年底落成的浙江西湖美术馆，为浙江省博物馆拓展了新的天地。另外，随着一系列高档次国际学术研讨活动的相继推出，赴德国、法国、日本、新加坡等地文物展览的成功举办，大型学术刊物《东方博物》以及《浙江七千年》等一系列文物图书的出版，浙江省博物馆影响力日渐扩大，已成为在海内外具有较高知名度的博物馆之一。

（四）浙江省博物馆之乡土特色

参观浙江省博物馆，可以透过其斑斓多彩的文物展品，多层次、多角度地了解浙江七千年古老悠久的历史，激发爱国爱乡的自豪感和责任感，激励浙江民众创业创新，建设美丽浙江、“最美浙江”。

二、“自然与人类”——浙江自然博物馆

（一）同出浙江博物馆——浙江自然博物馆发展演变

浙江自然博物馆的馆史，应该追溯到 1929 年在首届西湖博览会基础上创建的浙江省西湖博物馆。中华人民共和国成立后，西湖博物馆获得新生，1953 年更名为浙江博物馆。1984 年 7 月，浙江博物馆的自然之部分出单独建制，成立浙江自然博物馆，陈列展出的内容有恐龙、海洋动物、古生物、动植物等 8 个专题。浙江自然博物馆是中国创办的历史最悠久的博物馆之一，也是浙江省唯一以生命科学、地球科学标本收藏、研究、展示为主要业务活动的省级博物馆。

（二）浙江自然博物馆馆陈

浙江自然博物馆通过自行采集、发掘、征集、社会（个人）捐赠等途径，收藏了包括古生物、矿物、岩石、植物、哺乳动物、鸟类、爬行类、两栖类、鱼类、水生无脊

椎动物、昆虫及自然油画等各类藏品。业已登记入库的藏品近 13 万件，门类齐全，珍品荟萃，集自然类藏品之精华。其中恐龙蛋、海生爬行动物化石、文化遗址动物遗骸、海洋生物、鸟类等收藏丰富，独具特色。礼贤江山恐龙、临海浙江翼龙、云贵龙、鲸鲨、灰鲸、野生华南虎等百余件标本堪称国内外同类标本之最。

2009 年，浙江自然博物馆新建藏馆 2.6 万平方米，年接待游客能力提高到 100 余万人次，陈列内容与形式更加科学生动，展示手段更加先进和多元，服务功能更加完善和人性化。

（三）浙江自然博物馆之乡土特色

浙江自然博物馆新馆是具有先进理念、富有浙江特色、国内一流的自然博物馆，功能定位以“自然与人类”为主题，以提高公众的自然科学文化素养和生态环境保护意识为宗旨，是集科普教育、收藏研究、文化交流、智性休闲于一体的现代自然博物馆。

三、世界上最大的丝绸博物馆——中国丝绸博物馆

（一）丝绸专业博物馆——中国丝绸博物馆概况

位于杭州西子湖畔的中国丝绸博物馆，占地 5 公顷，建筑面积 8000 平方米，陈列面积 3000 平方米，1992 年正式对外开放，是第一座全国性的丝绸专业博物馆，也是世界上最大的丝绸博物馆。中国丝绸博物馆馆内主厅是一个关于中国丝绸的故事，主要讲述丝绸的起源和发展、丝绸的主要种类、丝绸之路及丝绸在古代社会生活中占据的地位。馆内还设有五个各具特色的丝绸商场、小卖部、茶室等附属设施，是休闲娱乐的好去处。

（二）详解五千年丝绸文化——中国丝绸博物馆馆藏与展览

中国丝绸博物馆全方位地展示了中国五千年的丝绸历史及文化，其基本陈列包括：序厅、历史文物厅、蚕丝厅、染织厅、现代成就厅等五部分。馆内藏有自新石器时代起各朝代与丝绸有关的历史文物，特别是出土于丝绸之路沿途的汉唐织物、北方草原的辽金实物、江南地区的宋代服饰、明清时期的官机产品以及近代旗袍和像景织物等。此外，还有众多的民族文物和现代文物，蔚为大观。

序厅的造型是一座高耸于大厅中央的宋代提花织机模型。这是所知最早的提花机型，代表着中国古代丝绸的卓越地位。序厅的左右两壁分别是丝绸年表和丝绸之路的展示图，后壁则直观地概括了中国丝绸优良的性能和产销量均居世界首位的喜人成绩。

序厅两侧的历史文物厅，集中展示了五千年丝绸文物的精华，厅内恒温恒湿

的环境，为娇贵的丝绸文物提供了良好的保存条件。历史文物厅按时代分为两个厅：一厅主要介绍从新石器时代到宋辽元时期丝绸发展的历史；二厅则专门展示明清丝绸皇家传世珍品及考古出土实物。

染织厅建在一座极具地方与民族特色的建筑物内，展现了各民族的传统织机，如卧机、丁桥织机、傣锦机、和田机、竹笼机和绫绢机等。参观者可以拿起梭子坐在这些古老的织机前，亲自体验手工织绸的艰辛。

蚕丝厅中展示的内容可以让参观者了解蚕吐丝结茧的秘密。现代成就厅则展示了中华人民共和国成立近 70 年来我国在丝绸生产、科研和对外贸易上所取得的辉煌成就。在这里，参观者可以欣赏到以丝绸为载体制作的各类工艺品和一些极富收藏价值的丝绸新品。

(三)中国丝绸博物馆之乡土特色

中国丝绸博物馆是中国古代丝绸收藏、研究和鉴定中心以及弘扬丝绸文化、拓展国际旅游的汇聚点。它是向世界各国朋友宣传中国古老文明和改革开放以来丝绸业取得成就的重要窗口及研究丝绸文化的学术基地。作为浙江省精神文明和爱国主义教育基地，它每年都吸引了众多的国内外朋友和大中小学生前来参观，并接待过多位国家领导人。

四、陶瓷专题博物馆——南宋官窑博物馆

(一)独树一帜——南宋官窑

南宋官窑是南宋朝廷专设的御用瓷窑，它烧制的瓷器造型端庄、釉色莹润、薄胎厚釉，被誉为宋代五大名窑之首，在中国陶瓷史上独树一帜。

官窑原是北宋皇室在京城汴梁(今河南开封)专设的瓷窑。在中国古代漫长的陶瓷生产发展过程中，封建统治者为了满足自身的特殊需要，曾指定一些民间瓷窑为宫廷烧制瓷器精品。到了北宋，宫廷在汴京专设御用瓷窑，这就是北宋官窑。宋皇室南迁后，根据宫廷的需要，又在临安(今杭州)重集名师巧匠，在皇城西南林木茂盛的丘陵地带重设南宋官窑，专门为皇帝及皇室烧制高级生活用瓷和艺术陈设瓷。

南宋官窑以当地的瓷土和含铁量较高的紫金土做原料，按照宫廷的审美癖好，经过精心的加工成型和纯熟的烧制，生产出滋润如玉的官窑青釉瓷器。官窑青瓷的特点是以造型和釉色作为美化瓷器的艺术手段，器形简练、端庄，瓷胎很薄、釉层丰厚、色泽晶莹，瓷器表面开不规则的纹片，质感如玉，由于它的质量很高，加上御窑的神秘性，留传下来的传世品又很少，因此，历来被视为我国古代瓷

器中的珍品。特别是它的工艺的确非同一般,所采用的多次上釉,多次烧成的工艺程序,达到青瓷生产水平的顶峰,为玉质感和开片装饰的形成提供了技术保障。

(二)遗址性博物馆——杭州南宋官窑博物馆概貌

杭州南宋官窑博物馆位于杭州复兴路闸口乌龟山西麓,地处西湖风景区南面。博物馆于1990年建成,占地面积约7800平方米,建筑面积3758平方米,由展厅和遗址保护建筑两部分组成。建筑面积1400平方米的作坊遗址保护大厅采用大跨度的钢质网架结构,是国内少有的大型文物保护建筑之一。

南宋官窑博物馆以南宋官窑遗址为基础。南宋官窑遗址是800多年前官窑瓷器制作、烧造的真实现场,经考古发掘后得以妥善保护,现存面积约1500平方米,主要遗迹有龙窑和制瓷作坊。依势而建的遗址保护厅,是中国南方地区最大的遗址保护建筑之一。

南宋官窑博物馆建筑按南宋风格构建,分为古窑址保护厅、出土文物展厅、传统作坊制作区三部分。为生动直观地再现南宋瓷器的生产过程,馆内复原了一套传统制瓷工具和设备,参观者可以亲自动手,领略制作仿古瓷器的乐趣。南宋官窑博物馆具有深厚的历史文化内涵,是中国第一座陶瓷专题博物馆。

(三)集专业与参与于一体——杭州南宋官窑博物馆馆藏与活动

杭州南宋官窑博物馆内设有三个展厅:第一展厅主要展示中国历代具有代表性的陶瓷文物,勾画出了中国古代陶瓷的演进历程;第二展厅详尽展示了南宋官窑的历史风貌、制作工艺和器物类别,生动地再现了其往昔的风姿神韵;第三展厅为临时展厅,定期或不定期地推出一些国内外的优秀展览。

杭州南宋官窑博物馆的藏品以遗址发掘出土的各类文物标本为主,藏有文物标本、复原器物共8000余件(片),另有其他历代陶瓷文物数百件。大量的遗址出土文物,为研究几百年来人们所关注的南宋官窑制瓷工艺、胎釉特点等问题提供了可靠的实物例证。收藏的主要精品有簋式炉,八卦纹薰炉盖,花口壶,大洗等。匠心独运、巧夺天工的南宋官窑青瓷,以它自身特有的陶瓷语言,展示着陶瓷的美。

南宋官窑博物馆围绕陶艺特色,在陈列中突出了观众的参与性,设置了别具一格的官窑陶吧,它既直接显示了古代传统陶瓷工艺,也为观众开辟了动手制陶的空间,在杭州各博物馆中开创了观众参与的先河。观众在此可创作出富有个性的陶艺作品,亲身体验古代陶瓷艺人用泥与火创造陶艺文化的艰辛与乐趣,一批又一批的青少年在这里寓学于乐,对陶瓷文化有了更全面的理解。

（四）杭州南宋官窑博物馆之乡土特色

南宋官窑遗址是直接体现南宋官窑生产规模、工艺流程和产品特征的著名古窑址，具有重要的历史文化价值和丰富的陶瓷工艺内涵。南宋官窑博物馆极大地丰富了杭州的历史文化内涵，吸引了数以万计的海内外参观者，它已经成为历史文化名城杭州的人文标志之一。古老的陶瓷文化在这里重新焕发出了青春与活力。

五、中药专题博物馆——杭州胡庆余堂中药博物馆

（一）“江南药王”——胡庆余堂

在杭州秀丽的吴山北麓，坐落着气宇轩宏、金碧辉煌的古建筑群，这就是闻名遐迩的“江南药王”胡庆余堂国药号。胡庆余堂是清末著名红顶商人胡雪岩集巨匠、摹江南庭院风格耗白银30万两于1874年创立。胡庆余堂承南宋太平惠民和剂局方，广纳名医传统良方，精心调制庆余丸、散、膏、丹，精心制备丸散膏丹，济世宁人，因药效显著，被誉为“江南药王”，享有“南有庆余堂、北有同仁堂”之盛誉。

胡庆余堂位于吴山脚下大井巷内，建筑博采众长，属典型的清代风格，古朴雅致，金碧辉煌，是一座庭院式药店。胡庆余堂集各家药号大成，结合江南住宅园林特色，选用铁超、银杏、香樟等上乘木材营建，古建筑占地8亩，面积4000平方米，分隔为“三进”，呈“前店后厂”布局。建筑四周，筑以高达12米的“神农式”封火墙，墙上书有“胡庆余堂国药号”七个大字，20平方米见方一个字，将那幢晚清建筑凸显得大气、沉稳而又不失神秘和灵动。整个建筑形制宛如一只仙鹤，栖居于吴山脚下，寓示“长寿”。胡庆余堂是一座商业实用性和艺术欣赏性融为一体的晚清木结构古建筑，1988年被国务院列为全国重点文物保护单位。

胡庆余堂在传承我国第一部南宋钦定的《太平惠民和剂局方》制药规范基础上，形成了自身独特的中药体系。1934年，编辑成册的《胡庆余堂简明丸散全集》，共收录了482个成药处方，其中冠于“胡氏”处方的就有数十个，如胡氏秘制益欢散、胡氏秘制镇坎散、胡氏痧气夺命丹、胡氏神效如意保和丸等。胡庆余堂制药技艺也颇具特色，如斋戒沐浴做辟瘟丹、金铲银锅制紫雪丹、密室诵诀碾龙虎丸、吊腊壳等。这些传统技能，经过一代代技艺精湛的药工之手，在胡庆余堂的特定空间中，一脉相承地延续了下来。

（二）“神奇的科学殿堂，灿烂的医药文化”——胡庆余堂中药博物馆

1989年10月胡庆余堂制药厂在建厂115周年时，开始在厂内建立博物馆。

1991年,占地面积2700平方米的胡庆余堂中药博物馆建成开馆。它是我国唯一的国家级中药专业博物馆,享有“神奇的科学殿堂,灿烂的医药文化”之誉。2006年,“胡庆余堂中药文化”列入第一批国家非物质文化遗产代表作。同年,“胡庆余堂”被国家商务部重新认定为“中华老字号”。

胡庆余堂中药博物馆以胡庆余堂古建筑为依托,秉“原址保护、原状陈列”之原则,集中药起源、陈列展示、手工作坊、营业大厅和保健诊疗五大部分,展示了大量的中药传统制药器具及上万种中药植物、动物、矿物标本,其中许多藏品堪称珍品,如河姆渡文化时期、西汉长沙马王堆、宋代泉州湾沉船等出土的药材,被称为“中药四宝”的马宝、狗宝、丑宝、猴宝,等等。

胡庆余堂中药博物馆分为五个部分:第一部分为陈列展厅,介绍我国历代医药名人、药物的起源、药物学的发展、中外药物交流、浙江在中国药学发展中的地位和贡献;第二部分为中药手工作坊厅及兴趣室,老药工在这里为参观者表演传统制药工艺,参观者也可以自己动手操作,体验制药乐趣;第三部分为中医保健门诊室;第四部分为药膳厅;第五部分为营业厅。游客到此,不仅可观赏也可亲身在“兴趣室”一试传统药具的操作,还可以在该馆请名家门诊、选购优质中成药产品,品尝有防病强身、延年益寿妙用的药膳风味。

(三)胡庆余堂中药博物馆之乡土特色

胡庆余堂中药博物馆是我国唯一的国家级中药专业博物馆,享有“神奇的科学殿堂,灿烂的医药文化”之誉。在这里可以了解学习大量的中药传统制药器具及中药植物、动物、矿物标本等,还可以动手操作,体验制药文化。

六、茶文化专题博物馆——中国茶叶博物馆

中国茶叶博物馆位于杭州市西湖西南面龙井路旁双峰村,建筑面积7600平方米,展览面积2244平方米,是国家旅游局、浙江省、杭州市共同兴建的国家级茶文化专题专业博物馆,1990年10月起开放。

中国茶叶博物馆作为以茶文化为主题的博物馆,建筑选址在杭州西湖龙井茶的产地双峰一带,从而设计出了茶史、茶萃、茶事、茶缘、茶具、茶俗6大相对独立而又相互联系的展示空间,从不同的角度对茶文化进行诠释,起到了很好的展示效果。

一号楼为陈列大楼,设5个展厅。茶史厅介绍中国茶叶生产、茶文化的发展史,茶萃厅展出中国名茶和国外茶叶的样品,茶具厅展示中国各历史时期茶具的演变和发展,茶事厅介绍种茶、制茶、品茶的科学知识,茶俗厅介绍云南、四川、西

藏、福建、广东以及明清时期的饮茶方法和礼仪，反映中国丰富多彩的茶文化。二号楼用作外宾接待和学术交流。三号楼设6个不同风格的茶室，供参观者品尝各茶系的饮茶风味。在四号楼，参观者可以欣赏到古今中外的茶艺和茶道表演。

中国茶叶博物馆建筑皆具江南园林特色，曲径假山和周围茶园相映衬，把参观者带入丰富多彩的茶文化氛围之中。

第七章　浙江乡土旅游——饮食、特产、民俗

浙江，地处长江下游，位于我国东海之滨，水道成网，素有“鱼米之乡”的美称。西南丘陵起伏，盛产山珍野味，东部沿海渔场密布，水产资源丰富。由于环境优越，气候湿润，土地肥沃，特产丰富，“吃”及特产的条件尤其好。几千年来，勤劳的浙江人民在这块古老的土地上，利用丰富的物产，制作出许多脍炙人口的名馔美点和特产，并形成多姿多彩的民风民俗。

第一节　鱼米之乡，山珍海味——浙江饮食

浙菜起源于新石器时代的河姆渡文化，经越国先民的开拓积累，汉唐时期的成熟定型，宋元时期的繁荣和明清时期的发展，逐渐形成与发展成为独具一格的菜系。浙菜以其丰富的烹饪资源、众多的名优特产，与卓越的烹饪技艺相结合，成为我国八大菜系之一。

一、烹饪独到，制作精细——浙江菜特色

就整体而言，浙菜有比较明显的特色风格：选料讲究，烹饪独到，注重本味，制作精细。

（一）选料讲究

浙菜讲究原料品种和季节时令，以充分体现原料质地的柔嫩与爽脆。浙菜选料讲究鲜活、用料讲究部位，遵循“四时之序”的选料原则，所用海鲜、果蔬之品，无不以时令为上，所用家禽、畜类，均以特产为多。概括而言，浙菜选料追求“细、特、鲜、嫩”。细，即精细，注重选取物料的精华部分，以保持菜品的高雅上乘；特，即特产，注重选用当地时令特产，以突出菜品的地方特色；鲜，即鲜活，注重选用时鲜蔬果和鲜活现杀的海味河鲜等原料，以确保菜品的味道纯正；嫩，即柔嫩，注重选用鲜嫩的原料，以保证菜品的清鲜爽脆。

（二）烹饪独到

浙菜以烹调技法丰富多彩闻名国内外。浙菜常用的烹调方法有 30 余类，因料施技，注重主配料味的配合，口味富有变化。其中以炒、炸、烩、熘、蒸、烧 6 类为长。在烹制河鲜、海鲜上也有许多独到之处。浙菜的炒，以滑炒见长，烹制迅速；炸，讲究外松里嫩；烩，力求嫩滑醇鲜；熘，注重细嫩清脆；蒸，讲究配料和烹制火候，主料做到鲜嫩腴美；烧，力求浓香适口，软烂入味。这些特点，都是受浙江

民众喜清淡鲜嫩的习惯影响而逐渐形成的。

(三)注重本味

浙菜口味注重清鲜脆嫩,保持原料的本色和真味。清朝杭州人李渔《闲情偶记》中曾认为“世界好物利在孤行”,意思是要吃上等原料的本味。浙江物产丰富,因此在菜名配制时多以四季鲜笋、火腿、冬菇、蘑菇和绿叶时菜等清香之物相辅佐。原料的合理搭配所产生的美味非用调味品所能及。如雪菜大汤黄鱼以雪里蕻咸菜、竹笋配伍,汤料鲜香味美,风味独特;清汤越鸡则以火腿、嫩笋、冬菇为原料蒸制而成,原汁原味,醇香甘美;火夹鱼片则是用著名的金华火腿夹入鱼片中烹制而成,菜品鲜香合一,食之香嫩清鲜,其构思真乃独具匠心。在海鲜河鲜的烹制上,浙菜以增鲜之味和辅料来进行烹制,以突出原料之本。

(四)制作精致

浙菜的菜品形态讲究,精巧细腻,清秀雅致。这种风格特色,始于南宋,经过长期的发展演变,今日的浙菜则更加讲究刀功刀法和配色选型,其所具有的细腻多变刀法和淡雅的配色,深受国内外美食家的赞赏。

二、五彩缤纷——浙菜地方风味及代表菜

浙江菜主要由杭州、宁波、绍兴、温州、金华五个地方风味组成,各自带有浓厚的地方特色。

(一)浙江菜的主流——杭州菜

杭州是历史悠久的文化古城,到唐代已成为“东南名郡”;唐宋以来经济繁荣、名人云集,特别是宋室南迁建都临安(杭州)后,吸收了北方的烹饪技术,使浙菜的烹饪技艺达到鼎盛时期。到了近代,杭菜逐渐分成“湖上帮”“城里帮”两大流派。

杭州菜是浙菜的代表与主流,名声最盛。烹饪上以爆、炒、烩、炸居多,口味上浓淡适中,略带甜味,形成清鲜、爽脆、淡雅的特点,喜欢以风景名胜命名菜肴。传统名菜有西湖醋鱼、龙井虾仁、东坡肉、宋嫂鱼羹、干炸响铃、叫花童鸡、蜜汁火方和西湖莼菜汤等。

(二)以海鲜著名——宁波菜

宁波菜又叫甬帮菜,擅长烹制海鲜,鲜咸合一,以蒸、烤、炖等技法为主,讲究鲜嫩软滑、原汁原味,色泽较浓。

宁波十大名菜为:冰糖甲鱼、腐皮包黄鱼、苔菜拖黄鱼、新风鳗鲞、雪菜大黄鱼、苔菜小方烤、蛤蜊黄鱼羹、火臆金鸡、锅烧河鳗、网油包鹅肝。

（三）历史最悠久——绍兴菜

绍兴菜是最悠久的浙江地方菜，富有江南水乡风味，作料以鱼虾河鲜和鸡鸭家禽、豆类、笋类为主，讲究香酥绵糯、原汤原汁，轻油忌辣，汁浓味重。其烹调常用鲜料配腌腊食品同蒸或炖，且多用绍酒烹制，故香味浓烈。绍兴菜有独特的乡土气息，主要表现为霉、酱、醉。

绍兴菜著名菜肴有干菜烧肉、清汤越鸡、糟熘虾仁、糟鸡、醉虾、绍兴小扣、头肚醋鱼、鉴湖鱼味、清蒸鳜鱼、鱼烧豆腐、霉苋菜梗等。

（四）融合闽浙烹艺——温州菜

温州地处瓯江下游入海处，居民自古多食海鲜，除烹食以外，平时还将鱼类干腊或盐腌之，便于久藏取食。生食海鲜是温州人饮食的一大特点，在四五千年以前已有喜食海鲜的记述。温州南与福建接壤，是浙闽两大菜系交流与融合之地，在烹制方法上受闽菜影响较大。温州菜又称“瓯菜”，以擅烹海鲜闻名，味道淡而不薄；烹调讲究“二轻一重”，即软芡、轻油、重刀工。

温州菜著名菜肴有三丝敲鱼、爆墨鱼花、锦绣鱼丝、双味蝤蛑、鸡法鱼唇、炸蛏子筒、橘络鱼脑、蒜子鱼皮、马铃黄鱼等。其中三丝敲鱼、锦绣鱼丝和爆墨鱼花并称“瓯菜三绝”。

（五）以火腿闻名——金华菜

金华菜以“火腿菜”为核心而闻名全国。如纪录片《舌尖上的中国》所描述：“金华火腿，可以分成五个部分，其中‘上方’是肉质最好的部分……用金华火腿吊出的汤，构成了一切江浙菜和传统粤菜的底……”金华火腿是金华特色风味食品，是金华市最负盛名的传统名产，金华火腿皮色黄亮、形似琵琶、肉色红润、香气浓郁、营养丰富、鲜美可口，素以色、香、味、形“四绝”闻名于世，在国际上享有盛誉。

金华菜的烹调方法，以烧、蒸、炖、煨、炸为主。仅火腿菜品种就达 300 多道，火腿菜烹饪不宜红烧、干烧、卤烩，在调配料中忌用酱油、醋、茴香、桂皮等；也不宜挂糊、上浆，讲究保持火腿独特色香味。金华菜著名菜肴有薄片火腿、火腿荷花爪、拔丝金腿、火踵神仙鸭、火腿扣肚结、八宝香肚、佛手鱼片、蝴蝶腰花、浓香鸡块、茉莉鱼丁、金丝蜜枣羹、桂花大肠、火扣园鱼、砂锅牛腩方干、火踵蹄髈等。

三、各有风味——浙江地方风味小吃

浙江风味小吃历史悠久、品种繁多，制作精细、风味各异，富有浓郁的江南地方特色。

(一)品种繁多,四季不同——杭州风味小吃

杭州风味小吃,花式品种繁多,四季时鲜不同,有三大特色。

特色一:大都取料于杭州的土特产,并往往与西湖名胜相关联。夏日游湖,可品尝西湖藕粉。秋游南山满觉陇赏桂,多到桂花厅吃一碗西湖桂花栗子羹。

特色二:岁时节令,各有时鲜美味。如春节供应各式春卷、鲜肉汤团、什锦八宝饭,清明有艾青团子,端午上市细沙或鲜肉粽,中秋制作杭式、苏式、广式月饼,重阳吃粟糕,等等。早春三月,多鱼虾鲜笋,虾爆鳝面、片儿川面、虾肉小笼应时尝新;夏日炎炎,供应薄荷糕、水晶糕、茯苓糕、肉骨头粥;三秋湖蟹肥,蟹肉小笼、蟹黄大包应市;腊月则为糯米麻糍、猪油玫瑰年糕。

特色三:历史悠久,并多伴有传说,如吴山酥油饼、油炸桧。相传岳飞被秦桧夫妇谋害后,杭州百姓人人痛恨秦桧。当年望仙桥边有家专卖油炸面食的小店,业主眼见奸臣秦桧天天坐轿,从店前而过,愤恨不已。一天,他将面食捏成人形,放入油锅,边炸边喊:“油炸秦桧,油炸秦桧!”别人问他卖什么?他随口说:“油炸桧。”从此得名。

杭州有名的风味小吃主要有吴山酥油饼、虾爆鳝面、片儿川面、猫耳朵、南方迷宗大包、葱包桧儿。

(二)色香味俱全——宁波风味小吃

宁波风味小吃种类繁多,各具特色,在长期的发展过程中,形成了自己的特色。如宁式糕点已跻身全国糕点食品12大派系之列,具有选料严、加工精、造型巧、营养丰富等特点,并且形成以酥为主,软脆分明、甜咸适宜、柔松多味的鲜明特色。宁波风味小吃可分为点心、糕饼、菜肴三类。

点心类有猪油汤团、蛋花园子、酒酿圆子、白糖方糕、多肉小笼、八宝甜羹、鲜肉馄饨、虾肉馄饨、雪菜大包、素包等上百个品种,并形成了以猪油汤团为首的包括龙凤金团、豆沙八宝饭、猪油洋酥糖、鲜肉小笼包子、烧卖、水晶油包、鲜肉馄饨、三丝宴面、豆沙圆子等10大名点。

糕饼类有宁式蛋糕、月饼、桃酥、酥饼、绿豆糕、白糖细糕、桂花软糖、冰片糕、苔生片等。

菜肴类有苔菜拖黄鱼、网油包鹅肝、海瓜子、卤汁田螺、楼茂记香干、烤泥鳅、丝粉面结、牛肉粉丝、五香豆腐、三北盐炒豆等。菜肴类小吃更以色、香、味、形备受欢迎。如有近百年历史的宁波楼茂记香干,既有别于绍兴五香豆腐干,又有别于苏州、无锡、常州一带的香干,虽其貌不扬,但风味独特。楼茂记香干取优质香干,采用特殊的工艺烤制而成,色亮、香异,韧而不坚,柔中有松,咸中透鲜,鲜中

带甜，既是下酒、下饭的佳肴，又是零食。

（三）江南水乡风味——绍兴风味小吃

绍兴人的传统饮食具有明显的越地特点，绍兴小吃富有江南水乡风味，品种繁多，比较有名的有绍兴臭豆腐、霉干菜、桂花香糕、桂花炒米糕、蜜仁糕、鱼肉皮子馄饨、重酥烧饼、花雕酒、太雕酒、腐乳、龙须糖、木莲羹、醉鱼干等等，还有与鲁迅笔下人物孔乙己紧紧联系的茴香豆，早已成为远近皆知的绍兴地方小吃。

（四）别有风味——嘉兴风味小吃

嘉兴的饮食文化源远流长，具有浓厚的江南特色，兼有杭帮菜和沪菜的特点；小吃也别有一番风味，如南湖蟹、五芳斋粽子、文虎酱鸭等，不可不尝。在一定程度上说，嘉兴因小吃而闻名，来自各地的许多人是因为五芳斋粽子而了解嘉兴。

如果说广东人以敢吃闻名，那么江南水乡人则以会吃见长。嘉兴处于江浙沪交界地区，其小吃风味，既不是苏南那种一个劲儿地甜，也不是上八府那种一个劲地咸，倒是两者中和，与上海接近。而各种小吃中显现出来的心思之灵巧，也足见江南水乡人的灵秀与聪慧。

嘉兴风味小吃中，比较有名的有五芳斋粽子、南湖菱、平湖糟蛋、乌镇寻嫂饼、乌镇三白酒等，不可不尝。

（五）品种繁多——金华风味小吃

金华的风味小吃以品种繁多最为著名，其绝佳的风味、别致的情调闻名遐迩。此外还有金华酥饼、东阳沃面、金华汤包、兰溪鸡子馃、浦江麦饼、磐安拉面、金丝蜜枣、杨梅烧酒等。

第二节　丝瓷茶酒，琴棋书画——浙江特产

食、住、行、游、购、娱是旅游活动的六要素，其中购是旅游经历的重要环节。出门旅游，不但要饱览名胜古迹，领略当地风土人情，使自己得到精神上的享受，而且也要关注当地的经济发展，了解并购买当地著名的特产，使自己得到物质上的满足。

浙江历史悠久，特产丰富，92%的市县盛产茶，有杭州龙井绿茶、顾渚紫笋茶、余杭径山茶、景宁惠明茶、金华茉莉花茶等上品；全省85%的县市产桑产蚕，尤其是杭嘉湖地区；浙江是我国丝绸重点产区和出口基地，品种齐全、质量好，唐代即为贡品；还有许多工艺品构思奇特，风格特异，享誉国内外。

一、丝绸雕刻堆塑——闻名中外的工艺品

(一)中国国礼——丝绸绣品

1.“东方艺术之花”——杭州丝绸

杭州有“丝绸之府”之称。良渚出土的距今4700年的丝织物就已揭示了杭州丝绸的历史之久，唐代大诗人白居易“丝袖织绫夸柿蒂，青旗沽酒趁梨花”的诗句又道出了当时杭州丝绸的水准之高，旧时清河坊鳞次栉比的绸庄更见证了丝绸经济的繁荣。杭州丝绸质地轻软，色彩绮丽，早在汉代，就已通过“丝绸之路”远销国外。元代初年，意大利人马可·波罗在他的《马可·波罗游记》中盛赞杭州丝绸，使杭州丝绸享有极高的声誉。

杭州丝绸首推都锦生。都锦生丝绸厂创立于1922年，曾是中国最大的丝绸工艺品生产出口企业，主要生产风景画、台毯、靠垫、窗帘及织锦衣料，产品富丽堂皇，雍容华贵，被国际友人誉为“东方艺术之花”。如今杭州常年生产绸、缎、棉、纺、绉、绫、罗等14个大类，200多个品种，2000余个花色，图景新颖，富丽华

贵，花卉层次分明，人物栩栩如生，许多产品荣获国家部优质或省级优质产品奖，远销世界上100多个国家和地区。

2. 兼收并蓄——杭州刺绣

杭州刺绣，又名杭绣，亦称吉绣，起源于汉代，至南宋为极盛时期。当时的刺绣，一为宫廷绣，一为民间绣，前者专为皇室、内苑绣各种服饰，后者刺绣官服、被面、屏风、壁挂等。杭绣的刺绣品种很多，尤以盘金绣、包金绣、银线绣、彩丝绣等著称。盘金绣，金碧辉煌，雍容华贵；包金绣，层次分明，交相辉映；银线绣，古朴文雅，素而不俗；彩线绣，细密艳丽，形象活泼。

杭绣在刺绣技艺上，吸收并融合苏、湘、蜀、粤四大名绣之长，绣法多变，形成了自己的独特风格。杭绣的图案设计，内容大多取材于民间喜闻乐见的龙、凤、麒麟、蝙蝠、孔雀、牡丹、寿桃、如意、八卦、西湖风景等传统图案。在装饰上运用夸张和变形的手法，也是杭绣一大特色。

3. “发绣外交”——瓯绣

瓯绣，又称画帘，是温州的传统艺术之一，产于瓯江地区，由中国传统刺绣发展而来，中国六大名绣之一，也是中国第二批国家级非物质文化遗产。制作时将毛竹刮去青皮，通过分层开片，煮熟抽丝，编织成竹帘，然后用颜料或彩线在上面制成花鸟、山水、人物等作品。

瓯绣始于一千多年前的唐代锦衣，兴盛于明清。据说瓯绣最早产生于民间善于刺绣的妇女之手，古时温州少女有“十一十二娘梳头，十二十三娘教绣”的刺绣传统，足见当时瓯绣的普遍和兴盛。早在宋、元年间，瓯越民间就盛行在鞋、帽、衣服上刺绣，这便是瓯绣。经过几百年的流传，它的色彩越来越艳，花色品种越来越多，逐渐形成在工艺上独树一帜的绣种。

瓯绣的特点是主题明了、构图简洁、针法多变、色彩绚丽、绣面光亮、针脚平齐、神韵生动。瓯绣产品分欣赏品与日用品两大类，以欣赏品为主。内容有人物、走兽、山水、风景等，尤以人物见长。一般选用老百姓喜闻乐见的吉祥图案为题材，如“八仙过海”“麻姑献寿”等。瓯绣寓大雅于大俗之中，因其人物形象传神、针法灵活多变而极富观赏、装饰和收藏价值，深受老百姓喜爱，在台湾、香港同胞以及海外侨胞中备受欢迎。光绪年间，瓯绣销往欧美与南洋各地。瓯绣还是我国出口名绣之一，不仅被国家珍藏，还被作为国礼赠送，有“发绣外交”之说。

4. 妙笔神针——宁波金银绣

宁波历史上是有名的“刺绣之乡”，曾有“家家织席，户户刺绣”的传统习惯。金银绣也称宁绣、仿古绣，顾名思义，就是广泛运用金银线作为基材、辅以各种色线的绣品。宁波刺绣工艺的历史，可追溯到唐宋，曾与苏绣、湘绣、蜀绣竞相争辉，各具特色。

明清以来，宁绣的技艺逐步提高，销路扩大，绣品选用真丝、绸缎为原料，用金银线绣在彩色平绣图案的周围，或将金银线紧密排列，布满图案的空间，使盘金与色绣融为一体，典雅古朴，色泽悦目，做工精细，富有高雅的装饰韵味。宁波的金银绣手艺源远流长，曾经辉煌一时。宁绣精美的图案，卓绝的工艺，为宁波赢来许多荣誉。现在宁波金银绣工艺品，品种繁多，畅销国内外市场。

5. 装饰人民大会堂——萧山花边

“萧山花边”，亦称“萧山万缕丝”，又名“万里斯”，是浙江著名传统手工艺品，因产于萧山区而得名。萧山花边是直接用线编结挑绣花边，是一种在欧洲中世纪民间刺绣的基础上，与我国民间抽纱技艺交融发展起来的抽纱刺绣。

萧山花边构图严谨，工艺针法多样，编结精细，色彩素雅。萧山花边艺术特点是简朴中求繁复，素雅中求华丽，引人入胜。它质量要求极高，花样要求平整均匀，拼接要平妥不露针迹，整烫要无皱纹，色泽要一致无污渍。

以自然风景为题材是萧山花边的艺术特色。北京人民大会堂浙江厅的巨幅万缕丝花边窗帘、宁夏厅的花边窗帘和 1980 年为杭州机场国宾室创制的“西湖风景”窗帘，都是萧山花边的代表杰作，展现了西湖山明水秀的美丽景色。

1972 年，为迎接美国总统尼克松访华，当时的萧山花边厂为杭州机场贵宾室绣制了大型西湖全景窗帘，高达 6 米，宽 18 米，用线 12 万支(约 10 千克)，手工挑绣达 3000 多万针。1979 年为北京人民大会堂浙江厅创制的窗帘，显示了桃花盛开，春燕飞翔的江南春色。萧山花边 1979 年荣获国家金质奖章，1986 年、1988 年获中国工艺美术百花奖金奖。

6. “丝织工艺之花”——湖州绫绢

湖州绫绢与湖笔、湖州羽毛扇称为湖州工艺品中的“三朵金花”。湖州绫绢是历史悠久的传统工艺品，素以轻如蝉翼、薄如晨雾、质地柔软、色泽光亮著称，被誉为“丝织工艺之花”。湖州市双林镇，自唐代以来就是著名的绫绢产地，直到清代，这里出产的绫和绢仍是皇宫里的专用品。

绫绢用纯桑蚕丝织制而成，又有“凤羽”之美称。“绫绢”是绫与绢的合称。“花者为绫，素者为绢”。绢主要用于代纸作画写字，绫主要用于装裱书画。由于绫的缩水率与宣纸基本一致，具有装裱平挺、缩水率小、纬密均匀、不易露底、色雅耐晒等优点，故用绫装裱字画，画面能不打皱、不起翘，显得坚挺优雅。尤其名贵书画，一经绫绢裱装，在艺术上更显完美，顿时身价百倍。现在，绫绢还被用来做民族、戏剧服装，制作宫灯、灯罩、风筝、屏风、绢花等工艺美术产品，糊饰精美的工艺品锦匣和高级楼堂宾馆饭厅的内壁等。

（二）“三雕一塑”——雕刻工艺品

1.“国之瑰宝”——东阳木雕

东阳木雕因产于东阳而得名，东阳木雕与青田石雕、黄杨木雕、瓯塑并称“浙江三雕一塑”。相传早在1000多年前，东阳人就开始其木雕的历史，他们世代相传，创造了众多的千古佳作，造就了上千的木雕艺人，从而成为著名的“木雕之乡”。东阳木雕是以平面浮雕为主的雕刻艺术，其多层次浮雕、散点透视构图、保留平面的装饰，形成了自己鲜明的特色。又因其色泽清淡，保留原木天然纹理色泽，格调高雅，称为“白木雕”（示以木材的天然色泽，不同于彩绘）。东阳木雕自唐至今已有千余年的历史，是中华民族最优秀的民间工艺之一，被誉为“国之瑰宝”。

东阳木雕约始于唐，发展于宋代，鼎盛于明清。辛亥革命以后，东阳木雕转向商品性，木雕艺人制作的工艺品及箱柜家具被商人买去远销中国香港、美国、南洋等地，形成东阳木雕产品的盛期。抗日战争时期和国内革命战争时期，东阳木雕曾一度凋零，产品滞销，艺人失业。中华人民共和国成立以后，党和政府把流散在各地的木雕艺人组织起来，成立了合作社。1954年又成立了东阳木雕厂，产品远销欧美、东南亚等80多个国家和地区。至今东阳木雕已发展到7大类3600多个品种。

2.古朴典雅——黄杨木雕

黄杨木雕因所雕刻木材是黄杨木而得名。黄杨木生长缓慢，四五十年直径仅有15厘米左右，所以有“千年难长黄杨木”“千年黄杨难做拍”（乐器中的一种拍子）的说法。温州市乐清市是浙江黄杨木雕发源地。黄杨木雕以黄杨木做雕刻材料，利用黄杨木的木质光洁、纹理细腻、色彩庄重的自然形态取材。黄杨木料为乳黄色，作品上漆初呈姜黄色，后变橙黄色，时间愈久，其颜色由浅而深，逐渐变成红棕色，给人以古朴典雅的美感，更是珍贵。

黄杨木雕最早作为立体雕刻的工艺品单独出现，供人们案头欣赏，目前有实物可查考的是元代至正二年（1342）的“李铁拐”像，现保存在北京故宫博物院。明清时期，黄杨木雕已经形成了独立的手工艺术风格，并且以其贴近社会的生动造型和刻画人物形神兼备而受到人们的喜爱，内容题材大多表现中国民间神话传说中的人物，如八仙、寿星、关公、弥勒佛、观音等。晚清、民国以后的黄杨木雕圆雕小件以其古朴而文雅的色泽、精致而圆润的制作工艺，且适宜把玩和陈设等特点,一直深受收藏者的喜爱,而朱子常的黄杨木雕作品更是收藏界梦寐以求的精品。

3.“在石头上绣花”——青田石雕

所谓青田石雕,是指以青田石为材料雕制而成的中国传统工艺品。青田石产于青田县,这里历来被人们称为“中国石雕之乡”。青田石雕以其秀美的造型和精湛的工艺,广为人们所喜爱,享有“在石头上绣花”的人间美誉。

青田石雕是民间艺术宝库中一颗璀璨的明珠,其历史悠久,有着6000年的历史和旺盛生命力。青田石是“中国四大名石”之一,作为主流印石,其素有“图书石”的美称,而作为传统工艺美术奇葩的青田石雕,则因其风格写实而尚易,精妙而大器,自成流派,素有“天下第一雕”之美誉。雕艺人根据石材的特点展开构思,因材施艺,依色取俏,化腐朽为神奇,使青田石雕具有独特的艺术魅力。现在可以查证的最早作品是1989年江西新干县出土的吴越文化的文物——殷商时期的“玉羽人”。该文物系青田石雕刻,枣红色,通高115厘米,造型奇巧,刻工精细,是一件不可多得的艺术珍品。

青田石雕受世人青睐,不仅因为雕艺精湛,更因为它的载体青田石的名贵。一位诗人题诗赞青田封门冻石:“阅尽封门亿万春,修成正果赛黄金。女娲遗石今犹在,玉洁冰清似佳人。”

4.“彩色浮雕”——温州瓯塑

温州瓯塑,俗称彩色油泥塑,又称“彩色浮雕”,是温州独有的民间艺术和传统工艺美术品。它是以桐油和泥碾细合成为原料,运用堆塑技艺的手法,用于装饰寺院、庙宇门壁和民间嫁妆品。瓯塑源于汉代,由中国漆器艺术中的堆漆工艺发展演化而成,色彩丰富,技法繁多,题材广泛,规格不限,广泛应用于建筑浮雕、壁画、装饰图案及艺术挂件等。

瓯塑具有构图自由,层次清晰,色彩明快,立体感强的特点。画面色彩明快,构图格局自由,层次清晰,立体感强,多用于大插屏、挂屏、多扇联屏、挂钟及小首饰箱,内容有花鸟、山水和戏曲人物等。新瓯塑技艺的一个鲜明特征,是把雕塑、绘画两种不同特点的艺术,有机地结合起来,兼具圆雕和浮雕的长处。它又吸收了西洋和中国绘画方面的技法,特别是西洋画的用光线、色彩的原理表示立体、空间、质感等,熔雕塑、绘画特长于一炉,融会贯通,别具一格。

二、历史悠久,名茶辈出——浙江十大名茶

浙江是中国最大的产茶省份之一,名茶历史源远流长。早在公元前5世纪,

浙江已设有专业贡茶的御茶园。后经唐、宋、元、明、清的发展，涌现出以西湖龙井为代表的一批誉享天下的茶叶名品。第一届浙江十大名茶是：大佛龙井、开化龙顶、安吉白茶、武阳春雨、西湖龙井、金奖惠明茶、松阳银猴、望海茶、绿剑茶、径山茶。

(一)"茶中绝品"——西湖龙井

西湖龙井茶的历史，最早可追溯到唐代。当时著名茶圣陆羽，在所撰写的世界上第一部茶叶专著《茶经》中，就有杭州天竺、灵隐二寺产茶的记载。西湖龙井茶之名始于宋，闻于元，扬于明，盛于清。在这1000多年的历史演变过程，西湖龙井茶从无名到有名，从老百姓饭后的家常饮品到帝王将相的贡品，从汉民族的名茶到走向世界的名品，开始了它的辉煌时期。

关于西湖龙井，流传有这样一个传说。据说在宋代时，有一个叫"龙井"的小村，村里住着一个靠卖茶为生的老太太。有一年，茶叶质量欠好，卖不出去，老太太简直断炊。一天，一个老叟走进来，他在宅院转了转，说要用五两银买下放在墙角落的破石臼。老太太正愁没钱，便爽快地容许了。老叟十分高兴，叫老太太别让其他人动，待会他就带人来抬。老太太想，这轻易地就能得5两银子，总得让人家把石臼干干净净地抬走。所以她便把石臼上的尘土、腐叶等扫掉，堆了一堆，埋在茶树下边。过了一会，老叟还真带着几个牛高马大的小伙子来，一看干干净净的石臼，忙问石臼上的杂物哪去了。老太太照实相告，哪知老叟沮丧地一跺脚："我花了五两银子，买的就是那些废物呀！"说完拂袖而去。老太太眼看着白花花的银子从手边溜走，着实烦闷。可没过几天，奇观发生了：那十八棵茶树新枝嫩芽一齐涌出，茶叶又细又润，沏出的茶幽香怡人。这消息一时间传遍了西子湖畔，许多同乡前来采办茶籽。渐渐地，龙井茶便在西子湖畔栽培开来，"西湖龙井"也因此得名。

龙井茶叶，虎跑水，向来有"西湖双绝"之誉。西湖龙井茶是我国享誉世界的著名特产，被誉为中华民族的瑰宝，堪称"茶中绝品"，位居中国十大名茶之首。素以色绿、香郁、味醇、形美"四绝"闻名于世，有"绿色皇后"之美誉。

杭州西湖周围的群山，素以出产名茶著称。历史上西湖龙井茶有"狮""龙""云""虎"四个类别，现归为"狮""龙""梅"三个品类，其中以狮峰龙井为第一。据现代科学分析，龙井茶所含氨基酸、叶绿素、维生素C等成分，要比其他茶叶多，对人体健康特别有益。

(二)径山香茗——天目龙井

径山茶产于海拔600多米高的余杭径山，又名径山毛峰茶。据《余杭县志》

记载，径山茶由开山祖师法钦亲手所植，专以供佛。它闻名于唐宋，从宋代起被列为“贡茶”，据说苏轼兄弟和书法家蔡襄等都去径山品尝过新茶。开庆元年(1259)日本佛教高僧南浦昭明禅师曾于径山寺研究佛学，把茶叶和饮茶器皿、礼节传入日本，是为日本茶道文化之肇始。

径山茶具有条索纤细、色泽翠绿、清香爽口等特点，曾有“天目龙井”之美誉。随着茶文化研究的兴起，径山香茗再次名播寰宇。

(三)名茶三珍——大佛龙井

大佛龙井产于中国名茶之乡——绍兴新昌县，主要分布于海拔 400 米以上的高山茶区。产品选用高山无公害良种茶园的幼嫩芽叶，经摊放、杀青、摊凉、辉干、分筛整形等工艺精制而成。其外形扁平光滑、尖削挺直，色泽绿翠匀润，香气嫩香持久、略带兰花香，滋味鲜爽甘醇，汤色黄绿明亮，叶底细嫩成朵、嫩绿明亮，形成“形美、色翠、香郁、味甘”品质四绝的龙井茶，具有典型的高山茶风味。

关于大佛龙井的来历，还有一个美丽的传说。很早以前有一妇人住新昌大佛寺旁的大佛寺村，一天夜里去大佛寺祀梦，忽见大佛起身走到大殿外摘了些树芽泡饮，芳香扑鼻。妇人醒来找到这些茶树，依法采制泡饮，果然香高味醇，因此被称为“大佛茶”。

大佛龙井茶生长于唐朝诗仙李白曾经为之梦游的新昌境内，在环境秀丽的高山云雾之中，采用西湖龙井茶优良茶种嫩芽精制而成，品质超凡，嫩香持久沁人，具有典型的高山风味。大佛龙井茶属国家原产地域保护产品，1995 年荣获中国科技精品博览会唯一的金奖，为我国名茶三珍。

(四)后起之秀——安吉白茶

安吉县，位于浙江省北部，这里山川隽秀，绿水长流，是中国著名的竹子之乡。白茶为六大茶类之一，但安吉白茶是用绿茶加工工艺制成，属绿茶类，其白色，是因为其加工原料采自一种嫩叶全为白色的茶树。安吉白茶，为浙江名茶的后起之秀。

安吉白茶树为茶树的变种，极为稀有。春季发出的嫩叶纯白，在“春老”时变为白绿相间的花叶，至夏才呈全绿色。如此珍奇的茶树品种，孕育出品质超群绝伦的安吉白茶，使中国的茶类百花园更为多姿多彩。

安吉白茶色、香、味、形俱佳，在冲泡过程中必须掌握一定的技巧才能使品饮都充分领略到安吉白茶形似凤羽、叶片玉白、茎脉翠绿、鲜爽甘醇的视觉和味觉的享受。冲泡安吉白茶选用境内黄浦江源头水是最佳选择。由于安吉白茶原料细嫩，叶张较薄，所以冲泡时水温不宜太高，一般掌握在 80—85℃ 为宜。冲泡时应选用透明玻璃杯或透明玻璃盖碗。通过玻璃杯可以尽情地欣赏安吉白茶在水中千姿百态,品其味、闻其香,更能观其叶白脉翠的独特品格。

安吉白茶应分批多次早采、嫩采、勤采、净采。明前茶要求一芽一叶,芽叶成朵,大小均匀,留柄要短,轻采轻放,竹篓盛装,竹筐贮运。

(五)卓尔不群——武阳春雨

"一夕轻雷落万丝",武阳春雨茶产于浙中南"中国有机茶之乡"武义县。武义地处浙中南,境内峰峦叠嶂,山清水秀,四季分明,热量充足,无霜期长,优越的自然环境造就了武阳春雨茶纯天然、无污染的先天品质。其形似松针细雨,色泽嫩绿稍黄,滋味甘醇鲜爽,具有独特的兰花清香。茶叶自然品质"色、香、味、形"独特,在历史上享有盛誉。

武阳春雨茶产自浙江武义俞源海拔千米的九龙山一带,茶园终年云雾缭绕,空气清新。武阳春雨茶秉承千百年传统制茶工艺,加之现代科技精心培育制作,更使"武阳春雨"茶品质不同凡响。细紧略卷曲、显毫、匀整洁净、翠绿鲜润,汤色浅绿明亮,香高味浓,耐冲泡。它有提升元气,提神解乏,消除疲劳,生津止渴,爽身醒目,解暑去烦的作用。

(六)仙茶——金奖惠明茶

金奖惠明茶主要产自景宁畲族自治县红垦区赤木山惠明寺及际头村附近,是浙江传统名茶、全国重点名茶之一,于明成化年间列为贡品,曾获巴拿马万国博览会金质奖章和一等证书。

惠明茶历史悠久。据《景宁县志》记载:唐大中年间(847—859),景宁已种植茶树。咸通二年(861),惠明和尚建寺于南泉山(今鹤溪镇惠明寺村,寺因僧名,村以寺名),并在寺周围栽植茶树。此处所产茶叶品质优异,亦因僧名称惠明茶,迄今已有1100余年的种植历史。现今寺右尚有一株古茶树。此茶叶芽乳白带淡黄,冲泡后又呈白色,色、香、味俱佳,人称"白茶""仙茶""兰花茶"。

惠明茶成茶外形肥壮紧结略扁,所用鲜叶为芽头肥大、叶张幼嫩、芽长于叶的一芽一叶,叶芽稍有白毫,乳白中带淡黄,冲泡后又呈白色,人称白茶。成品纤秀细紧直略扁,稍有白毫,色绿润;兰花香高而持久,汤色嫩绿清澈明亮,滋味鲜爽醇和;叶底单芽细嫩完整、嫩绿明亮。冲泡后有兰花香味,水果甜味,有"一杯淡,二杯鲜,三杯甘醇,四杯韵犹存"之说,味浓持久,回味鲜醇香甜,正是高雅名茶之特色。

(七)高山云雾——望海茶

望海茶产于天台山余脉、国家级森林公园宁海南溪温泉名山之巅——千米高山望海岗。晴好时日，登高远眺，可见东海樯桅点点，影影绰绰，海天相连，风光无限……望海岗由此得名。茶以山名，故名望海茶。

望海茶茶园多分布于海拔 900 多米的高山上，四季云雾缭绕，空气温和湿润，土壤肥沃，生态环境特别适合茶树生长。受云雾之滋润，集天地之精华，望海茶外形细嫩挺秀，色泽翠绿显毫，香气清香持久、滋味鲜爽回甘，汤色清澈明亮，叶底芽叶成朵，嫩绿明亮，尤其以干茶色泽翠绿、汤色清绿、叶底嫩绿的“三绿”特色，以及耐储藏的高山云雾茶之独特内韵，使其独树一帜。

（八）“茶中瑰宝”——松阳银猴

松阳产茶历史悠久。松阳银猴产于松阳县瓯江上游古市区半古月“谢猴山”一带，产地境内卯山、万寿山、马鞍山、箬寮观，群山环抱，峰岭逶迤，云雾缥缈，溪流纵横交错，气候温和，年均气温 17.7℃，无霜期达 240 天，雨量充沛，年降雨量为 1511 毫米，土壤肥沃，土层深厚，有机质含量丰富，茂木苍翠，山下溪流纵横，瓯江蜿蜒其间，生态环境优越。得天独厚的生态环境，为形成银猴茶品质提供了先天条件。

松阳银猴因条索卷曲多毫，形似猴爪，色如银而得名。银猴茶采制技术精巧。开采早，采得嫩，拣得净是银猴茶的采摘特点。炒制工艺主要分头青、揉捻、二青、三青、干燥等五道工序。炒制特点是高温杀青，揉炒结合，慢速轻炒，边炒边整，烘焙足干。成品条索粗壮弓弯似猴，满披银毫，色泽光润；香高持久，滋味鲜醇爽口，汤色清澈嫩绿；叶底嫩绿成朵，匀齐明亮。饮之心旷神怡，回味无穷，被誉为“茶中瑰宝”。

（九）西施故里茶——绿剑茶

绿剑茶，主产于西施故里诸暨市西部的龙门山脉和东南部的东白山麓。龙门山、东白山主峰均高 1000 多米，四周峰峦起伏连绵，云深林密，终年白云缭绕，漫射光多，清澈明净的山涧流水终年不断。土壤由凝灰岩、流纹岩、花岗岩等发育而成，质地以黏质壤土为主，土质肥沃，结构良好，有机质含量丰富，茶区就分布在这优越的自然环境中。产区雨量充沛，年降雨量为 1500 毫米，年平均温度 16.5℃，全年无霜期 230 天。良好的气候和土壤条件，为绿剑茶的色、香、味、形俱佳奠定了基础。

制作绿剑茶的茶树品种以上叶种为主，一般在 3 月下旬开采，采摘标准为尚未展开的壮实芽头，要求芽头肥壮匀齐，色泽嫩绿，不采病虫芽、紫芽、冻伤芽，不带鱼叶，且芽头完整，新鲜洁净。采下的茶芽，及时薄摊在洁净的竹匾或竹帘上。绿剑茶的制作以手工与机械相结合，全程分杀青、烘二青、复炒、辉干等四道工序。

绿剑茶外形和风味独特,成品茶形如绿色宝剑,坚挺有力,色泽嫩绿,汤色清澈明亮,冲泡时芽头耸立,犹如绿剑群聚,栩栩如生,赏之心旷神怡,品之回味无穷。

(十)优质名茶——开化龙顶

开化龙顶简称龙顶,产于开化县齐溪镇的大龙村、苏庄乡的石耳山、溪口乡的白云山等地。开化出好茶历史悠久,龙顶茶自明朝崇祯年间就被列为贡品,每当清明前夕得用快马飞舟送至京城,给皇帝、大臣们享用,深受宠爱。

开化龙顶属于高山云雾茶,其外形紧直挺秀,白毫披露,芽叶成朵,非常耐看。“干茶色绿,汤水清绿,叶底鲜绿”,此三绿为龙顶茶的主要特征。品龙顶茶宜用玻璃杯,用80℃左右开水冲泡(先水后茶),只见芽尖从水面徐徐下沉至杯底,小小蓓蕾慢慢展开,绿叶呵护着嫩芽,片片树立杯中,栩栩如生,煞是好看。闻其幽香,啜其玉液,甘鲜醇爽,清高醉人。

三、江南风味——浙江名酒

黄酒是浙江最主要的酒类品种。黄酒属于酿造酒,在世界三大酿造酒(黄酒、葡萄酒和啤酒)中占有重要的一席。黄酒酿酒技术独树一帜,成为东方酿造界的典型代表和楷模。黄酒是以稻米为原料酿制成的粮食酒,它没有经过蒸馏,酒精含量低于20%。不同种类的黄酒颜色亦呈现出不同的米色、黄褐色或红棕色。以绍兴黄酒为代表的麦曲稻米酒是黄酒历史中最悠久、最有代表性的产品。浙江名酒主要有绍兴加饭酒、绍兴女儿红、嘉善黄酒、致中和五加皮酒、金华寿生酒、温州红娘酒、三蛇酒、南浔酒。

(一)老酒佳品——绍兴加饭酒

绍兴加饭酒古称“山阴甜酒”“越酒”,距今已有2300多年的酿造历史。据史书记载,春秋战国时期绍兴即开始酿酒,南北朝时已很有名气。梁元帝萧绎(508—554)写的《金楼子》一书中记载,他小时读书,“有银瓯一枚,贮山阴甜酒”。李白几次到绍兴饮酒作诗,他在追忆好友贺知章的一诗里写道:“四明有狂客,风流贺季真。长安一相见,呼我谪仙人。昔好杯中酒,今为松下尘。金龟换酒处,却忆泪沾巾。”

宋代以来,江南黄酒的发展进入了全盛时期,尤其是南宋政权建都于杭州,绍兴与杭州相距相近,绍兴酒有较大的发展,当时的绍酒名酒中,首推“蓬莱春”为珍品。南宋诗人陆游的诗句中,不少都流露出对家乡黄酒的赞美之情。清代是绍兴酒的全盛时期,酿酒规模在全国堪称第一,行销全国,甚至还出口到国外。绍兴酒几乎成了黄酒的代名词。

目前,绍兴黄酒在出口酒中所占的比例最大,产品远销到世界各国。绍兴酒酿酒总公司所生产的品种很多,现代国家标准中的黄酒分类方法,基本上都是以绍兴酒的品种及质量指标为依据制定的。其中绍兴加饭酒在历届名酒评选中都榜上有名。

绍兴加饭酒,顾名思义,是在酿酒过程中,增加酿酒用米饭的数量,相对来说,用水量较少。它选用优质糯米、曲和鉴湖水为原料,采取独特的工艺,用摊饭法精制而成,酒质醇厚,风味优美,是“绍兴老酒”中佳品。

绍兴加饭酒色泽橙黄清澈,香气芬芳浓郁,滋味鲜甜醇厚,具有越陈越香,久藏不坏的特点。酒液深黄带红,透明晶莹,有十分突出的芳香。糖分高于元红酒,味醇厚,微带鲜甜,具有色、香、味俱佳之独特风味。酒度为 18 度左右,总酸在 0.45%以下,糖分在 2%,属半干酒类。加饭酒营养价值高,饮时微加温,可增进食欲,帮助消化,消除疲劳。该酒还可作料酒,使菜肴更加鲜美可口。

绍兴酒成为酒中珍品原因有三:一是选料精良,绍兴人酿造黄酒,非用精良糯米不可;二是拥有得天独厚的鉴湖水质条件,鉴湖之水,来自崇山峻岭,经过砂石岩土层层过滤,水质特别好;三是世代相传的独特精湛的酿酒工艺。

(二)愈陈愈香——绍兴女儿红

绍兴女儿红,又叫状元红、花雕酒,为绍兴黄酒的一种。据古书记载,“女儿酒为旧时富家生女、嫁女必备之物”,说起这个名字,还有一个故事。

从前,绍兴有个裁缝师傅,取了妻子就想要儿子。一天,发现妻子怀孕了,他高兴极了,兴冲冲地赶回家去,酿了几坛酒,准备得子时款待亲朋好友。不料,他妻子生了个女儿。当时,社会上的人都重男轻女,裁缝师傅也不例外,他气恼万分,就将几坛酒埋在后院桂花树底下了。光阴似箭,女儿长大成人,生得聪明伶俐,居然把裁缝的手艺都学得非常精通,还习得一手好绣花,裁缝店的生意也因此越来越旺。裁缝一看,生个女儿还真不错嘛!于是把女儿嫁给了自己最得意的徒弟,高高兴兴地给女儿办婚事。成亲之日摆酒请客,裁缝师傅喝酒喝得很高兴,忽然想起了十几年前埋在桂花树底下的几坛酒,便挖出来请客。结果,一打开酒坛,香气扑鼻,色浓味醇,极为好喝。于是,大家就把这种酒叫为“女儿红”酒,又称“女儿酒”。

此后,隔壁邻居,远远近近的人家生了女儿时,就酿酒埋藏,嫁女时就掘酒请客,形成了风俗。后来,连生男孩子时,也依照着酿酒、埋酒,盼儿子中状元时庆贺饮用，所以，这酒又叫“状元红”。“女儿红”“状元红”都是经过长期储藏的陈年老酒。这酒实在太香太好喝了，因此，人们都把这种酒当名贵的礼品来赠送。

女儿红酒是一种具甜、酸、苦、辛、鲜、涩六味于一体的丰满酒体，加上有高出其他酒的营养价值，因而形成了澄、香、醇、柔、绵、爽兼备的综合风格。色泽主要呈琥珀色，即橙色，透明澄澈，纯净可爱，使人赏心悦目，有诱人的馥郁芳香，而且往往随着时间的久远而更为浓烈。

（三）滋补佳品——致中和五加皮酒

公元 1763 年即清乾隆二十八年，安徽药商朱仰懋来到建德，对当地土制的五加皮酒进行精心研究后，选优汰劣，集百家之长，设坊批量生产五加皮酒，并取《中庸》一书中的“致中和，天地位焉，万物育焉”之意为事业抱负，以“致中和”为店号，严格配方，精心酿制，创制出了远近闻名的致中和五加皮酒。1876 年，“致中和五加皮”因其酒色如榴花，酒香如蕙兰，入口醇厚甘甜，金黄挂杯品等特色被行内人士推崇为世界四大区域特色名酒。至此，致中和五加皮酒誉满海内外。

致中和五加皮酒选用五加皮、当归、党参、地榆、山柰、砂仁、玉竹等 29 味名贵中药材，经特酿白酒浸泡后，添加糯米密酒、白糖、蜂蜜，采用独特的“九酝发酵，四度浸药”酿造工艺与千岛湖泉水精制而成。致中和五加皮酒色如榴花，香比蕙兰，金黄挂杯。饮之舒畅开怀，能吸收最自然的营养成分，有助于增强人体的免疫力，可谓集酒类之醇美与滋补品之保健于一体。

致中和五加皮酒入口醇厚甘甜，回味绵长，始喝稍有药味，慢慢品尝回味无穷。歌谣“色如榴花重，香比蕙兰浓，甘醇醉太白，益寿显神功”就是几百年前人们对它的最高赞誉。该酒具有活血、抗寒、祛风湿、消疲解乏、添精补髓、补气神的保健养生功效，对风湿、关节炎、腰酸背疼、四肢乏力、手脚冰凉、睡眠不好、精神不佳均有良好的作用，男女皆宜，四时无忌。

（四）色味两绝——金华寿生酒

寿生酒是金华一带的传统名酒。金华寿生酒与金华火腿齐名，距今已有 700 多年的历史。寿生酒早在南宋即为世所重，南宋《武林旧事》中就有“金华造酒近时京师嘉尚”的叙述，而《苕溪酒隐丛活》中更有“江南人家造红酒色味两绝”的感叹。明朝中叶，寿生酒几乎达到了全盛时期，明代《酒史》记“晋字金华酒”。几百年来，寿生酒风靡一方，享有盛誉。

寿生酒以精白糯米为原料，兼用红曲、麦曲的糖化发酵剂，采用“喂饭法”分缸酿造，经过 20 多道独特的加工工序精制而成。在生产过程中，不论是制红曲、麦曲或“喂饭”等操作工序都有其特定要求。生产季节也仅限于冬至至立春前，采用冬浆冬水，因而风味别具一格。

其酒色橙黄清亮，既有红曲酒的色和味，又有麦曲酒的香和美，醇香可口。寿生酒液色金黄鲜亮，香味浓郁醇美，过口余香爽适，既具红曲酒之色、味，又兼麦曲酒之鲜醇，沁人心脾，余味无穷。

（五）温州红娘酒

红娘为葫芦科苦瓜属植物中的一种，其成熟果实为红色纺锤形，《中华大药典》中称红姑娘，温州人称红娘。红娘的果实营养价值很高，含有丰富的蛋白质、糖与维生素 A、B、C。现代科学研究还发现其果实中含有的苦瓜甙与多种氨基酸，为人体不可缺少的营养成分。以红娘果实为配料精制而成的酒，取名为红娘酒。

红娘酒药用价值很高，有滋肝润脾肾，清热解毒，清心明目，益气壮阳之功效。现代医学研究发现，其具有抗癌、抗艾滋病，防治糖尿病的药用功效，在温州民间，还被用来治疗牙周炎、咽喉炎等病。红娘酒不但保留了其有效成分，而且使之更易被人体吸收，是传统的酿酒技术与中医理论结合的结晶。

四、青瓷遍布——浙江名瓷

中国古代劳动人民制作瓷器的历史悠久，品种繁多。早在商周时期就出现了原始青瓷，历经春秋战国时期的发展，到东汉有了重大突破。三国两晋南北朝后，南方和北方所烧青瓷开始各具特色。南方青瓷，一般胎质坚硬细腻，呈淡灰色，釉色晶莹纯净，常用类冰似玉来形容。北方青瓷胎体厚重，玻璃质感强，流动性大，釉面有细密的开片，釉色青中泛黄。

浙江是中国古代青瓷的发源地和主要产区，在绵延几千年的烧造历史中，出现了越窑、瓯窑、婺州窑、德清窑、龙泉窑和南宋官窑等著名窑口，对全国的制瓷业产生了巨大而深远的影响，在中国陶瓷史上占有重要的地位。

（一）“瓷国明珠”——龙泉青瓷

龙泉青瓷的烧制始于 1700 多年前，宋代达到鼎盛。龙泉青瓷极具典雅、端庄、古朴、青淳之特色，以瓷质细腻、线条明快流畅、造型端庄浑朴、色泽纯洁斑斓著称于世。2003 年，原国家质检总局批准对“龙泉青瓷”实施原产地域产品保护；2006 年，龙泉青瓷传统烧制技艺经国务院批准列入第一批国家级非物质文化遗产名录；2009 年，龙泉青瓷传统烧制技艺被联合国教科文组织保护非物质文化遗产政府间委员会列入“人类非物质文化遗产代表名录”，是全球第一个也是唯一入选的陶瓷类项目。

1. 青瓷名窑——龙泉窑

龙泉位于浙江西南部，毗邻福建、江西。境内丛山耸峙，溪流纵横，风光秀美，瓷土资源蕴藏丰富，山高林密，燃料充足。龙泉溪位于瓯江上游，水运畅通，烧制成的龙泉青瓷通过水运直抵温州港口。优越的自然环境为龙泉窑生产青瓷提供了十分便利的条件。

文物普查发现，仅龙泉市境内就有 360 多处烧制青瓷的古代窑址，这个庞大的瓷窑体系史称龙泉窑。龙泉窑是中国乃至世界陶瓷史上烧制年代最长、窑址分布最广、产品质量要求最高、生产规模和外销范围最大的青瓷历史名窑之一。

龙泉窑烧制的龙泉青瓷是中国国制瓷史上一颗璀璨的明珠，有着“质如玉、亮如镜、声如磬”的美誉。龙泉青瓷不仅是皇宫的贡品，而且是中国对外经济、文化交流的世界性商品。

龙泉青瓷分哥窑和弟窑两种类型。哥窑与弟窑最大的区别就是，哥窑是开片瓷，即青瓷表面有像裂痕的纹路，这种片纹是因胎体膨胀系数大于釉的膨胀系数，在烧窑冷却时出现的，本是一种缺陷，却产生金丝铁线的特殊装饰效果，而弟窑是不开片瓷。由此，有人依其外形之不同，言说哥窑因其碎纹而具有悲剧的美学特性，弟窑因无碎纹是一种喜剧的美学意味。

2. “金丝铁线”——哥窑

龙泉哥窑瓷品以紫口铁足、釉裂成纹幻变见长，釉层饱满丰厚，釉色清灰淡雅，素有“金丝铁线”之美称，瓷器古色古香，庄重典雅，因此被视为瓷中珍品，列为宋代五大名窑之一。

哥窑出现于南宋中晚期，与著名的官、汝、定、钧并称为宋代五大名窑，特点是“胎薄如纸，釉厚如玉，釉面布满纹片，紫口铁足，胎色灰黑”。哥窑以瑰丽、古朴的纹片为装饰手段，如冰裂纹、蟹爪纹、牛毛纹、流水纹、鱼子纹、膳血纹、百圾碎等加之使其釉层饱满、莹洁，与釉面纹片相映，更显古朴典雅。此类产品以造型、釉色及釉面开片取胜，因开片难以人为控制，裂纹无意而自然，天工造就，更符合自然朴实、古色古香的审美。

哥窑青瓷中以冰裂纹为最美，它创意独特，如片片透明的冰，自然裂纹如冰互相碰裂状。裂缝深粗，如鱼鳞，又如同梅花片片，层层叠叠，具有较强的立体感。冰裂纹远古曾经有过，近代没再出现。古人道：“官窑品格，大率与哥窑相同，色到粉青为上，淡白次之。油灰色，色之下也。纹取冰裂鳝血为上，梅花片墨纹次之，细碎纹，纹之下也。”可见它的独特裂纹早就为古人们所关注，其天然而又不需雕饰的自然之美博得了世人的喜爱，也在古人的眼里成为青瓷上品中的极品。

3.“青瓷之花”——弟窑

龙泉弟窑则以晶莹润泽的青釉闻名天下。白胎厚釉，釉层丰厚，光泽柔和，蕴润如美玉，其有棱线处，微露白痕为“出筋”，脚呈红色为“朱砂底”，被誉为“青瓷之花”。

弟窑胎白釉青，釉色以粉青、梅子青为最，豆青次之，被誉为民窑之巨擘。弟窑青瓷釉层丰润，釉色青碧，光泽柔和，晶莹滋润，胜似翡翠。青翠的釉色，配以橙红底足或露胎图形，产生赏心悦目的视觉效果。从南宋中晚期起，尤其是在元代，露胎在作品大量出现，常见于人物塑像的脸、手、足等，盘类器物内底的云、龙、花卉等，装饰独具神韵。

弟窑瓷以粉青、梅子青为最佳。滋润的粉青酷似美玉，晶莹的梅子青宛如翡翠。梅子青釉具有与汝窑釉色类似的美感，釉质浑厚，色如翡翠，釉层略带透明，釉面光泽照人，器如梅子初生，秀色可餐。粉青釉釉层肥厚，釉面略带乳浊呈失透状，釉色青绿粉润，釉表面光泽柔和，犹如青玉。

4.龙泉青瓷的历史传说

第一个传奇故事关于哥窑、弟窑。传说古代在龙泉曾有兄弟二人烧窑。哥哥的烧造技术比弟弟高明，招致弟弟的忌恨。为破坏哥哥的声誉，弟弟就偷偷地在哥哥配好的釉料中添加了许多草木灰，而哥哥全无察觉。烧好后开窑一看，瓷器釉全裂开了，裂得很有趣味，有的像冰裂纹，有的像鱼仔纹，还有的像蟹爪纹。心地善良的哥哥见此情景惊呆了，怎么办呢？只好拿到市场去处理，没想到一到市场，人们对这种带有裂纹的青釉瓷产生极大兴趣，一抢而空，于是哥窑便由此闻名天下。而弟弟仍烧造青釉瓷器，质量总是略逊于哥哥一筹，人们称其为弟窑。

第二个传奇故事是一个关于祭碗窑的传说。有一个善良、美丽的姑娘叫叶青姬，她的父亲叶老大带领窑工们正为窑主烧制一批宫廷祭用瓷。但是，不知道什么原因，烧了一窑又一窑，尽是些歪头斜脑的废品。眼看工期将到，窑主发怒，宫廷派来的监工更是恼羞成怒，扬言这最后一窑再不成功，就要把叶老大一家和所有窑工全部问斩。善良、刚毅的叶青姬，为了拯救父亲、家人和相濡以沫的窑工们，纵身祭窑。失去女儿的叶老大，强忍悲痛，对烧窑更加谨慎了。终于，叶老大烧出了温润如玉、清雅韵致、明滑透亮的青瓷。大家都说，这是叶青姬的化身，所以才烧出如此精品。为了纪念叶青姬，窑工们称她为“九天玄女”，世世代代供奉在自己的窑场里。同时，将贡品瓷器以龙泉方言称作“青瓷”，谐音“青姬”。

5. 古瓷焕新辉

古代，龙泉青瓷不仅行销全国各地、供宫廷御用，而且自宋代起通过陆路和海路远销亚、非、欧三大洲的许多国家和地区。正如历史地理学家陈桥驿教授所述，“一千多年以来，就是这个县份，以它品质优异的大量青瓷器，在世界各地为我们换回了巨额财富，赢得了莫大的荣誉”，“从中国东南沿海各港口起，循海道一直到印度洋沿岸的波斯湾、阿拉伯海、红海和东非沿岸……无处没有龙泉青瓷的踪迹”。明代中晚期，龙泉青瓷质量有所下降，且当时有海禁，但海外各国仍有大量需求，龙泉青瓷仍源源不断远销海外。

长期以来，龙泉瓷深受国内外人士喜爱。16 世纪晚期，当龙泉青瓷初到法国时，风趣的巴黎人将青瓷的美色与当时风靡欧洲的名剧《牧羊女亚斯泰来》中主角雪拉同的美丽青袍相比拟，称为“雪拉同”，这一雅称一直沿袭至今。迄今，土耳其伊斯兰堡博物馆还藏有中国古代龙泉青瓷 1300 余件，伊朗德黑兰博物馆、伦敦大英博物馆等世界上很多国家的著名博物馆都将收藏的青瓷视为珍宝。

龙泉窑青瓷由于时间的推移，由民间日常生活必需品一跃而成为艺术品，引起了新一波的收藏热潮。现代的龙泉青瓷忠实地继承了中国传统的艺术风格，在继承和仿古的基础上，更有新的突破，研究成功紫铜色釉、高温黑色釉、虎斑色釉、赫色釉、茶叶未色釉、乌金釉和天青釉等。工艺美术设计装饰上，有“青瓷薄胎”“青瓷玲珑”“青瓷釉下彩”“象形开片”“文武开片”“青白结合”“哥弟窑结合”等。龙泉青瓷产品种类成百上千，涉及现代与仿古的人物、动物、花瓶、挂盘、茶具、文房用具、高档茶、酒、餐饮、药品器皿、灯具及浮雕瓷画等。

龙泉青瓷蜚声海内外，不愧为中华民族艺术百花园中的一朵奇葩，是中国瓷器史上一颗闪烁的“瓷国明珠”。

(二)“母亲瓷”——越窑青瓷

据考证，青瓷的诞生始于汉代，瓷器质量以浙江的越窑最好。越窑青瓷是中国最早的“母亲瓷”，是中国历史上延续时间最长、影响范围最广、内涵最为丰富的古窑系陶瓷之一。越窑瓷器胎质细腻、釉色温润，以青翠晶莹名闻天下。早在唐代，“茶圣”陆羽在《茶经》中便将越窑列为唐代诸名窑之首。

越窑所在地主要在今浙江省上虞、余姚、慈溪、宁波等地，古属越州，故称越窑。越窑生产年代自东汉至宋，唐朝是越窑工艺最精湛时期。越窑青瓷的风靡与唐代的饮茶风尚关系十分密切，其瓷质造型，釉色之美，深受饮茶者的喜爱，饮茶风尚又影响了越窑青瓷的型制。

1."秘色瓷"——越窑青瓷概况

唐、五代时最著名的青瓷窑场和青瓷系统,在越州境内(今浙江慈溪上林湖滨湖地区),故名越窑,也称"秘色窑"。越窑所烧青瓷代表了当时青瓷的最高水平。唐代越窑青瓷已很精美,博得了当时诗人的赞美。如陆龟蒙曾赞赏越窑青瓷"九秋风露越窑开,夺得千峰翠色来"。五代吴越时期越窑瓷器已"臣庶不得用",作为吴越王钱氏御用及贡品,进贡瓷器动辄万件。入宋以后,贡瓷数量有增无减,一次进贡有多达 14 万件者。

越窑青瓷在初唐时胎质灰白而松,釉色呈青黄色。晚唐时胎质细腻紧密,胎骨精细而轻盈,釉质腴润匀净如玉,釉色为黄或青中含黄,无纹片,普遍使用素地垂直划纹的装饰方法。另有一种在器物上堆贴花卉、人物、鱼兽等方法,器物常见的有碗、盘、水盂、罐、盒等,特色器如瓷砚、执壶、瓷罂等,尤其是口唇不卷、底卷而浅腹的越瓷瓯,风靡一时,成为文人墨客的歌咏对象。

五代越窑青瓷胎质细腻,胎壁较薄,表面光泽,胎色呈灰或浇灰色,釉质腴润光亮,半透明,釉层薄而匀,釉色前期以黄为主,后期以青为主。装饰初期以素面为主,后期堆贴尤其是刻花大为盛行,题材多为人物、山水、花鸟、走兽。艺术形式多种多样,艺术风格丰富多彩。

到宋时越窑逐渐衰落。越窑青瓷,以胎质细腻、造型典雅、青釉莹莹、质如碧玉而著称于世。这种如冰似玉的美丽釉色,深受诗人的赞赏和喜爱。有不少诗人都描述和歌咏过种美丽,如顾况、孟郊、陆龟蒙、徐夤、施肩吾、郑谷等。

2.浙东越窑青瓷博物馆

浙东越窑青瓷博物馆是中国第一家专业越窑青瓷博物馆,也是为数不多的公益性质的博物馆之一。博物馆坐落在浙江省余姚市姚江之畔、元代古桥通济桥堍的一幢仿古建筑群内。自 2007 年开馆以来全年对外免费开放,藏品纵括西周、春秋战国、东汉、三国、两晋、南北朝、隋唐、五代和北宋,为数 6000 多件,价值人民币数亿元。

博物馆创办人陈国桢是全国越窑青瓷收藏大家,生于余姚,长于上海,在他 18 岁那年被下放到余姚。陈国桢先生收藏越窑青瓷 30 余年,致力于弘扬中国越窑青瓷文化。作为一位执着的古瓷爱好者、研究者和保护者,陈国桢先生长年奔波在全国各地,到处考察、收集越窑瓷器精品,将亿万身家全部投入到了青瓷的收藏、研究、保护中。陈国桢收藏的越窑青瓷藏品器型丰富、数量壮观。国家博物馆有的越窑藏品基本都能在其馆找到,还有很多藏品是国家博物馆都没有的,其中有数百件为国家一级文物,有 30 件左右更是堪称珍品、极品以及孤品。

（三）浙南主窑——瓯窑青瓷

瓯窑在今浙江省温州一带的瓯江两岸，因瓯江而得名，故名瓯窑。瓯窑始于东汉，终于宋，在浙江境内是仅次于越窑的制瓷业集中地。

瓯窑遍布浙江南部温州一带，在永嘉、乐清、瑞安、文成、泰顺诸县和温州市迄今为止已发现瓯窑古窑址200余处，是我国古代又一个规模很大的瓷窑体系。它们多数聚集在瓯江、飞云江和楠溪江两岸，这些地方拥有良好的制瓷自然条件；产品可通过船筏运运到温州等城市销售，水上交通非常方便。

瓯窑胎质早期胎体较松，没有完全烧结，呈色较白略带灰色，胎釉结合往往欠佳；中晚期胎体较密实细腻，呈灰白或浅灰色，但仍有脱釉和剥釉现象。瓯窑釉色早期多为淡青色，少有青黄和青绿色，透明度高，开冰裂纹，易剥釉；中晚期釉色多为青色、青黄色或淡黄色，胎釉结合紧密，少有剥釉现象。瓯窑造型上大多与越窑相同，但也有自己的特色产品，如早期的牛形灯、褐彩碟、五联罐等及中期的仿花果形的碗、盘之类器物活泼秀硕。瓯窑装饰简单朴实，刻画的纹饰有弦纹，莲瓣纹等；瓯窑大量使用褐色装饰，早期为点彩，中期为彩斑，晚期为条形彩绘，且起笔细，收笔粗。

（四）浙中主窑——婺州窑青瓷

婺州窑位于浙江金华地区，在金华、兰溪、义乌、东阳、永康、武义、衢州、江山等地均发现遗址。金华唐代属婺州，故名婺州窑。婺州窑瓷器以青瓷为主，还烧黑、褐、花釉、乳浊釉和彩绘瓷。婺州窑始烧于汉经三国、两晋、南北朝、隋、唐、宋到元，盛于唐、宋，终于元代。

婺州窑自西晋晚期开始使用红色黏土做坯料，烧成后的胎呈深紫色或深灰色。由于使用了白色化妆土，釉层滋润柔和，釉色在青灰或青黄中微泛褐色。但釉面开裂，开裂处往往有奶黄色或奶白色的结晶体析出，是婺州窑青瓷的特殊现象。至宋代，在它的精致产品中，还出现过色泽青翠，豆青、草青，粉绿等色调，并有光泽感。

婺州窑主要产品有盘口壶、碗、盆、碟、水盂、盏托、瓶、谷仓、鸡笼、水井等。唐代时婺州窑创烧乳浊釉瓷，釉中有星星点点的奶白色，也出现在釉层开裂处，这是婺州青瓷最独特、引人入胜之处，因而一直盛烧不衰，延续到宋、元。婺州窑瓷器装饰简朴，均为刻画花纹，风格文雅大方。

婺州窑产品造型上与越窑类似，但婺州窑有自己独特的造型。如三国时的人形互联，三圆柱形足水盂，西晋时雕贴龙纹盘口瓶，唐代的黑褐釉及青釉褐斑蟠龙纹瓶、多角瓶，五代至宋代有雕塑纹瓶、四柄瓶、粮罂瓶等。

(五)青瓷之源——德清窑

德清窑,在今浙江省德清县,故名。窑址在德清县境内已发现几十处之多,是以黑瓷与青瓷兼烧,以青瓷为主而以黑瓷闻名的古窑场,是浙江地区最早发现黑瓷产地之一。德清窑烧造历史较长,上溯商周,历经汉、六朝直至唐宋才停烧,影响很大。

德清窑的考古发掘,将原始瓷的烧制时间从西周战国时期又往前推至商代,形成了一个更加完整的年代序列。德清窑从商代开始,历经西周、春秋至战国时期,连续不断,是目前国内已知出现时间最早、持续时间最长、而且是一直不间断生产的原始瓷产地。德清地区商周时期的原始瓷生产,无论是生产时间、生产规模,还是产品种类、产品质量等方面,在当时都是独一无二的,在中国瓷器发展史上占有极其重要的地位。有充分理由认为,德清地区是商周时期的制瓷中心,是中国瓷器的发源地。

德清窑所烧黑瓷和青瓷,造型大体相同,产品有碗、碟、盘、耳杯、盘口壶、鸡头壶、唾壶、虎子、香炉、罐、盒、灯和盏托等;造型风格与婺州窑、越窑相似。德清窑特色产品有直筒形小盖罐,扁圆形盖盒、茶盏,浅盘形盏托配套的新型茶具等,为其他同期瓷窑少见。

德清窑黑瓷胎中铁、钛含量较高,普遍呈砖红、紫色或浅褐色;青瓷胎一般呈深浅不一的灰色或紫红色,胎体外普遍施有化装土。黑瓷釉色精者色黑如漆、釉层较厚、釉面滋润;粗者釉色呈黑褐或黄褐色;青瓷釉色有青绿、青黄、和豆青色,釉色较深,有较好的光泽。瓷器装饰简单,黑瓷仅在器物口沿或肩腹部划几道弦纹,青瓷一般只饰几点褐彩。

第三节　多姿多彩，五彩斑斓——浙江民俗

俗话说“十里不同风，百里不同俗”，民俗是透视社会的“广角镜”。民俗受不同民族、不同自然环境条件的制约，有着鲜明的地域特点。浙江地处江南，独具水乡特色及多彩多姿的吴越风情，使浙江民俗文化具有独特的魅力。

一、多姿多彩——浙江礼仪民俗

人生礼仪是指人在一生中几个重要阶段所举行的不同的礼仪和礼节。主要包括诞生礼仪、成年礼仪、结婚礼仪和丧葬礼仪。此外，标志进入重要年龄阶段的祝寿礼仪和一年一度生日庆贺举动，也可视为人生礼仪的内容。

（一）极具特色——金华结婚习俗

浙江金华一带结婚习俗里，相亲时，女方以蛋相待，倘应允，则以水煮蛋招待，意为团圆；相反，则让吃荷包蛋。小伙子如果中意，可吃一对水煮蛋；不中意，则可不吃。两家同意后，各书姓名、籍贯、三代、名号、官职于帖上，相互交换。待访问属实，男家择日托人向女家送年庚帖，也叫八字帖，并讨回对方年庚，古称问名，近代叫换龙凤帖。然后将年庚放祖宗灵位前占卜或将生辰八字报请算命先生推算，如无相冲相克，再回报女方，女方亦须经过占卜，这叫合婚。

双方同意了婚事，即行订婚，俗称定婚。订婚要行聘礼，聘礼又叫定礼，各地有各地的惯制。古时聘礼为皮帛物品，到汉代始用聘金。后代则财物俱全，视家境定多寡。定了亲的男女则视为夫妻，别人不可再登门求亲。

从订婚到迎娶期间，逢年过节双方要互送礼物。迎娶佳期按属相八字由算命先生卜定。

迎娶前一二日，男方要送女方置办酒席的礼物，女方收礼，必有回情，此时，双方亲友都要送贺礼，贺男方的多为银钱、酒食、喜幛、喜轴。送女方的以物为

主,多属衣物,器具及化妆用品,称为送嫁。

婚期前一天发奁,俗称发嫁妆。这一天,女方将嫁妆摆于场院,供人参观,叫摆嫁妆。嫁妆根据财力而定,合欢被、对枕及箱、柜、桌、桶,盆和梳妆台为必备品。旧时富家大户为摆阔气,有的将生活用品都备全的,有的甚至将生活和生产资料所需都如数备齐,称全房嫁妆,包括山林田产,直至死后的棺木和穷困潦倒而逃荒要饭的提篮、打狗棍,也囊括在嫁妆之内。嫁妆中少不了马桶,俗称子孙桶,桶内盛红蛋、喜果,寓送子之意。送妆,物以抬数计,贫富不一,富者多至百余抬。

娶亲旧时用花轿,有八人抬和四人抬之分。姑娘上轿前须用绵绒绞去脸上的汗毛,称开面,并沐浴,梳妆,俗称扮上轿。中午,女方盛设别亲酒宴请贺客和男方迎娶人员。

新娘上轿前要辞别祖宗并向父母行跪拜礼。上轿一般通行由女方兄弟抱或背新娘入花轿。启程时,有哭嫁的习俗,女方父母、兄嫂、姐妹要以哭相送,边哭边诉说一些祝愿的吉利语,认为哭得越凶,女儿越会多子多孙。新娘听到母亲的哭声后,方能应和着哭,表示生离惜别。

拜堂要行三跪九叩礼,先拜天地、祖宗,再拜父母,后夫妻互拜,俗称拜天地。拜毕送新娘入洞房,不过她的脚不得踏地,要以麻袋、席、蒲团之类铺地,边走边铺,前后接替,称之传袋,即传代。

(二)各具寓意——寿诞习俗

1.做生——做九不做十

旧时,富家至30岁即做生,含“三十而立”之意,有“三十不做,四十不富”之说。此外,一部分地区还有“做九不做十”习俗,据传起因于四十岁,因四与死谐音,故提早一年做生,以后推而广之,相沿成习。做生排场较小,请亲友赴宴,受请者送些生日礼品。

2.做寿——寓意不离“寿”

俗谚:“富做寿,穷做亲。”富家五十始逢十做寿,称几十大寿。做寿讲排场、比阔绰。送礼的寿烛须“足斤”,上书“福如东海,寿比南山”金字。有的在礼物上置金色“寿”字。寿诞食品有玉(猪肉)堂(白糖)富(麸)贵(桂圆)和寿桃(即馒头,又称双寿馒头),向有名气的南货店定购,置于五只大托盘。有叠成五层宝塔状,称“五代富”。寿期临近,儿孙向亲友发请帖。寿诞先日称“暖寿”。寿堂挂灯结彩,设香案,挂寿屏,点寿烛。富家六十寿庆点寿烛七双,以后依此递增。寿堂悬金色大“寿”字或寿星图,旁挂寿联、寿屏,诸如“福如东海长流水,寿比南山不老松”等。亦有供“福禄寿”三星，敬“屋业做业”，祀祖宗。寿公寿婆亦寿星，分坐两把大座，受晚辈跪拜。如遇同辈拜寿，由儿孙代为还礼。拜毕，寿星分银钱给孙子、外甥等小辈，以“五代见面”、子孙兴旺为荣。寿酒为花雕，点心用“寿桃”，菜肴多全鸡全鱼等。宴散，向四邻分送馒头、金团，称“结缘馒头”。个别寿星亦有把所收的寿礼钱，用于办学校和修桥、铺路、造凉亭等。至于贫苦人家，饭也吃不饱，则是“穷人无生日”。

3.“六十六”——寓意六六顺

俗谚：“年纪六十六，阎罗大王请吃肉。”故在六十六岁时，女儿或儿子等小辈要烧六十六块猪肉(若父母吃素则用烤麸代替)，一碗糯米饭，饭上放一根带根葱或带根菜，另加两根龙头烤，送给父母吃。送肉时不进屋，从窗口递进。盛饭盛肉的碗盏拣“缺牙”碗，说吃过“缺牙”碗，日后无缺陷，吃了六十六块肉会平安度过六十六，得以长寿。部分地方至今仍有此风，但革新后以干牛肉片代之，以表孝心。

中华人民共和国成立后，寿庆改革从简，长辈五十岁后逢十生日，家属聚宴，下辈馈送人参、补酒等礼品。有的地方做九不做十之俗仍行。20 世纪 80 年代后，逢生日，亲友赠送蛋糕、燃吹蜡烛之风渐行。部分乡镇为老年人集体庆寿，当地领导到会祝贺，企业单位送生日蛋糕等礼品，为亲友生日在电台点播歌曲、戏曲，或送鲜花以示庆贺之风趋盛。

(三)悲壮——嵊泗渔岛丧葬礼仪习俗

嵊泗渔岛的丧葬习俗，十分明显地继承了吴越古风，具体与宁波沿海相类似，但因地处外海，特殊的地理环境和艰难的生存条件，又使嵊泗渔岛的丧葬习俗有其独特的悲壮凄凉之风。

嵊泗渔岛的丧葬过程中，也有筑寿域(俗称做寿圹)、送终、穿寿衣、报丧、守灵、吊仪、丧服、大殓(俗称入殓)、开吊、上饭、孝榜、堂祭、出殡(俗称出丧)、祭祀山神土地、入穴暖圹、烧草、吃羹饭、剃孝头、做七、做百日、做周年羹饭、三周年送神主入宗祠，即为上棚又称进主等一整套礼仪。

在渔岛诸多丧葬礼仪中，以出殡中的“独龙杠”和“仙鹤朝天”等习俗最能体现吴越遗风。

《隋书·地理志》曰：“江南之俗……信鬼神，好淫祀。”在众多鬼神中尤敬龙宫海神，如龙船起码是祭祀时所驾之舟。旧时，岛上有渔户出丧，如富裕大户，灵柩上盖上一幅红毡条，穷的小户盖条红布被面，由二人抬出，俗称“独龙杠”，也有为官的富户出殡要用玻璃材套，前伸龙首，后见龙尾。而“独龙杠”则不管大户、小户、富户、穷户，皆要用之。

吴越古民还崇拜凤鸟、仙鹤。《吴越春秋·勾践入臣外传》载，越王勾践夫人曾吟道："愿我身兮如鸟，身翱翔兮矫翼。"《吴越春秋·阖闾内传》载述和越同俗的吴国公主滕玉亡故时，"国人乃舞白鹤于吴市中，令万民随而观之"。

《鹤经》曰："鹤，阳鸟也。"在吴越沿海渔民心目中，鹤是仙禽神鸟，不仅是鹤寿千年，而且是上古仙人白日飞升时的乘骑之物，可以超度亡灵，升入开堂。嵊泗渔民正是继承了这种鸟图腾意识，把对鹤的崇拜与信仰，移用到丧葬礼仪习俗上。如渔岛上有人家出殡，一般人家都要在灵柩顶上中端立一白纸所制仙鹤，鹤首仰天，俗呼"独鹤朝天"，也有子女多或殷富之户，竖五只白鹤，则呼"五鹤朝天"。不仅如此，还有在寿材或灵柩两端预先刻上仙鹤祥云。渔民寄迹于外海孤岛，终年出入风涛，一生艰险劳苦，祈望神岛把自己的灵魂引渡飞向琼楼玉宇的天国仙境。

旧时，嵊泗渔岛流传有句悲惨的民谣："嵊山箱子岙，十口棺材九口草。"这句民谣，道出了嵊泗渔岛所特有的悲凉壮烈的丧葬礼仪习俗。

东海无风三尺浪，加上中华人民共和国成立前渔船又小又旧，海上遇难伤亡事故时有发生，就要为遇难者举行"潮魂"仪式。一种是遇难七天内找到遗体的，认为其灵魂还失落在海上，由家人为死者举行较为简单的叫魂仪式。夜间，待潮水起涨后，由遇难者亲友数人带上香烛到海边焚烧，然后由一个人敲着锣（俗称"敲冷锣"），由遇难者之妻或兄弟至亲，在海滩上边缓缓行走，边不断地呼唤着遇难者名字，唤着"海里冷冷嘞，回家（屋）里来嘞！"遇难者儿女或弟妹或其他至亲，在后面答道"回来回来！"这样边应边走，认为是领来了亡者之魂，由海边返家。

另一种是海上遇难后七天内未能找到其尸体的，就要举行"草人招魂"仪式。这种仪式较之找回遗体的"叫魂"仪式更为肃穆庄重，也更为凄惨悲壮。此仪式也在夜间涨潮时举行。先在家中摆设灵堂供焚香烛。同时，在海滩边搭起招魂用的醮台，供奉预先扎制好代作亡者身的稻草人，身上贴其生辰八字，也须焚香燃烛。并沿着"潮痕"即潮水线摆设供摊，放上祭物，间隔燃几堆火。请来道士摇铃作法。遇难者妻儿至亲一齐面朝大海跪下遥拜，并按各自与遇难者的辈分与关系，一齐呼唤海上遇难的亲人："某某嗳，海里冷冷嘞，快回家（屋）里来嘞！"再由遇难者男性亲人或弟兄或儿子，身背在海边举行招魂仪式祭过的"草人"，一步一叩地走回家，一夜连续三次举行这种仪式，尔后将此"草人"穿上遇难者生前穿过的衣服，再把象征"灵魂"的物件安放于"草人"胸前，在灵堂上祭供后入棺，再入墓穴安葬。如"草人"葬后再找回遇难者遗体，即举行仪式取出草人焚后，再安葬遇难者遗体。这种“潮魂”习俗，在外海渔岛这个特定的环境和条件下发生。尽管现在海上渔捞工具比较先进，安全系数大大增加，但海损事故还是时有发生，甚至找不回遇难者遗体的现象也还存在，因而“潮魂”习俗在嵊泗渔村还是在流传着，以寄托生者对亡者的哀思，满足渔民祭奠亲人的一种心理、感情上和文化、习俗上的需求。

此外，由于各种客观因素的制约，嵊泗渔岛还实行土葬，但各岛设法划地集中安葬，泗礁岛上还有了公墓地，许多渔民亡故后也去公墓地安葬，这是渔区丧葬习俗中的一种新的内容，开创了丧葬新风。

二、千姿百态——浙江生产民俗

生产民俗是人类在长期的生产过程中逐步形成的文化产物，反映了生产的基本过程与经验诸内容的模式化行为。

（一）跨入“非物质文化遗产”殿堂——桐乡蚕桑习俗

嘉兴桐乡是全国知名的蚕桑之乡、丝绸之府，蚕桑丝织生产历史十分悠久。长期以来，蚕桑习俗已经融入了桐乡老百姓的衣食住行、婚丧嫁娶之中，一些由蚕而起、因蚕而庆、为蚕而狂的传统习俗一直保留至今。2009 年国庆期间，拥有 5000 年历史的桐乡蚕桑习俗作为一个子项目被列入“人类非物质文化遗产代表作名录”，这标志着桐乡古老的蚕桑习俗已成为世界级的文化瑰宝。

勤劳朴实的蚕乡儿女，在绵延数千年栽桑养蚕织丝的历史过程中，形成了许多特殊的风俗习惯和文化传统。烧田蚕、蚕关门、蚕开门、送蚕花、祀蚕神、戴蚕花、蚕花鸡、谢蚕神、送蚕圆、望蚕讯……几乎贯穿于全年的农事活动，融入人们的衣食住行、婚丧嫁娶。除了许多诗词外，桐乡民间更是流传着许多蚕歌。其中一首题为《马鸣王送龙蚕》的蚕歌颇具代表性：“马鸣王菩萨下凡来，到侬府上看好蚕……清明夜里吃了齐心酒，谷雨前后要看蚕……看蚕娘娘用心计，日夜守在蚕房边……今年蚕花收成好，全靠马鸣王送龙蚕。”

桐乡蚕桑习俗丰富多彩，有的来源于对蚕的原始信仰和崇拜，有的反映了蚕农对蚕桑丰收的祈祷和丰收后的庆贺及社会活动，大致可分为三块：

一是对蚕神的信仰。每个地方的蚕神都不一样，桐乡农村主要礼奉一个叫“马鸣王”的蚕神。民间养蚕要眠数次，每次眠时，蚕农们都要祭祀蚕神，祈愿蚕茧丰收。蚕宝宝比较娇贵，怕热、怕冷、怕光、怕污染，其中一个环节出点问题，就有可能导致“蚕粒无收”。在旧时科学不够发达的情况下，蚕农们只能把祈求蚕花廿四分的美好愿望寄托在蚕神上。

二是与蚕桑丝织生产有关的习俗。如戴蚕花，相传蚕花为春秋时的西施首创，养蚕时节蚕娘们纷纷将蚕花戴在头上，以图吉利；“蚕关门”即蚕事开始民间一切交往停止。

三是过年过节时形成的与蚕有关的一些习俗：如旧时桐乡人的清明夜饭须有蚕豆芽、马兰头、螺蛳等菜，蚕豆芽是发出来的，寓意养蚕兴旺发达；马兰头能健脑明目，蚕娘吃了眼力就好；吃螺蛳有消除蚕病之意。

桐乡蚕桑习俗跻身“非遗”，使人们对保护和传承民间传统文化和习俗有了进一步的认识。非物质文化遗产是人类的“活化石”，是劳动人民的精神所在。申遗更是唤醒大家对传统习俗的保护，使之世世代代相传下去。

(二)香菇之乡——庆元种菇习俗

庆元香菇栽培历史悠久，属世界香菇栽培发源地。第一个发现野生香菇，并发明砍花法进行人工栽培，使其传之后代的是宋代的吴煜。因排行老三，后人尊称为吴三公。他系宋时龙泉县龙溪乡龙岩村人，一直延续到 1973 年 7 月恢复庆元县建制时，该村才划归庆元县斋郎乡。历经八百多年的洗礼，出产于得天独厚生态环境的庆元香菇，以其物美价廉、品高质优的独特魅力名扬天下。

菇民们在长期的生产实践中，创造了丰富的菇民文化，在香菇种植的集中区，形成了自己独有的生产生活习俗，归纳起来主要有以下这些：

1. 过旦——祈求平安

菇民在上山种菇前，要到菇神殿祭祀，祈求菇神保佑上山平安，种菇顺利。菇民在菇寮种菇时，每逢十四、二十九，都要在菇寮的吴三公神位前和山魈庵(在离基寮一二里的山岙口，以三块巨石叠成，称为山魈庵)两处设祭礼神，俗称“过旦”。

2. 洗谷浴——吃素沐浴

“枫树落叶，夫妻分别，枫树抽芽，丈夫归家。”这是流传于菇民区反映菇民种菇季节的俗语。每个枫叶飘零的金秋季节，菇民都有一次传统的“洗谷浴”惯例。这一天，菇民家家户户都要做米麻糍、杀猪。菇民家的妇女都要吃素沐浴。沐浴后，要用米麻糍及肉等，在各村口的吴三公殿礼神，祈求菇神保佑亲人。这种活动叫“洗谷浴”。

3. 告别饭——泼酒祷告

菇民上山种菇，要选择逢三、逢六、逢九的吉日出门。离家的头天晚上，全家大小要吃“告别饭”。告别饭由家中的长者主持，饭前焚香点烛，由长者斟酒举杯，上对“皇天”，下对“地府”，泼酒祷告，预祝菇民开门大吉大利，平安回家。入座后，长者举刀将桌上的全鸡腿子一刀切断，分给菇民留着路上吃，然后全家聚食。

4. 出门不宿店——自带餐食

过去菇民生活困难，上菇山时都带有数十个米麻糍，每餐食一个可饱。临餐时，捡些柴火烤热便吃。夜宿庙堂、凉亭，名之“清净”。

5. 菇山帮工

菇民无钱租山，只能上菇山帮工。帮工要受四测，即力测，力气要大；目测，能选菇种树；地测，能选择适当的菇地；斧测，过去“砍花法”种菇，对不同的菇树、砍花的深度、方向都有讲究，斧测就是考察“菇民”的经验。经过四测，才能帮工，或当粗工，或当师傅。在菇民中流传着一首民谣，可见其辛酸：“做人莫作香菇儿，寒冬腊月走江西。人穷无钱买树种，无奈为人做苦力。出门方知家里暖，山棚破旧寒风吹。白天鸟鸣来相伴，夜闻兽叫阵阵凄。如遇年景不照应，半年劳苦空手归。”

6. 落寮——秘密返家

也叫落棚，意指回家。菇民落寮日期秘而不宣，一般要在远离菇山的地方面谈，商谈后，不能表露“落寮”迹象。落寮日的黎明，菇民互不搭话，各自收拾用具、衣物，挑着就走。落寮中留有一老菇民，等其他菇民“落寮”后，翻倒饭锅，锁上寮门，匆匆赶上先行的菇民，一起回家。一路上不能回头看寮，也不能说话，等走出菇山五里路后，才能说话。俗怕“寮神”追赶，实为怕人暗害。

7. 讨彩头——跪拜吴三公

菇民回家都要买好猪肉、鱼鲞、香烛、鞭炮、香烟、糖果等物，一进村口，先往吴三公殿点香烛跪拜，并鸣放鞭炮。村民闻声赶来道喜并讲彩话，菇民就要致谢，讨彩头后，要给村民分烟、分糖果，表示礼节。

（三）古朴粗犷——舟山渔业习俗

舟山与海结缘，是“海上丝绸之路”的重要通道，其习俗因海而生，舟山渔场是世界四大著名渔场之一，沈家门渔港是世界三大著名渔港之一。舟山在渔业生产中形成了古朴、粗犷的生产习俗。

1. 祭海——祈求平安

渔民每次出海之前，先要在船上祭祀神祇，烧化书牒，俗称“行文书”。然后由老大将杯中酒与盘中肉抛入大海，称“酬游魂”，以求出海打鱼时平安无事。祭祀时要放一副“太平坊”，即棺材板，出海时，放在船上。棺材板冠以“太平坊”之名，与渔民在大海作业时很有可能被巨浪吞噬相关。葬身大海是渔民大忌，与

“入土为安”的习俗大相径庭。因此放一副棺材板，以求太平无事，若死，也得死在家里，才能“入土为安”。这与他们到市场上去买床，不愿买新的，却要买一张已死过人的，以求到老能死在床上的愿望相一致。

2.供神——祈祷丰收

渔民出海作业风险大，常常不能自已主宰，不可避免地去求神祈佛。从前每条渔船的后舱都有一间供奉菩萨的神龛，叫“圣堂舱”。有的供的是关云长，叫“船关老爷”；有的供的是宋朝寇承女，称“圣姑娘娘”。原因是勇敢的渔民很讲义气，对关云长、寇承女就格外崇拜。岛上的关帝庙、圣姑娘娘庙也特别多。但也有供奉造船祖师鲁班和救人于危难的妈祖娘娘的。他们在每汛出海时都要敬祈一次船关老爷，叫“祝福”；鱼汛结束谢洋时又要酬祈一次，叫“散福”。他们说这是一种祈祷平安和丰收的心愿。

3.船忌——祈求平安

渔民多忌讳。在船上，要忌双脚悬于船舷外，以免“水鬼拖脚”；忌头搁膝盖，手捧双脚，姿势像哭，不吉利；忌在船上吹口哨，以免“引浪招风”；忌拍手，因拍手意味着“两手空空，无鱼可捕”；忌在龙头（船头）小便，大小便要上后八尺的“三品口”；忌船只靠岸时喊“到了”“来了”之类的话，以免“把野鬼引上岸”；忌家有红、白喜事或未满月的人下船；忌他船渔民或游客携猪肉登船，遇到时要将猪肉没收；忌妇女上渔船，认为女人上船要冲犯船神；忌七男一女同船过渡（交通船），意为“八仙过海”不吉利，遇到时，船上的人就故意说“今天船上有九个人”（一个指船关菩萨）以解忌。

4.语言忌讳——讨彩头

在船上不能讲“碰石岩”“碰滩（汏）横”等不吉利的话，遇到不吉利的谐音、方言都用改称，如“猪”谐音“输”（赌钱要输），“石”“舌”谐音“蚀”（经营要亏），“鸡”谐音“欠”（收入不丰），故猪、石、舌、鸡等字都要讳避。猪头改称“利市”，猪耳叫“顺风”；石浦叫“赚浦”，舌头叫“赚头”，食罩称“赚罩”；鸡骨礁念“鸭骨礁”，鸡娘礁叫“老鸭礁”；称“做乱梦”为“聊天”，因“梦”与“网”谐音，以避“漏网”逃鱼。

第八章 浙江乡土旅游——专项旅游

专项旅游又叫“主题旅游”，是指人们以某项主题或专题作为自己的核心旅游活动。浙江专项旅游涵盖了节庆旅游、主题公园、重大工程、特色小镇等多种形式。节庆旅游主要有杭州西湖国际博览会、象山中国开渔节、宁海徐霞客开游节等；主题公园主要有横店影视城、杭州宋城、宁波凤凰山乐园等；重大工程主要有杭州湾跨海大桥、新安江水库等。中国特色小镇起于浙江，浙江“国”字号的特色小镇有二十几个，著名的有余杭梦想小镇、越城黄酒小镇、龙泉青瓷小镇、嘉善巧克力甜蜜小镇等。

第一节　全民狂欢——浙江节庆旅游

节庆旅游是以某种具有鲜明主题的公众性庆典活动作为旅游吸引物而开发出的一种现代新型旅游产品。节庆旅游项目的观赏过程，同时也是旅游者的参与过程，游客通过亲身参与活动，可以感受活动氛围，获得亲身体验，留下深刻印象。

一、杭州的“金名片”——中国杭州西湖国际博览会

（一）中国杭州西湖国际博览会溯源

中国杭州西湖国际博览会（Hangzhou Xihu Expo），源于西湖博览会。1929 年 6 月举办的第一届西湖博览会是中国会展史上规模大、影响深远的展销会。此后，西湖博览会停办 70 年。2000 年西湖博览会重新开办，选址在杭州著名景点黄龙洞对面。

（二）西湖博览会会标和吉祥物

西湖博览会会标由荷叶与滚动的晶莹水珠变形设计而成。荷叶与水珠代表杭州与西湖，秀气又富于动感。荷叶的叶脉似一根根飘动的节日彩带，欢迎远道而来的客人；线条由四周向水珠汇集，体现天堂盛会聚嘉宾、西湖博览汇精品的含义；标志以绿色为基调，深绿代表西博会 70 多年的历史，开中国博览会之先河；浅绿代表西博会生气勃勃，常办常新；同时象征杭州山清水秀，环境和平，映衬西湖和谐之美、活力之美。

从第五届中国杭州西湖博览会（2003 年）起，西博会吉祥物“欢欢”的造型由西湖中的金鱼变形为西湖十景之一的“三潭印月”造型。“欢欢”将“三潭印月”的石塔造型拟人化为一个可爱的形象，手持莲花，张开双臂，喜迎八方宾客，表现西博会的全方位对外开放。

(三)丰富多彩的西博会项目

西湖是举办艺术类和旅游休闲类西博会项目的最佳天然场所,在西湖中或西湖边举办的西博会项目累计达 20 多个,主要有杭州西博航空特飞表演,中国·杭州西湖玫瑰婚典,西湖狂欢节,浙江省暨杭州市国际马拉松赛,杭州西湖钓鱼邀请赛,杭州西湖花会,铁人三项国际积分赛暨全国冠军赛,中国杭州西湖博览会闭幕式西湖歌舞文艺演出,西泠印社藏书画精品展,西湖国际雕塑邀请展,“西湖风情”书法、国画、篆刻艺术系列展,浙江省博物馆文物艺术精品系列特展,“天下西湖聚西博”活动,《休闲在杭州》摄影作品展览,等等。

(四)西博会之乡土特色

首先,西博会项目的安排上围绕“住在杭州”“游在杭州”“学在杭州”“创业在杭州”的城市品牌和全球化、新经济的要求,求专求精,形成品牌系列。西博会以展览、会议、活动三大板块的项目互为补充、互相渗透、有机结合,在广博中求精、求专,形成浩大的声势、宏大的气魄、轰动的效应。

“住在杭州”的项目有人居展、家具展、布艺展和中国物业管理论坛。“游在杭州”的项目有西湖国际烟花大会、西湖狂欢节、中国天目山森林旅游资源博览会、旅游交易会、旅游区城合作研讨会、国际旅游(休闲)商品博览会、中国(杭州)美食节、国际民间艺术节等。“学在杭州”的项目有中国杭州名师名校长论坛、高等教育论坛、国际教育展、西湖书市和一系列专业性论坛、研讨会等。“创业在杭州”的项目有“天堂硅谷”国际创业论坛、高新技术高峰论坛、国际高等院校服装设计教育高层论坛、国际青年计算机会议、百名海外博士浙江杭州行和人才交流大会等。

其次,所有项目分层次操作、分类管理。西博会组委会负责总体策划和总体协调,进行项目管理,但不直接运作项目,所有项目都由项目责任单位运作。西博会的项目申报条件对举办场地、时间、人数、规模、成交以及申报方案等相关要素都进行了明确的要求,以确保西博会项目的质量。西博会以一批年办的保留项目为骨干,如中国国际丝绸博览会,中国工艺美术大师作品暨工艺美术精品博览会,快乐杭州——中国杭州西湖狂欢节,中国(杭州)集邮文化展,杭州科技合作周,中国杭州国际旅游(休闲)商品博览会,杭州(国际)丝绸时尚节,西湖合唱节,中国杭州商业特色街风采展示活动,中国(杭州)国际电脑节,“商业杯”杭州国际城市围棋赛等。

再次,杭州市政府以西博会为契机,为发展杭州的会展业提供平台。西博会实行加盟经营模式,由政府经营西博会品牌,由企业市场化运作西博会项目。有序的项目管理方式，使项目的宣传和组织管理工作卓有成效。西博会项目依托全市的文化、产业、资源等优势，项目举办单位多元化。西博会项目有联合国教科文组织等各国际组织举办的，有政府部门举办的，有行业组织举办的，也有会展企业举办的，还有高等院校、科研机构和民营企业举办的，举办单位自筹资金，自负盈亏，实行市场化的运作方式。

最后，西博会的宣传工作既有西博会的整体品牌宣传和推介，也有各项目的促销和市场推广。强有力的宣传推介工作是西博会成功举办的基础。西博会的宣传造势、新闻报道，以及西博会新闻发布会，西博会宣传资料，境外宣传推介，西博会网站，西博会的户外、电视、广告、报纸、网络广告对扩大西博会的影响力起到了推动作用。

二、"渔乡狂欢节"——象山中国开渔节

（一）硕果累累——象山中国开渔节走过的光辉岁月

中国开渔节创办于 1998 年，每年一届。中国开渔节是以感恩海洋、保护海洋为主题，渔文化为主线的海洋民俗文化类节庆。它以浓厚的渔文化为底蕴，在承袭传统习俗的基础上，通过节庆活动推进当地社会经济的发展，引导广大渔民热爱海洋、感恩海洋、合理开发利用海洋资源。目前，开渔节已经成为宁波市三大主要节庆之一，并跻身国家旅游局十大民俗节庆活动行列。

象山开渔节 2005 年荣膺"IFEA 中国最具影响力节庆活动百强"和"中国节庆 50 强"称号，2006 年荣膺"中国十大最具潜力节庆""中国十大自然生态类节庆"称号，2007 年荣膺"中国十大品牌节庆"和"宁波市十佳节庆"称号，在 2008 年度首届节庆中华奖评选中获"最佳节庆组织奖"。同时，在 2007 年人民网举办的最受欢迎节庆排行榜上名列首位，入围 2008 年人民网举办的"改革开放 30 周年 30 强节庆"，2009 年获第二届节庆中华奖"最佳文化传承奖"，2010 年获节庆学院奖（天女奖）。中国开渔节已经成为一个在国内有较大影响力的具有浓厚渔文化底蕴的海洋文化和海洋旅游节庆活动，也是象山县对外宣传和展示形象的一个平台。

（二）象山中国开渔节著名看点

1. 庄严肃穆的祭海仪式

象山中国开渔节祭海仪式中，在悠扬的升帆号声中，黄色的祭海祈福旗帜迎风猎猎，七彩的礼宾花顷刻飞起。似乎要贯穿整个海洋的长号响起来了，悠远而肃穆，经过一段神圣的祭祀仪式后，鱼灯队、龙灯队、马灯队在东门岛门头山上穿

梭往来，腾挪跳跃，人灯共舞，四海共欢；船老大们抬着装有大黄鱼、蟹、虾等海产幼苗的水缸向大海冲去。“放海生喽——”人们呼喊着，郑重地把缸中的海生物放入大海，祈求平安丰收，表达对恢复海洋生态的衷心祈愿。

2. 如意妈祖省亲迎亲仪式

象山中国开渔节上，在石浦镇东门岛妈祖庙（天后宫）举行盛大的娘娘神明省亲迎亲活动，祈祷妈祖姐妹保佑两岸风调雨顺，国泰民安。当“如意娘娘”金身神像到达东门时，渔民们纷纷焚香跪拜。海神庙代表互赠礼匾旌旗，共祭神明，共祈吉祥。

3. 妈祖巡安大会

石浦渔港举行盛大的“妈祖巡安大会”成为渔民出海前一刻的一道亮丽风景线。随着妈祖像的出现，港心汽笛发出振聋发聩的长鸣，妈祖巡安队伍与岸上观众互动，渔家姑娘跳着渔家舞，民乐队用江南丝竹演奏起江南小调，整个石浦港热闹非凡，活动达到高潮。

4. 千舟竞发的开船仪式

妈祖巡安结束后，正式出航。石浦港内彩旗猎猎，千余艘大马力渔轮整装待发。12 点整，“开渔喽——”随着一声嘹亮的渔家号子响起，千舟竞发，汽笛齐鸣，角号震耳，鞭炮声喧天，浪花飞溅。渔船首尾相接，1700 余艘大马力渔轮组成的全国最大的一支群众性外海作业船队，宛如一支威风八面的庞大舰队，气势磅礴地驶离渔港，驶过铜瓦门大桥，直奔茫茫大海。

5. 中国海洋论坛与经贸活动

论坛主要是以中国海洋论坛（象山成为中国海洋论坛的永久性地址）为主。

经贸类主要是借助开渔节这个平台进行招商引资，例如第十届开渔节上共有 8 个项目签约，8 个项目开工，12 家企业注册，在总投资中外资有 3800 万美元，内资有 9.5 亿元。同时，海鲜餐饮在开渔节期间也得到了极大地推动，依助海鲜旅游节，以“美食、美景、美女”为主题积极对外宣传和推广象山海鲜餐饮，打出了“十六碗”等海鲜餐饮品牌。与此同时，还在上海等地举行了海鲜节，着重推广象山海鲜特色产品和海鲜餐饮业。

6. 旅游与文体活动

(1)“开渔之旅”“海鲜之旅”

开渔节每年都设置“开渔之旅”“海鲜之旅”等相关旅游活动，也专门设置了如百名女记者看象山、百名海外游客看象山等活动。同时，与各旅行社合作，组织游客参加开渔节活动，结合象山港大桥的建造，第十三届开渔节活动期间，在上海世博园内举办了“开渔之旅”启动仪式，影响面很广。

(2)文艺活动

象山开渔节一方面充分挖掘、整理传统的渔文化和富有民俗特色的文艺精品，另一方面广泛开展群众文化活动，大胆引进和举办时尚活动。例如第七届开渔节邀请了《同一首歌》走进象山，具有一定名气和人气的港澳台和大陆歌手基本上均到过象山。第八届转换了思路，引进了时尚元素，把首次走出加拿大的第十七届环球皇后全球总决赛引入象山，轰动效应极大。第九届还组织举办了全国首次渔歌(号子)邀请赛，得到了国内名家的好评。除此之外，还设置了如象山风情摄影大赛、全国渔家秀明装设计大赛、中国文联黄金海岸创作笔会、全国渔文化研讨会等一系列具有全国影响的文化活动。第十一届开渔节和台湾台东联谊，对加强两岸文化交流、促进两岸友谊的发展做了很好的示范，受到了国家、省、市台办的高度重视和大力支持。第十三届和十四届开渔节与北京电影学院、中国电影评论学会、宁波市委宣传部联合举办两届“九分钟原创电影大赛”，在国内外电影界产生了较大的影响，引起国内外主流媒体的广泛关注。

(三)开渔节之乡土特色

1. 海洋环保主题

开渔节有着鲜明的海洋环保的主题，倡导的是感恩海洋的情怀，寓理念于活动之中，主题贯穿活动始终。

2. 渔文化主题

经过几年的实践，确立了开渔节的核心文化——渔文化。象山对渔文化的保护和发展有着重要的贡献，是全国为数不多的“中国渔文化之乡”。两岸的妈祖文化交流进一步加强了开渔节的文化性。

3. 民俗主题

开渔节的主体活动(祭海、开船、妈祖巡游等)有着很深厚的民俗基础，极具吸引力。开渔节期间，丰富多彩的文化活动和文艺表演，使广大群众享受了文化大餐，庄严的祭海仪式和壮观的开船场景吸引了众多的当地群众和外地游客。群众已经成为开渔节的参与者和创造者。

每届象山中国开渔节，都有大批中央、省、市媒体来采访，包括中央电视台、新华社、人民网等主流媒体。第十四届开渔节举办期间，《新闻联播》、新华社、《人民日报》海外版、《经济日报》、央视网、中国网、中国之声等都对开渔节盛况、海洋经济峰会、祭海仪式等进行了集中报道。开渔节是象山对外宣传和城市营销的一个重要平台和载体，通过举办开渔节，扩大了象山的对外影响，提高了象山的知名度，它不仅推动了象山传统文化的挖掘、保护和发展，也推动了象山滨海旅游的快速发展，为象山实现文化、旅游的大发展起了很大的推进作用。

三、“天下旅游，宁海开游”——宁海徐霞客开游节

（一）“千古奇人”——徐霞客

徐霞客（1587—1641），名弘祖，字振之，号霞客，汉族，明朝南直隶江阴（今江苏江阴市）人，著名的地理学家、旅行家和探险家，中国地理名著《徐霞客游记》的作者，被称为“千古奇人”。其一生志在四方，不避风雨虎狼，与长风云雾为伴，以野果充饥，以清泉解渴，出生入死。其足迹踏遍黄山、泰山、普陀、天台、雁荡、九华、武夷、庐山、华山、武当、罗浮、盘山、五台、衡山等名山，游尽太湖、岷江、黄河、富春、闽江、九鲤湖、钱塘江、潇水、湘水、郁江、黔江、黄果树瀑布、盘江、滇池、洱海等胜水。徐霞客出生在江苏江阴一个有名的富庶之家。他祖上都是读书人，称得上是书香门第。他的父亲徐有勉一生不愿为官，也不愿同权势交往，喜欢到处游览欣赏山水景观。徐霞客幼年受父亲影响，喜爱读历史、地理和探险、游记之类的书籍。这些书籍使他从小就热爱祖国的壮丽河山，立志要遍游名山大川。

徐霞客在完全没有政府资助的情况下，先后游历了江苏、安徽、浙江、山东、河北、河南、山西、陕西、福建、江西、湖北、湖南、广东、广西、贵州、云南等 16 个省。东到普陀山，西到云南的腾冲，南到广西南宁一带，北至河北蓟县的盘山，足迹遍及大半个中国。更可贵的是，在 30 多年的旅行考察中，他主要是靠徒步跋涉，连骑马乘船都很少，还经常自己背着行李赶路。他寻访的地方，多是荒凉的穷乡僻壤，或是人迹罕见的边疆地区。他几次遇到生命危险，出生入死，尝尽了旅途的艰辛。

徐霞客在跋涉一天之后，无论多么疲劳，无论在什么地方住宿，他都坚持把自己的考察收获记录下来。他写下的游记有 240 多万字，可惜大多失散了。留下来的经过后人整理成书，就是著名的《徐霞客游记》。《徐霞客游记》开篇中曾有这样的记述：“癸丑之三月晦，自宁海出西门，云散日朗，人意山光，俱有喜态……”徐霞客就是从宁海开始了他长达 34 年，足迹遍布大半个中国的伟大游历。每年的 5 月 19 日在宁海县举办的集民俗文艺表演、体育竞技、招商引资、经贸洽谈、商品展销和旅游休闲为一体的大型文化旅游节庆活动即为“徐霞客开游节”，徐霞客开游节的口号是“天下旅游，宁海开游”。

（二）徐霞客与中国旅游日

2010 年 12 月 4 日，国家旅游局正式启动了设立“中国旅游日”的相关工作。

而设立中国旅游日的提议，最早便是在 2001 年由宁海的民间团体——徐霞客旅游俱乐部，提出倡议的。

征集通知一出，方案云集，有人主张清明，意在春回大地万物复苏；有人提议设在 9 月 28 日孔子诞辰日，并且也是国际旅游节 9 月 27 日的后一天；更有创意的提法是设在 6 月 16 日，谐音“溜一溜”。其中最具有竞争力的两个方案，一是宁海提出的 5 月 19 日《徐霞客游记》开篇日方案，二是江苏江阴市提出的 3 月 29 日徐霞客首次出游日方案。

2011 年 4 月 12 日国家旅游局正式宣布，经国务院批准同意，《徐霞客游记》开篇日——5 月 19 日，被正式确定为“中国旅游日”。

图 4　中国旅游日图标

（图片来源：新华网）

（三）宁海中国开游节主要活动（以 2010 年为例）

1. 中国徐霞客开游节开幕式暨中华游圣开游大典、江南非物质文化遗产大巡游

时间：5 月 19 日上午。

地点：开游节主会场及宁海城区有关街区。

活动内容：开幕式、中华游圣开游大典、江南非物质文化遗产大巡游。

2. 中国（宁海）山地户外运动亚洲挑战赛

时间：5 月 19 日至 5 月 21 日。

地点：国家体育总局户外运动宁海训练基地。

活动内容：由国家体育总局登山运动中心组织，邀请国内外高水平山地户外运动队伍参加比赛，打造宁海户外运动基地品牌。

3. 中国体育论坛

时间：5 月 18 日至 5 月 19 日。

地点：宁海开元新世纪大酒店。

活动内容：由国家体育总局组织体育界专家、体育产业企业领袖、大型体育组织负责人来宁海举行体育论坛。

4. 中国(宁海)木作文化高峰论坛

时间:5 月 20 日至 5 月 21 日。

地点:有关酒店、宾馆。

活动内容:由中华文化促进会邀请、组织中国著名专家、学者、企业家来宁海就中国木作文化开展研讨。

5. 全国桥牌邀请赛

时间:5 月 14 日至 5 月 18 日。

地点:宁海天明山温泉大酒店。

活动内容:由国家体育总局、国家住房与城乡建设部组织全国建设系统及部分省市桥牌代表队来宁海参加比赛。

6. 全国百所高校学生代表"读万卷书,行万里路"宁海开游仪式

时间:5 月 19 日下午。

地点:宁海西门。

活动内容:该活动由中国青年报社和全国大学生旅游联盟发起、组织,全国百所高校学生代表举行"读万卷书,行万里路"宁海开游仪式。随后,参与的高校学生沿着当年徐霞客开游古道,踏着徐霞客的足迹游览。

7. 中国徐霞客开游节大型演唱会

时间:5 月 19 日晚上。

地点:开游节演艺广场。

活动内容:举办主题鲜明的大型演唱会,并在中央电视台相关栏目播出。

8. 知名诗人"走宁海、写宁海"活动

时间:5 月 17 日至 5 月 19 日。

地点:有关酒店、景区。

活动内容:由全国文联诗楹协会、宁海县政协邀请若干知名诗人来宁海采风写诗。

9. "生态宁海"名特优商品博览会

时间:5 月 17 日至 5 月 22 日。

地点:宁海县果蔬市场名特优产品购物中心。

活动内容:宁海特色生态食品、工艺品、日用品展示展销,宁海生态美食周,宁海传统手工艺现场制作表演。

10. 宁海国际投资洽谈会

时间:5 月 18 日至 5 月 19 日。

地点:宁海开元新世纪大酒店。

活动内容:邀请国内外投资商来宁海洽谈投资项目。

11.大型音乐激光焰火晚会

时间:5 月 21 日晚上。

地点:宁海徐霞客大道。

活动内容:音乐焰火施放活动,供广大市民观看。

第二节　浓缩精华——浙江主题公园

主题公园是为了满足旅游者多样化休闲娱乐需求而建造的具有创意性活动方式的现代旅游场所。它根据特定的主题创意，以文化复制、文化移植、文化陈列以及利用高新技术等手段，以虚拟环境塑造与园林环境为载体来迎合消费者的好奇心，以主题情节贯穿整个游乐项目的休闲娱乐活动空间。浙江最著名的主题公园有以下几个。

一、"中国好莱坞"——横店影视城

(一)"江南第一镇"与"东方好莱坞"

被誉为"江南第一镇"的横店，地处浙中黄金旅游线上，距上海 380 千米，距杭州、温州各 180 千米，距东阳市区 18 千米，距义乌市区 36 千米。横店影视城是亚洲最大的影视拍摄基地，被誉为"东方好莱坞"，以其厚重的文化底蕴和独特的历史场景而被评为国家 AAAAA 级旅游区。

2002 年横店影视城接待游客 128 万人次，2011 年到横店旅游的人数超过 1200 万，实现收入 60 亿元。横店文化产业增加值占 GDP 的比重达 28%，相当于全国平均水平 2.78%的 10 倍多。

横影产业区汇集了 305 家影视公司，诞生了全国首家创业板上市影视公司——华谊兄弟(华谊兄弟传媒集团)。横店演员工会拥有 7500 余名来自全国各地被称为"横漂"一族的特约演员。横店影视城汇集了大量像冯小刚、何平、汪子祺、谢紫纶等影视行业精英。

(二)横店影视城八大景区

1. 秦王宫景区

秦王宫景区是 1997 年为著名导演陈凯歌拍摄历史巨片《荆轲刺秦王》而建，

也是《英雄》《功夫之王》等大片的诞生地。设计师们花费了四年心血设计出了一幅宏伟的秦王宫蓝图,而秦王宫景区仿建的原型就是秦王朝最主要的宫殿——咸阳宫。

景区占地面积800亩,以规模巨大、形体复杂、布局严谨而著称。有雄伟壮观的各类宫殿,五步一楼,十步一阁;廊腰缦回,檐牙高啄,各抱地势,钩心斗角。主宫"四海归一殿"威严矗立,高耸挺拔,淋漓尽致地表现出秦始皇吞并六国,一统天下的磅礴恢宏气势。

正因秦王宫浓厚的历史氛围,助《荆轲刺秦王》获得了1999年戛纳电影节的最佳技术奖。同时也吸引了众多大片来这里拍摄,秦王宫景区可以说是影视大片和历史正剧的摇篮。在此,拍摄完成了《荆轲刺秦王》《无极》《寻秦记》《汉武大帝》《贞观长歌》《木乃伊Ⅲ》《美人心计》《鸿门宴》等近百部影视大片。

2. 明清民居博览城

明清民居博览城占地面积900余亩,是集古建保护、影视拍摄、旅游观光、艺术展览于一体的综合性游览区,也是横店影视城历史最长、投资最大、内涵最为丰富的景区之一,分"桃花源"和"秦淮河"两大景系。

"桃花源"景系集中了从江南各地拆迁的明清古民居异地重建而成,已被命名为中国文物保护基金会示范基地和中国古民居保护基地。粉墙黛瓦、砖石木雕、斗拱琴坊是无数工艺大师的心血结晶;戏院祠堂、府第民宅、屯溪老街是千年历史文化的民俗画卷。这里还兴办了东阳木雕馆、徐氏精品馆等十多个展馆,具有极强的观赏性和知识性,琳琅满目的艺术藏品让游客趣味无穷。

"秦淮河"景系是以明清时期南京十里秦淮为蓝本,再现了以夫子庙为中心的繁华古都风貌,集中再建了江南贡院、八艳坊、桃叶渡等建筑,微缩复原的圆明新园展馆、"中华一绝"的福建土楼、高科技4D动感影院,更是新的亮点。景区里还安排了中国曲艺、影视片断、民俗节目供游客观赏和参与。

在这里拍摄了《通天帝国》《投名状》《新射雕英雄传》等众多影视作品。

3. 清明上河图景区

清明上河图景区以北宋著名画家张择端的巨作《清明上河图》为蓝本,取其神韵,结合北宋时期的社会背景、民俗、民风及宋时的古建特色,按影视拍摄的需要建造而成。

清明上河图景区占地面积600余亩,风光旖旎独特,细细品味,妙趣横生。画舫美丽精致,牌坊高耸林立,花卉争奇斗艳。登上巍峨的景门城楼,近可俯瞰基地全貌,远可眺望整个横店城。汴河蜿蜒,河水清澈,波光粼粼。河岸柳树成荫，河里鱼儿成群、历历可见，走上虹桥，好似踩虹上天，真是令人心旷神怡。无论是开封府还是蔡童相府，每一处建筑，四角高挑，飞阁流檐，色彩浓丽，更有亭台楼阁、轩廊水榭装点其中，再现了千年前北宋东京汴河漕运的繁华景象及市井生活、民俗风情。

众多观众喜闻乐见的影视大片，如《小李飞刀》《大宋提刑官》《宝莲灯》《少年杨家将》《龙虎门》《仙剑奇侠传》等都曾在此拍摄。漫步于清明上河图景区，您会感受到“一朝步入画中，仿佛梦回千年”的感觉，也会深深地被其独特的北宋文化氛围所陶醉。

4. 明清宫苑景区

明清宫苑这座集影视拍摄、旅游观光、节庆典礼等功能于一体的特大景区，始建于 1998 年，占地面积 1500 亩，是横店影视城目前最大的影视基地。

明清宫苑是以故宫为模板 1∶1 复制，参照了明清时期宫廷建筑手法，以影视城特有的营造方式，仿效了唐、宋、元等时期的礼制，又融入了民国年间的建筑风格，荟萃了京城宫殿、皇家园林、王府衙门、胡同民宅等四大建筑系列，真实地再现了多个历史时期燕京的官府民居、街市店铺和宫殿风貌。拥有棋盘街、承天门广场、千步廊、文武台、金水河、玉带桥等许多历史景观，其金碧辉煌的帝王宫殿、浑然天成的花园湖泊、富丽堂皇的龙阙凤檐、气势恢宏的皇宫广场，成为游人深宫探幽、寻古访旧、观赏千年古都的好去处。

在此共拍摄了《天下无双》《满城尽带黄金甲》《金枝欲孽》《鹿鼎记》《宫锁沉香》等百余部影视大片。后宫戏大热的今天，明清宫苑更是引得剧组蜂拥而至，《宫锁心玉》《甄嬛传》《深宫谍影》《宫锁珠帘》等热播剧均在此取景，随处可见明星演员拍戏工作的忙碌身影。

5. 华夏文化园

横店华夏文化园是以展示中华民族五千年优秀文化成果为主题，集独特性、历史性、知识性、艺术性、游乐性于一体的百年精品景区。其占地面积 500 多亩，总投资 10 亿多元，内有门楼、文化广场、历史长廊、四大佛山、鱼乐苑、塔林与观音庙、植物园、皇家娱乐街、三教塔和瑶台胜境等十大景点，荟萃了中华民族五千年的历史文化。

6. 梦幻谷景区

梦幻谷景区包括梦文化村、横店老街、江南水乡、水世界四大区域，占地面积 430 亩，是一个以火山爆发、暴雨山洪等各种自然现象及自然风貌展示为主，配以各种游乐设施和演艺活动等内容的大型夜间影视体验主题公园。

“梦文化村”主要包括今夜星河广场、人猿之家、鹰王神瀑、远古行宫、金色胡杨、蓝月亮门、翻天覆地、欢快蛙跳、了了城堡、摇滚排座、海盗风浪、亚马快车、爪哇欢跳、阿周那锤、雪域飞鹰、吉祥转马、雪山月亮、转经筒、玛尼堆等。“江南水乡”集江浙水乡之精华而营造，生动地展示了清末民初时期江南水乡的民生百态和万种风情。

“水世界”占地面积 90 亩，以地中海地区的地理风貌为原型，以中东地区的文化背景和世界名著《一千零一夜》的故事为主题。建有一千零一夜戏水区、地中海海浪区、土耳其古城区、飓风湾探险区和更衣室、商铺、医疗中心、迷童中心等相关配套服务设施，拥有亚丁风暴、幼发拉梯、辛巴飞毯、波塞冬碗、多哈滑道和爱琴蓝海(海浪区、海啸区)等大型水上游乐设备和游乐区域，游客容量在 10000 人以上。

梦幻谷景区以“灾难性震撼”体验和“纵横博彩”参与游戏为主题，依托影视和高科技的表现手法，营造浓郁梦幻氛围，创造体验旅游时尚，是横店影视城彻底告别静态观赏性旅游的重大标志。

7. 广州、香港街

广州、香港街建于 1996 年，是为配合谢晋导演拍摄历史巨片《鸦片战争》而兴建的，是横店影视城的发祥地。1998 年又扩建香港街，古道纵横交错，珠江穿城而过，再现了 19 世纪的广州、香港的街市风情。广州、香港在横店相偎相依、接壤而处。广州街美景簇拥，有艺术地重建的“19 世纪南粤广州城市街景”；代表“珠江”及“广州市内小河”的人工湖泊；还有重现当年的“十三夷馆”和“天字码头”等景观。它生动形象地再现了鸦片战争前后广州的市井风貌，是现代游客观赏清代时期广州城市社会街景的“风俗画”。

香港街整个布局利用荒野坡地优势设计，分布着皇后大道、香港总督府、维多利亚兵营、汇丰银行、上海公馆、和翰园等 19 世纪香港中心城区的众多街景。30 多座象征英国殖民统治的欧式建筑，构成了当时香港政治、经济、文化中心的“维多利亚城”。别具一格、引人入胜的景致吸引许多新婚夫妻和剧组明星来此拍摄取景，至今已有数百部影片在这里独立制作完成，《鸦片战争》《潜伏》《归航》《雍正王朝》《百年沉浮》等，不胜枚举。独特的文化旅游更是让游客纷至沓来。

8. 大智禅寺

大智禅寺始建于南梁年间(502—557)，距今已有 1500 多年的历史，1994 年奠基修复，占地面积 280 亩。修复后的大智禅寺古风重振，布局严谨，气势雄伟，巍峨壮观，拥有国内最高的室内释迦牟尼像，是翠枝如黛、古朴幽深的佛国净土。

大智禅寺弘扬禅宗佛法，在此游客可以感受普照佛光，接受佛法洗礼。此举不是止息或减除所受的痛苦，而是教化世人向善、宽心，更是关怀人生、觉悟人生。佛法的慈悲与智慧能带来平安幸福，使人们静心体会人生的真谛，打开心灵之窗去感受美好，感悟真善。大智禅寺既是古朴幽深，香气氤氲的佛国净土，又是环境清雅，景色宜人的游憩怡情胜地。这里的怡人景致令游客目不暇接，啧啧称道，叹为观止。大智禅寺被列为横店影视城武打片拍摄基地，并为许多功夫片制作商所青睐。《小李飞刀》《绝代双骄》《活佛济公》《机灵小不懂》等影视剧都在这里取景拍摄，大智禅寺以其特有的魅力，为横店影视旅游产业的建设锦上添花。

(三)横店影视城旅游指引

1. 横店影视城之最

建设规模最大——横店影视城下辖 12 个影视拍摄基地，总计用地 4963 亩，建筑面积 495995 平方米，是目前全国乃至亚洲最大的影视城。

室内最高佛像——横店集团修复的大智禅寺主殿大雄宝殿高 45.05 米，殿内释迦牟尼佛高 28.88 米，室内佛像高度居全国第一。

影视拍摄最多——横店影视城自 1996 年拍摄电影《鸦片战争》以来，到 2003 年底已接待 200 多剧组，共拍摄影视剧 4000 余集。

群众演员最多——据统计，至 2003 年长居横店、有一定表演技能的“横漂”一族配角演员已达 1200 多名，参加拍摄的注册群众演员有 1100 多名。

最大室内影棚——横店影视城内有两座高科技摄影棚，其中一座为 1944 平方米、高 23 米，是国内规模最大的室内摄影棚。

2. 横店影视城之特色餐饮

影视城有一条万盛美食街。胖仔火锅店重庆风味的奇奇火锅、横店老北京餐馆的正宗北京涮羊肉，横店大西北食府的西北风味大盘鸡，横店金华煲庄的胴骨煲牛杂煲、酸菜黑鱼煲，万盛街中餐馆的南马肉饼配上东阳上卢的上卢馄饨，万盛街金华酥饼店的金华酥饼，万盛街东阳拉面馆的东阳拉面，万盛街千里飘香餐馆典型东北风味的熏肉大饼都深受明星们的青睐。

3. 横店影视城特色住宿

横店影视城的特色住宿包括横店旅游大厦、横店东磁大厦、横店影星酒店、横店贵宾楼、横店国贸大厦、横店星河酒店等酒店。

二、“给我一天，还你千年”——杭州宋城

（一）中国最大的宋文化主题公园——概貌

宋代（960—1279）是中国封建社会发展成熟的朝代，其经济、科技、文化的发展在当时居世界领先地位。杭州宋城旅游景区位于西湖风景区西南，北依五云山、南濒钱塘江，是中国最大的宋文化主题公园，由杭州世界城宋城置业有限公司投资兴建。宋城景区是中国人气最旺的主题公园，年游客逾600万人次。宋城主要分为：《清明上河图》再现区、九龙广场区、宋城广场区、仙山琼阁区、南宋风情苑区等部分。

（二）杭州宋城主要景点

1. 文化演艺区

包括4700座的千古情大剧院和3300座的宋城大剧院、文化广场等。每天上演宋城千古情和各种演艺表演。

2. 高科技体验区

包括活着的《清明上河图》、步步惊心、惊魂鬼屋、丛林魅影、怪街、宋宅、斗蟋蟀等项目。

3. 梁山好汉游乐区

包括自由落体、大摆锤、旋转飞椅、转转杯、大青蛙跳等大型游乐项目。

4. 儿童游乐区

包括旋转木马、冒险岛、勇敢救火队、转马、沙滩寻宝、海盗船等游乐项目。

5. 市井街

亭台楼阁鳞次栉比，街市店铺应有尽有，更有王员外家小姐彩楼抛绣球、杂耍、打陀螺、木偶戏、花鼓灯和七十二行老作坊等精彩表演。置身宋城，恍若穿越到古代！

6. 仙山佛窟区

历史上，杭州是我国东南沿海的佛教中心，南宋时期寺院林立、佛学盛行、名传海内外。仙山佛窟区内有佛窟探秘、释迦牟尼造像、卧佛、财神庙、月老祠、观音殿等，再现了“东南佛国”的奇观。

7. 文化广场区

这里是宋城举行大型活动的地方，广场中心舞台的背景是一座高达26米、会喷火的山。每当火把节、泼水节、锅庄狂欢节等活动在这里举行时，神圣的天火总是随着人们虔诚的祈祷声从天而降，在山顶熊熊燃烧，把快乐和光明带给

大家。

8.宋河

蜿蜒迤逦的宋河贯穿宋城，约1千米长。丰水季节，游人可在河里撑起乌篷船悠游荡漾；华灯初上时，夜色中两岸古建筑在红灯笼的映衬下，如梦如幻。这里亭台水榭、客栈林立，各种酒吧、茶座等休闲娱乐一应俱全，是名副其实的杭州“丽江”。

9.城楼广场区

城楼广场区是宋城最美丽的广场，巍峨的城楼似乎在向游客诉说着一个王朝的辉煌。拾阶而上的城楼是宋皇和后宫佳丽们远眺的地方。现在城楼上改造的宋皇宫金碧辉煌，有兴趣的话还可以穿上龙袍做一回宋皇。广场上那棵千年的古樟，传说是宋高宗皇帝的救命神，每年宋高宗都要在这里祭拜。历经千年的古樟，曾守卫过古老的王朝，今天它还在默默地呵护着宋城，也呵护着来来往往的人们。

10.南宋皇宫石板

从宋城城门楼到市井街，长达120米距离的石板路，是骨灰级的文物。20世纪90年代初，杭州的抗咸工程从南宋皇宫的遗址区域穿过，发现了一条由石板铺就的御道。宋城抢救收集了这批南宋皇宫石板，将其铺在宋城城门楼和市井街。历史是如此的神奇，千年前宋高宗走过的御道，今天就在脚下，不知是否让人有穿越千年的奇妙感觉。

(三)杭州宋城特色旅游项目

1.演艺宋城

大型歌舞《宋城千古情》，是一生必看的演出，是杭州宋城的灵魂。《宋城千古情》用最先进声、光、电的科技手段和舞台机械、以出其不意的呈现方式演艺了良渚古人的艰辛，宋皇宫的辉煌，岳家军的惨烈，梁祝和白蛇许仙的千古绝唱，最后直径15米的神伞从天而降，把丝绸、茶叶和烟雨江南表现得淋漓尽致，极具视觉体验和心灵震撼，被誉为“世界三大名秀”之一。

宋城千古情创造了世界演艺史上的奇迹：年演出1300余场，旺季经常每天演出10场，宋城千古情推出十余年来，已累计演出16000余场，接待观众4600余万人次，是目前世界上年演出场次和观众最多的剧场演出。

2.科技宋城

(1)活着的《清明上河图》。通过科技手段把《清明上河图》活化起来，在近200平方米的幕布上，通过动态环境的组合，将繁忙的漕运、喧闹的街市、祥和的宅院以及昼夜的交替表现得惟妙惟肖，展现了盛世宋朝的都市风情。

(2)心鬼屋。鬼屋以世界上首部法医学著作宋代《洗冤录》为故事蓝本，运用现代高科技的灯控、机械、音响系统，给人身临其境的惊悚体验，带您穿越时空重回大宋，破解千年之前的神秘奇案。

(3)惊魂鬼屋。鬼屋按照《聂小倩》里主人公宁采臣的经历，又杂糅了畅销小说《鬼吹灯》里的惊怵画面，塑造了十大场景，分别是聊斋鬼影、血屋血咒、坟场尸棺、郊野鬼瞳、断桥冤魂、僵尸蛊洞、诡秘悬井、停尸房诅咒、邪域噬鼠、幽冥小镇。

(4)怪街。依照宋高宗赵构的梦境而建，斜屋、倒屋、横屋、隐身屋，街内每一间房子都有诸多的怪事发生，各种出乎想象的怪异景象，简直是鬼斧神工，令人叹为观止。

3. 文化宋城

宋城既有各类民俗主题活动，如新春大庙会、火把节、泼水节、万神节等，还有七十二行老作坊的各类参与性活动，如打年糕、根雕、打铁铺、糖画、酒坊等，还有各类民俗表演，如布袋偶戏、古典魔术、提线木偶、空中戏羊猴、皮影戏、市井杂技、大樟树舞台表演(命悬一线)。

三、华东一流的欢乐王国——宁波凤凰山海港乐园

(一)创造多项世界第一——乐园概貌

凤凰山海港乐园位于东方大港——宁波市北仑区中心，距宁波市中心 30 千米，是新一代高科技大型国际化主题乐园，被誉为浙江人自己打造的“迪士尼”。凤凰山海港乐园分一期、二期。一期投资近亿美元、占地面积 26 万平方米，由美国顶尖游乐设计公司设计，采用目前世界上最新的设计理念，规划出“世界广场”“魔幻村庄”“凤凰城堡”“探险旅程”四个主题园区，营造出“欢乐、时尚、惊喜、刺激”的游乐氛围，成为华东一流的欢乐王国、度假胜地。凤凰山海港乐园二期增加了波波港湾和东海龙宫主题区，新增了摩天轮、飞行塔、波波飞车、海底追逐、扬帆起航、波波的秋千、龙宫救火队、澳洲之星、乘风破浪等设施。

凤凰山海港乐园有 23 项目前国际最流行的娱乐设施，其分别从意大利、瑞士、美国、德国等地引进。其中“大舟冲浪”为目前国内唯一的双轨道冲水项目，“激流勇进”为目前世界上落差最大的漂流项目，“飞天凤凰”为目前亚洲环数最多、世界第二的八回转过山车，还有“自由落体”“互动式射击小飞机”“活蹦乱跳”“旋转气球”“疯狂小巴士”“扭转乾坤”“海盗船”“醉酒桶”“四维影院”“儿童 F1”“儿童攀爬”“森林吉普车”“泡球战城”等丰富多彩、老少皆宜的游乐项目。

(二)丰富多彩、老少皆宜——乐园主要游乐项目

1. 世界广场

走进凤凰山海港乐园,即走入充满异国风情的奇幻世界,这里就是世界广场。世界广场入口两侧,造型如港口巨型吊臂拉起的大门,代表了海港乐园向广大游客招手的深远意义;一进到园内,两侧商店以世界各地独特的建筑元素堆砌而成,营造出奇特的异国氛围,盛邀游客进入这个惊奇与欢乐的世界。

2. 魔幻村庄

魔幻村庄是充满惊奇幻想的世界,漾满欢乐的天堂,在这里游客可以找回儿时的感觉,在这里游客可以体会到亲子同乐的欢欣。魔幻村庄有“活蹦乱跳”等10余项游乐项目。

(1)活蹦乱跳。意大利进口游乐项目,设备将游客提升到离地3米高处,然后像青蛙一样跳到最低点再提升,如此循环往复,有一定的刺激性,深受游客的喜爱。

(2)四维电影院。美国进口游乐项目,影院可容纳96人,让游客从听觉、嗅觉、触觉、立体影像来体验影片。尖端科技震撼影院,360°环状荧屏、移动座椅、加上声光烟火特效,游客将同步感受到影片内容中每一种震撼效果,如同身临其境、置身其中。

(3)电子飞碟子射击运动。电子飞碟是原奥运项目——飞碟射击运动,采用激光发射击系统全面代替实弹射击,安全性能高,其保留了飞碟射击的全部神韵,让游客在游乐园中就能体验飞碟射击的乐趣,观看击中飞碟时瞬间之美。

(4)互动射击式小飞机。意大利进口游乐项目,老少皆宜,随着音乐节拍小飞机转动、上升,每辆飞机可以向前面的飞机进行射击,被击中的将缓慢下降,趣味性较浓。

(5)小火车。每次可乘坐18人,以6千米每小时的速度在120米长的轨道上运行。

(6)疯狂卡丁车。道路长1200米,车速可达80千米至120千米每小时。这里既能体验赛车的刺激,又有安全的保证,是游客的开心乐园。

(7)巫师城堡。游客坐在船上进入城堡,城堡内是丛林,不时有蛇、怪物等出现,游客手持激光枪,并用此来射击消灭这些怪物,击中目标的游客就能得到相应的分数,非常具有趣味性。

(8)溜溜船。溜溜船水道长450米,共有8只船,船速可达1.2米每秒。

(9)旋转木马。随着音乐节拍,木马慢慢启动旋转,并作轻微的上下跳动,让游客犹如骑马漫步在乐园中。

(10)激流探险。瑞士进口游乐项目,具有 10 米和 15 米双冲,是目前国内唯一双段式俯冲设备,能让游客体验随瀑布水流冲下的乐趣。

3. 凤凰城堡

凤凰城堡拥有亚洲回环数最多的过山车,国内第一个双轨道冲浪项目,抢先体验最快速、最惊险最刺激的游戏,与世界级海港乐园同步。凤凰城堡主要游乐项目为飞天凤凰等。

(1)飞天凤凰。瑞士进口游乐项目,全长 830 米,最大速度 80 千米每小时,提升高度 31 米,共有 8 个回环,是亚洲回环数最多,世界回环数第二的过山车,能给年轻的游客带来前所未有的刺激。

(2)空中脚踏车。空中脚踏车轨道长 220 米,共 8 车,让游客体验在空中骑车的快感,刺激与惊险并存。

(3)海盗船。瑞士进口游乐项目,其一次可搭乘 60 人,自 19 米高处摆荡而下,是目前国内最大的海盗船,在这里,可以让游客体会只有海上才有的波涛汹涌、颠簸眩晕的感受。

(4)旋转气球。意大利进口游乐项目,老少皆宜,随着音乐节拍气球缓缓转动、上升。每分钟 7 转,可升高 6 米,在空中俯瞰乐园风景。

(5)自由落体。美国进口游乐项目,可以在 2 秒内加速到 64 千米每小时,是目前世界上最大加速度的自由落体。当游客随着机器从 56.3 米高处直立坠下时,惊声尖叫也从天而降。

4. 探险旅程

在探险旅程里游客可尽情舒展合家欢乐的美丽画卷;前往神秘非洲及古老埃及的探险旅程,让游客在冒险途中留下难忘的惊叹。探险旅程有“醉酒桶”等近 10 项游乐项目。

(1)醉酒桶。意大利进口游乐项目,老少皆宜,随着音乐节拍旋转,转动速度由慢到快。每分钟 7—18 圈,每次可乘坐 60 人。

(2)疯狂小巴士。意大利进口游乐项目,最高每分钟 10 转,具有一定的刺激性,是不敢挑战超级刺激项目游客的首选。

(3)急流泛舟。瑞士进口游乐项目,河道长 500 米,高差 4 米,是国内最大水位落差的急流气垫船。游客在漂流时,还可以观赏两岸丛林景观,同时还伴随着激流波浪不时涌起惊呼欢笑。

(4)扭转乾坤。德国进口游乐项目,是近年国内最流行的游乐项目之一。当设备运作时，游客能感受到4G的激烈重力感，当高度达到18米时，就能感受到垂直回旋和水平摇晃的双重刺激。

(5)碰碰车。本项目是目前较先进的无天网碰碰车，深受游客喜爱，回顾两小无猜时的情形，体验真情对对碰的乐趣。

(6)森林吉普车。适合儿童游玩的游乐项目，孩子们可以驾驶吉普车沿轨道在树林中穿越，做一次小小森林巡逻兵。

(7)泡球战城。准备好充足的炮弹，空中的动物和城内的所有朋友都是你的目标，在这里你可以一展炮兵的风采，体会互动的乐趣。

(8)儿童攀爬。滑滑梯、爬桶、绳网山，作为未来的主人，坚强意志的锻炼将从这里开始。

5.东海龙宫

东海龙宫主题区以海底世界为背景，独特的造型让游客可以在这里感觉到梦幻的龙宫风格，主题区里的设施有宁波之眼、绝密飞行、海底追逐、澳洲之星、龙宫救火队和乘风破浪。

(1)宁波之眼。在50米的高空，和心爱的他一起坐上摩天轮，站在风的上面，享受属于两个人的幸福与浪漫。

(2)绝密飞行。坐在特制的飞行舱里，瞬间提升到40米的高空，在高空迎着风，可以尽情地尖叫，体验宇宙飞船的失重感，刺激说不出第二次。

(3)海底追逐：在海底世界里，小朋友们乘上特制的海底小车，在"8"字形赛道里追逐赛跑，体验那神奇的瞬间变换，听到的，只有孩子们欢乐的尖叫声。

(4)澳洲之星。小朋友们和妈妈一起钻进袋鼠妈妈的袋子里，和妈妈一起去蹦蹦跳跳地寻找小袋鼠，是适合亲子和小朋友的超好玩的游乐项目。

(5)龙宫救火队。凤凰山海港乐园东海龙宫专为亲子游打造的游乐项目，小朋友们可以在爸爸的带领下，登上消防云梯车，做个小小的消防员，一起去救火。

(6)乘风破浪。亲子游的又一绝好项目，爸妈们带上小朋友，一起体验海上的风浪，时而向上颠起，时而旋转，没有眩晕，只有上上下下的快乐体验。

6.波波港湾

如果在东海龙宫里体验的是惊险与刺激，那么波波港湾就是小朋友们的游玩天堂，极具卡通风格的造型和精彩的互动设施绝对会让小朋友流连忘返。波波港湾主题区有波波飞车、波波的秋千、快乐的大脚和扬帆起航等设施。

(1)波波飞车。波波飞车是刚会走路的小朋友都能玩的项目。波波港湾里，远航的渔船平安满载而归，小朋友们欢乐得蹦蹦跳跳，路虽然有些不平坦，但挡不住孩子们欢乐的笑声，乘小小汽车，你追我赶快乐地奔向港湾。

(2)波波的秋千。在一个大草坪上，游客可坐在轻轻摆动的秋千上，感受儿时的烂漫与欢乐，这就是浪漫而又充满回忆的欢乐秋千。

(3)快乐的大脚。全室内的儿童嬉沙场，小朋友们可以脱掉鞋子，光着小脚丫，踩在松软洁白的细沙上，拿着小铲子，小水桶，做出自由想象奇形怪状的各种东西，是最环保、最适合孩子们的游玩天堂。

(4)扬帆起航。让你和他一起在飞行风筝里像风筝一样自由的飞翔，天空那么蓝，风是那么温存。

(三)精彩演绎——乐园主要表演剧场

1. 水手剧场

水手剧场位于魔幻村庄，座位数 600 个。水手剧场以呈现具有特殊风情、强烈地方色彩的歌唱、舞蹈、特技、魔术、打斗、器乐表演为主，带给游客欢乐、特殊、惊奇的感受。

2. 魔幻故事屋

魔幻故事屋坐落在主题公园的“探险旅程”区中，该区主要以埃及或非洲主题为特色来包装，因此故事屋也设在一个埃及的古神殿中，观众将进入具有浓郁埃及特征的预演厅，再进入古太阳神殿聆听古神殿发现者的故事。魔幻故事屋集魔幻剧场、电影特技、环境特效等所长，将真人表演与虚拟表演无缝结合，让人们体验互联网、电视所给予的乐趣，获得巨大沉浸感、临场感，这种神奇、刺激、惊心动魄的体验为国内独有，别具特色。

第三节　现代文明——浙江重大工程

重大工程旅游是旅游的一个重要组成部分。中华人民共和国成立以来，特别是改革开放以来，浙江实施建设了一大批在全国有影响力的重大工程，比如杭州湾跨海大桥、新安江水库、秦山核电站等等。这些重大工程不仅是重要的民生工程，更成为旅游的热点项目。

一、世界第三长跨海大桥——杭州湾跨海大桥

（一）横跨中国杭州湾海域

杭州湾跨海大桥是一座横跨中国杭州湾海域的跨海大桥，总投资118亿元，北起嘉兴市海盐郑家埭，跨越宽阔的杭州湾海域后止于宁波市慈溪水路湾，是国道主干线——同三线跨越杭州湾的便捷通道。

大桥全长36千米，其中桥长35.7千米，双向六车道高速公路，设计时速100千米，设计使用寿命100年以上。这个长度，比连接巴林与沙特的法赫德国王大桥还长11千米，超过了美国切萨皮克海湾桥等世界名桥，是世界上已建成的第三长的跨海大桥。

大桥2003年11月14日开工，2007年6月26日全线贯通，2008年5月1日晚11时58分正式通车。

（二）杭州湾跨海大桥主要看点

1. 长桥卧波

杭州湾跨海大桥融入了浙江、上海、江苏的吴越文化观念。在桥型上，设计者采用了西湖苏堤的形态，集交通、观光于一体。为兼顾杭州湾水文环境特点，“长桥卧波”的设计将大桥平面勾勒成S形曲线，优美、活泼的桥型让司机和乘客在行车、坐车时产生愉悦心理。

2. 桥下航道

杭州湾为世界三大强潮海湾之一，有台风、小气候形成的龙卷风，有混乱的流速、流向。“长桥卧波”的设计也是出于大桥安全性的考虑，专门为钱塘奇潮及过往海轮留了通道。整座 36 千米的长桥有两处宽 448 米及 318 米的桥下通道。桥下净空高、流速急，北通道为 35000 吨海轮留下了航道，南通道为 3000 吨以下海轮留出了航道。这两条航道上端为钻石型双塔及 A 型单塔两座造型桥塔，成为“长桥卧波”桥型中两处跌宕起伏的高潮路段，钱塘潮也就自然能通过了。

3. 海中平台

跨海大桥于离南岸 14 千米处建有一个像东海石油平台一样的海中平台。施工时，作为南北接点，便于物流。施工结束时，平台成为集救援、观光、休闲于一体的桥中转运站。这个平台有 2 个足球场那么大，平台上还建有瞭望观光塔，风和日丽时，南可望慈溪庵东水路湾村的桥墩，北眺海盐郑家埭。

4. 设计风格

杭州湾跨海大桥按双向六车道高速公路设计，设计时速 100 千米每小时，设计使用年限 100 年以上，总投资约 118 亿元。大桥设南、北两个航道，其中北航道桥为主跨 448 米的钻石型双塔双索面钢箱梁斜拉桥，通航标准 35000 吨；南航道桥为主跨 318 米的 A 型单塔双索面钢箱梁斜拉桥，通航标准 3000 吨。除南、北航道桥外其余引桥采用 30—80 米不等的预应力混凝土连续箱梁结构。

5. 经济效应

大桥本身的经济效益是吸引投资者的重要基础。据交通流量调查统计，2009 年通过大桥的车流量达 5 万辆每天，2015 年达 8 万辆每天，预计 2027 年达 9.6 万辆每天。经测算，大桥财务内部收益率将达 8.03%—10.1%，投资回收期 14.2 年，投资回报率 15.10%（不含建设期）、12.58%（含建设期）。

大桥是中国自行设计、自行管理、自行投资、自行建造的，工程创 6 项世界或国内之最，用钢量相当于 7 个“鸟巢”，用混凝土量相当于 10 个国家大剧院，可以抵抗 12 级以上台风。大桥的护栏为彩虹 7 色，每种颜色覆盖 5 千米，自慈溪到嘉兴海盐分别为红、橙、黄、绿、青、蓝、紫。

（三）大桥旅游——海中平台旅游

2010 年 12 月 18 日，世界第三长跨海大桥——杭州湾跨海大桥中部的海中平台正式落成，并于 12 月 19 日起对外营业。

杭州湾跨海大桥全长 35.7 千米，海中平台就在它的正中间，也就是 18 千米左右处。在跨海大桥建设期间，海中平台是用来工程测量、应急救援和物资堆放的。大桥建成后，海中平台进行了改造，变成了海中观景平台，并且给它取了一个非常好听的名字叫“海天一洲”。它以白色和蓝色为主调，外形就像一只展翅飞翔的雄鹰。

海天一洲分为主体平台和观光塔两部分，主体平台一共有6层，观光塔共16层，高145.6米，站在塔上，可以远眺跨海大桥“长虹卧波”的优美姿态，还可以看钱塘江大潮和附近的嘉兴港，同时还可以欣赏杭州湾湿地，这里栖息着各种鸟类。海天一洲是杭州湾跨海大桥的点睛之作，它的建成使杭州湾跨海大桥更加壮观更加秀丽。它既是杭州湾区域的一个地标性建筑，也是宁波的一张靓丽名片。

二、天下第一秀水——新安江水库(千岛湖)

(一)世界上岛屿最多的人工湖

千岛湖又叫新安江水库，位于淳安境内(部分位于安徽歙县)，是世界上岛屿最多的湖。千岛湖的湖泊面积为567.40平方千米，最大深度108米，平均深度34米，容积178.4亿立方米，相当于3184个西湖的容量；是在距建德市新安江镇以上4千米处建坝蓄水而成的人工湖。水库上游具有明显的“湖泊效应”且有大大小小的岛屿，因此称“千岛湖”。

千岛湖的主要源水为安徽境内的新安江及其支流，汇水来自安徽徽州的歙县、休宁、屯溪、绩溪，以及祁门和黄山区的南部。

千岛湖风景区群山绵延，森林繁茂，湖水晶莹透彻，能见度达12米，属国家一级水体，被赞誉为“天下第一秀水”。2009年，千岛湖以1078个岛屿入选世界纪录协会世界上最多岛屿的湖，创造了世界之最。

目前，全世界有三个千岛湖，除浙江千岛湖外，一个在湖北省黄石市阳新县，一个在加拿大。

(二)新安江水库建设历程

千岛湖所在的淳安县建制于东汉建安十三年(208)，距今1800多年，历史悠久，人文荟萃，素以“锦山秀水，文献名邦”著称。1959年，为建设新安江水电站，淹没了淳安县的贺城、狮城、威坪镇、茶园镇和港口等城镇，淹没了49个乡的1377个自然村，淹没了耕地良田307838亩和城镇工商企业255家。淳安、遂安两县合并为淳安县。

电站选址马铜官峡，1957年4月动工兴建，1959年9月21日封孔蓄水。同年4月9日，周恩来总理视察电站建设工地时，挥笔题写“为我国第一座自己设计和自制设备的大型水力发电站的胜利建设而欢呼!”

(三)新安江水库(千岛湖)旅游特色

1. 千岛湖碧波浩瀚,湖水清澈

千岛湖汇水区域达 10442 平方千米,千岛湖水质良好,平均达到国家Ⅰ类水质标准。

2. 千岛百姿,港湾幽深

千岛湖中大小岛屿形态各异,群岛分布有疏有密,罗列有致。群集处众岛似连非连,湖面被分隔得宽窄不同、曲折多变、方向难辨,形成湖上迷宫的特色景观,更有百湖岛、百岛湖、珍珠岛等千姿百态的群岛、列岛景观;岛屿稀疏处,湖面开阔、深远、浩渺,宛如海面。湖湾幽深多姿,景色绚丽多彩。

3. 千岛林木茂盛,满目葱绿

千岛湖岛屿上森林覆盖率达 95%,有“绿色千岛湖”之称,并在 1986 年 11 月被林业部批复为国家森林公园。千岛湖风景区植物种类非常丰富,有维管束植物 1824 种,其中属国家重点保护的树种有 20 种。景区还保存比较完整、面积较大的阔叶混交林区及千亩田、磨心尖的植物分布群落等,都是组织植物景观、植被考察和开展专项旅游的特色区域。

4. 千岛湖动物繁多,景观独特

千岛湖有 13 科 94 种形态各异的鱼类资源,有“鱼跃千岛湖”“水下金字塔”等奇特景观,可开展丰富多彩的展览、垂钓、围捕等特色旅游项目。鸟类资源也很丰富,有 90 种,冬季候鸟、相思会歌、老鹰叼鱼、鹭鸶捉鱼等景观都非常精彩。野生动物资源有兽类动物 61 种,鸟类 90 种,爬行类 50 种,昆虫类 16 目 320 科 1800 种,两栖类 2 目 4 科 12 种。

5. 千岛湖溪谷峰岩,交相辉映

地貌景观丰富,石灰岩、丹霞地貌、薄层灰岩、花岗岩……,其组合变化,多姿多彩。其中石灰岩地貌景观有千岛湖石林、桂花岛、羡山等七处;丹霞地貌如屏峰岩两侧的“腰子石”“飞来石”等,是“两江一湖”内唯一具有观赏价值的丹霞地貌景观;由于地质构造运动,它还形成了许多独具特色的山峰、峭壁、岩石、峡谷景观,如石柱源、全朴溪、二十五里青山,尤以仙人潭、金坳幽谷最具特色。

6. 千岛湖生态绝佳、物产丰饶

四周群山连绵,林木繁茂,鸟语花香,生态环境佳绝,资源丰富,共有植物 1786 种,盛产茶叶。蚕桑、木材、毛竹等,湖内淡水鱼有 87 种,年捕鱼量达 4000 多吨,且四季时新鲜果,土特产品丰富。

2016 年 12 月,20 个特色小镇入选浙江省首批 20 个特色小镇文化建设示范点。

浙江特色小镇建设是在经济发展新常态下对发展模式的有益探索,符合经济规律,注重形成满足市场需求的比较优势和供给能力,是浙江“敢为人先、特别能创业”精神的又一次体现。浙江全力推进特色小镇建设,已把特色小镇打造成稳增长调结构的新亮点、实体经济转型发展的新示范、体制机制改革的新阵地。

(三)中国特色小镇创建

2015 年 12 月底,习近平总书记对浙江省“特色小镇”建设做出重要批示:“抓特色小镇、小城镇建设大有可为,对经济转型升级、新型城镇化建设,都大有重要意义。浙江着眼供给侧培育小镇经济的思路,对做好新常态下的经济工作也有启发。”随后全国各地特色小镇建设规划相继推出。

2016 年 7 月,国家相关部委决定在全国范围开展特色小镇培育工作,提出到 2020 年培育 1000 个左右各具特色、富有活力的休闲旅游、商贸物流、现代制造、教育科技、传统文化、美丽宜居等特色小镇。2016 年 10 月,国家住建部正式公布北京市房山区长沟镇等 127 个第一批中国特色小镇。2017 年 7 月,住建部公布北京市怀柔区雁栖镇等 276 个第二批中国特色小镇名单。截至 2017 年底,全国认定两批共 403 个特色小镇。

(四)浙江的中国特色小镇

特色小镇发展于浙江、兴起于全国,浙江特色小镇的发展一直走在全国前列。

2016 年第一批中国特色小镇,浙江省共有 8 个小镇入围,是全国入围数量最多的一个省,分别为:

1. 杭州市桐庐县分水镇——妙笔小镇

制笔是分水镇的重要产业,被誉为“中国制笔之乡”。

2. 温州市乐清市柳市镇——时尚智造小镇

柳市镇是中国电器之都,拥有以高低压电器、电子、机械、仪表、船舶修造等为主导行业的较为完整的工业产业体系和便捷的物流体系,生产的工业电器占据国内市场的半壁江山。

3. 嘉兴市桐乡市濮院镇——毛衫时尚小镇

濮院镇是中国羊毛衫名镇,商品销售至全国 140 多个大中城市,并进入俄罗斯、日本及中东、东南亚诸国。

4. 湖州市德清县莫干山镇——体育小镇

莫干山镇是中国国际乡村度假旅游目的地,镇内留存的人文景观和历史文化遗址有黄郛故居、葛岭仙境、始建于南宋时期的高峰禅寺、东周的冶铜遗址、后晋时期的铜山寺遗址等。环莫干山区域优美的生态环境吸引了众多户外运动爱好者。此外,德清体育产品制造业、体育休闲服务业等的崛起,为打造体育特色小镇提供了支撑。

5. 绍兴市诸暨市大唐镇——袜艺小镇

大唐镇是中国袜业之都,全镇拥有工业企业 4273 家,其中织袜企业 3289 家。

6. 金华市东阳市横店镇——影视小镇

横店拥有国家 AAAAA 级景区和全球规模最大的影视拍摄基地,是中国首个"国家级影视产业实验区"。

7. 丽水市莲都区大港头镇——古堰画乡小镇

大港头镇境内有古堰画乡,有省内外著名的"丽水巴比松画派",建有丽水巴比松陈列馆、古堰画乡展览馆等。

8. 丽水市龙泉市上垟镇——青瓷小镇

上垟镇素有"青瓷之都"和"毛竹之乡"的美称,境内有百年青瓷古龙窑,源底古民居建筑群以及省级十大非遗经典旅游景点之一的披云青瓷山庄。

2017 年,浙江又有 15 个特色小镇上榜第二批中国特色小镇,认定数量和江苏省、山东省并列全国第一,分别为:嘉兴市嘉善县西塘镇、宁波市江北区慈城镇、湖州市安吉县孝丰镇、绍兴市越城区东浦镇(黄酒小镇)、宁波市宁海县西店镇、宁波市余姚市梁弄镇、金华市义乌市佛堂镇、衢州市衢江区莲花镇、杭州市桐庐县富春江镇、嘉兴市秀洲区王店镇、金华市浦江县郑宅镇、杭州市建德市寿昌镇、台州市仙居县白塔镇、衢州市江山市廿八都镇、台州市三门县健跳镇。

二、聚焦经典——浙江省特色小镇

(一)"无中生有"——余杭梦想小镇

"梦想小镇"坐落在余杭区仓前街道,选址于中组部、国务院国资委确立的全国四个未来科技城之一的杭州未来科技城。梦想小镇核心区块总面积约 3 平方千米,以章太炎故居、"四无粮仓"深厚的历史底蕴和"在出世与入世之间自由徜徉"的自然生态系统为载体,以科技城开放、包容、创新、服务的政务生态系统为支撑,以阿里巴巴总部所在地和金融资源集聚发展的产业生态系统为驱动,通过建设"众创空间"、O2O 服务体系,"苗圃+孵化器+加速器"孵化链条,打造更富激情的创业生态系统,帮助"有梦想、有激情、有知识、有创意",但"无资本、无经验、无市场、无支撑”的大学生“无中生有”,使他们创业的“梦想变成财富”。

2018 年 5 月,余杭梦想小镇入选最美特色小镇 50 强。

1.积淀深厚——小镇概况

章太炎故居、“四无粮仓”等为梦想小镇积淀了深厚的历史文化底蕴。章太炎是我国近代民主主义革命家、思想家和国学大师,其故居位于浙江省杭州市余杭仓前老街。四无粮仓(无虫蛀、无霉变、无鼠害、无雀扰)是中华人民共和国第一代粮食人于 1954 年创建,开启了我国粮食仓储事业发展的新时代。京杭大运河余杭段穿越小镇,全长 31 千米,两岸以人文旅游资源为主的旅游资源单位达 82 个,是活着的、流动着的重要人类遗产。

小镇临近阿里巴巴西溪园区。西溪园区又名淘宝城,是知名互联网公司阿里巴巴集团的总部所在地,坐落于杭州市余杭区未来科技城核心区域五常街道,这为小镇的发展提供了良好的商业机遇和氛围。

2.筑梦、助梦——小镇特色

梦想小镇定位于“互联网创业小镇”和“天使小镇”双镇融合发展。其中,互联网创业小镇重点鼓励和支持“泛大学生”群体创办电子商务、软件设计、大数据、云计算、动漫等互联网相关领域的企业;天使小镇则重点培育和发展科技金融、互联网金融,集聚天使投资基金、股权投资机构、财富管理机构。

梦想小镇的筑梦理念主要分为记忆、织补、共享、梦想四个部分:记忆——仓前老街承载了几代人的生活,有乡愁、有历史、有回忆;织补——以老街的空间肌理为脉络,增建建筑、院墙、梳理水街、巷道,添补小桥、河埠,恢复枕河而居、夹岸为街、宅院四合的老街风韵;共享——作为互联网的众创办公基地,既是工作空间,更是思想与理想的碰撞空间、人才与技术的交流空间、新老文化的融合空间、服务器等公共资源的共享空间;梦想——泛大学的创客们,从校园出发,回到记忆中的校园,有乡愁有机遇也有梦想。

杭州是一个能够实现梦想的地方。梦想小镇的源起,就是要打造一个年轻人实现梦想的地方。集聚互联网产业有关的好创意、好项目,是梦想小镇的立镇原则。小镇规划了三分之一空间,建设了互联网创业办公区,鼓励、支持泛大学生群体开展电子商务、软件信息、信息服务、集成电路、大数据、云计算、网络安全、动漫设计等互联网相关产品的研发、生产、经营和服务。借鉴美国硅谷经验,小镇建起了天使村。如今,1170 家科技金融、互联网金融,集聚天使投资基金、股权投资机构、财富管理机构扎根小镇,管理资本 2630 亿元,为初创期、成长期、成熟期等不同发展阶段互联网企业提供专业的金融服务,助力发展。

读懂年轻人，建设符合互联网人才需求的小镇环境，是梦想小镇让年轻人一见倾心的重要因素。小镇有最快的网速，有开放的论坛，有飘香的咖啡，有安静的书屋，有文艺的环境，有便捷的政府服务，还有只供单身人士居住的社区。北京36氪、上海苏河汇、深圳紫金港创客等知名孵化器以及500Startups、Plug&Play这2家美国硅谷平台，也都来到了小镇。短短3年，小镇快速集聚了12900名创业人才，1341个互联网创业项目，其中，136个创业项目获百万元以上融资，融资总额超过94.25亿元，3家企业挂牌新三板。

（二）醉美小镇——越城黄酒小镇

“五花马，千金裘，呼儿将出换美酒，与尔同销万古愁。”唐代诗人李白既是诗仙，也是酒仙，可谓无酒不成诗。元代以前没有白酒，兰亭雅叙的曲水流觞以及曹操青梅煮酒，均是指黄酒。中国半部文化史，都是黄酒催生出来的。最有名的黄酒，产自浙江绍兴。东浦镇是中国特色黄酒小镇。

1.越酒行天下，东浦酒最佳——小镇概况

“汲取门前鉴湖水，酿得绍酒万里香。”酿制绍兴黄酒的唯一水源——鉴湖水所在的东浦古镇，是绍兴黄酒的发祥地。而东浦古镇，正是今天以黄酒闻名天下的黄酒小镇。

黄酒小镇东浦镇位于长江三角洲南翼，地处宁绍平原西部，绍兴市越城区西北7千米处，镇域面积30.78千米，是绍兴市越城区、柯桥经济开发区、袍江经济技术开发区的中心地带。其中，古镇核心保护区3平方千米，传统风貌延伸区9平方千米，常住人口4.2万，先后被授予全国历史文化名镇、全国环境优美乡镇、浙江省文明镇、浙江省生态镇等荣誉称号。

东浦是典型的江南古镇，离鉴湖不远，横穿东浦的河流与鉴湖相连。汲鉴湖水酿的黄酒，香味浓郁，清澈甘甜。绍兴黄酒的几大品牌，像古越龙山、会稽山、塔牌的前身，都是东浦镇的酒坊，今天它们依然将酒厂设在鉴湖附近。

东浦镇上，越甫桥横跨南北，桥的不远处，是会稽山绍兴酒的前身“云集酒坊”，桥的北岸是鼎鼎大名的“孝贞酒坊”。乾隆皇帝下江南时途经东浦，走过此桥，在孝贞品酒，一时兴起，题诗道：“越酒行天下，东浦酒最佳”。

黄酒是世界三大古酒之一，为中国独有。黄酒并非囿于绍兴，全国知名的还有福建老酒、江西九江封缸酒、江苏丹阳封缸酒、无锡惠泉酒、广东珍珠红酒、山东即墨老酒、兰陵美酒、秦洋黑米酒、上海老酒、大连黄酒等等。但不论是文化底蕴，还是黄酒品质，依然首推绍兴酒。

从古至今，东浦酒一直受到人们的青睐，享誉海内外，手工制作酿酒更是东浦古镇之一绝。1915 年,东浦镇的云集信记“周清酒”作为绍兴酒的代表,参加在美国旧金山举办的巴拿马太平洋万国博览会,并获国际金奖。东浦酿造厂、鉴湖酿造厂生产的“越宫牌”加饭酒、“流觞亭牌”加饭酒也曾双双获得国际荣誉。

2. 黄酒节庆——小镇特色

东浦黄酒小镇围绕黄酒酿造及黄酒文化,举办了开耕节、开酿节、封坛节等一系列节庆活动,彰显小镇黄酒文化特色,吸引了大批游客的到来。

(1)开耕节。独具酒乡特色的开耕节活动在东浦青龙畈糯稻种植基地举行。作为绍兴黄酒节的启动项目,开耕节突出“鉴湖源水＋绍兴糯稻”的模式,是打造纯正绍兴黄酒的重要环节。

(2)开酿节。绍兴黄酒以手工古法酿造技艺为本,坚持“一冬一酿”的酿造道法,于每年立冬之日开酿,并举行盛大的黄酒开酿祭祀仪式。

(3)封坛节。以爱为酒,用心封坛。封坛既是绍兴黄酒冬酿的完美“收官”,也是一坛好酒新生命孕育的开始。2016 年,会稽山首届“封坛节”在黄酒小镇隆重启幕。

(三)青瓷今辉——龙泉青瓷小镇

1. 现代龙泉青瓷发祥地——小镇概况

中国青瓷小镇——披云青瓷文化园,位于龙泉上垟,是以中国龙泉青瓷文化为主题打造的文化旅游景区,以再现昔日青瓷辉煌。2009 年,披云公司购得国营龙泉瓷厂旧址,以此为基础,以保护并合理利用为原则,历时五年精心打造,成为龙泉青瓷文化旅游标志性景区。2011 年被评为“浙江省非物质文化旅游经典景区”,2013 年成为“浙江省首批工业旅游示范基地”,2014 年成为国家 AAAA 级旅游景区。这也是目前国内唯一的青瓷文化主题旅游景区。

青瓷小镇核心区位于上垟镇,地处浙闽边境龙泉市西部,距市区 36 千米,龙浦高速、53 省道穿境而过。上垟镇山水资源优越、瓷土资源丰富、民间制瓷盛行,历百年而不衰。上垟作为现代龙泉青瓷发祥地,见证着现代龙泉青瓷发展的历史。走进上垟镇,深山小镇的瓷风古韵,从旧屋翻新的大街小巷里飘溢出来,曾经的上垟国营瓷厂办公大楼、青瓷研究所、专家宿舍、工业厂房、大烟囱、龙窑、倒焰窑等至今仍在,成为不可复制的青瓷文化历史。

据统计,到 2015 年小镇已吸引了 89 家青瓷企业、青瓷传统手工技艺作坊入驻,带动了当地 4000 多名农民就业创业。同时,它还成为中国美院、景德镇陶瓷学院等高校教学实习基地,并吸引着越来越多的世界陶瓷文化交流活动在这里举办,成为龙泉青瓷对话世界的一个窗口。

2. 青瓷文化——小镇特色

小镇的精华集中在国家AAAA级景区——披云青瓷文化园景区。青瓷文化园是青瓷小镇项目的核心，保留原国营龙泉瓷厂风貌，设置青瓷传统技艺展示厅、青瓷名家馆、青瓷手工坊等各种青瓷主题的休闲体验区，为不可复制的青瓷文化历史增加了新的休闲体验。景区的核心为“青瓷寻踪剧场”，通过“瓷之国、瓷之旅、瓷之史、经典影院、百年龙泉”五个篇章，演绎龙泉1700余年的青瓷文化历史。

披云青瓷文化园手工坊设有游客体验区，可以容纳150余人制作、体验青瓷。园区配备专业的指导老师，辅导游客制作、体验青瓷文化。游客可以根据自己爱好制作各种青瓷产品，由工厂烧制后邮寄。

文化园内还设有青瓷餐厅，提供各种龙泉地方特色菜肴；在园内众多旅游商品店里可购买到各式各样的青瓷产品和纪念品。文化园内的披云青瓷主题酒店，以青瓷文化为主题，将龙泉青瓷传统文化巧妙融入酒店各个环节。

（四）嘉善巧克力甜蜜小镇

1. 资源丰富——小镇概况

嘉善巧克力甜蜜小镇位于嘉善县大云镇。大云镇是“中国鲜切花之乡”，有着丰富的诸如花海农庄一类的旅游观赏资源。2014年嘉善本土的巧克力品牌正式投产，一跃成为婚庆市场的网红产品。小镇还有云澜湾温泉区。综合利用上述资源优势，大云镇很快就被打造为集“花海、农庄、巧克力、温泉”元素为一体，以“甜蜜＋浪漫”为主题，融工业旅游、文化创意、浪漫风情为一体的体验式小镇。甜蜜小镇虽小，却极富魅力，充满特色。

近年来，大云镇相继获得全国文明镇、国家生态镇、国家园林城镇、中国鲜切花之乡、省级卫生镇、省级旅游强镇、省级森林城镇、省级教育强镇等称号。特色小镇规划面积3.87平方千米，核心区规划面积0.99平方千米。2015年6月入选全省第一批特色小镇创建名单，2015年11月承办了全省特色小镇“比学赶超”第一次现场推进会并做经验交流。2016年5月获评省级示范特色小镇、考核优秀小镇。

2. 甜蜜浪漫——小镇特色

作为浙江省第一批37个省级特色小镇创建单位之一，嘉善巧克力甜蜜小镇紧扣“甜蜜”主题，充分整合“巧克力、温泉、水乡、花海、农庄、婚庆”等一系列元素，利用碧云花海、云澜湾温泉、歌斐颂巧克力、十里水乡等重点项目，打造出甜蜜小镇独特的个性与灵魂。

巧克力甜蜜小镇注重异域风情的打造以及高标准的交互体验。园区内复古造型的火车穿梭于仿欧式的建筑和花海中，空气中还弥漫着甜蜜的巧克力味道……红黄色调、穹隆顶阁、奶白罗马柱，各种细节都在竭力打造一种仿若巧克力发源地的文化印记和欧洲情调，让游客仿若置身欧洲，极强的代入感让游客从感官上欣然接受这场异域文化之旅。

“歌斐颂巧克力能源厂”是小镇的巧克力核心生产地，一条 156 米的工厂生产线化身参观廊道——廊道上还分别设置了多重口味巧克力的品尝区。游客在参观的同时可以任意试吃，而所有试吃的产品将在廊道的终点处摆放出售。

巧克力最受欢迎的人群当属儿童和情侣。小孩子可以在父母的陪同下在儿童 DIY 区域利用模具、巧克力浆制作卡通造型的巧克力，或者观看糖果手工师进行糖果现场制作表演。情侣可以在巧克力厨房自由发挥想象，制作独一无二的创意巧克力，也可以私人定制一款专属巧克力。

2015 年 9 月，以歌斐颂巧克力市政厅为原型制作的长 4.08 米、宽 2.39 米、高 2.02 米、重 10.187 吨的巧克力雕塑，经英国吉尼斯总部权威认证，被正式列入“最大巧克力”吉尼斯世界纪录。

参考文献

1. 纪根立. 浙江旅游手册[M]. 杭州:杭州出版社,2005.
2. 林正秋. 浙江旅游指南[M]. 杭州:浙江人民出版社,2001.
3.《走遍中国》编辑部.《游遍中国:浙江》[M]. 北京:中国旅游出版社,2006.
4. 蔡敏华,李海平,包锦阳. 浙江旅游文化[M]. 杭州:浙江大学出版社,2005.
5.《中国导游十万个为什么》编写组. 中国导游十万个为什么——浙江[M]. 北京:中国旅游出版社,2004.
6. 苏旅. 实用导游文化鉴赏[M]. 北京:中国旅游出版社,2007.
7. 浙江省旅游局. 浙江导游文化基础知识[M]. 北京:中国旅游出版社,2014.
8. 李伟. 旅游学通论[M]. 北京:科学出版社,2006.
9. 陶汉军. 新编旅游学概论[M]. 北京:旅游教育出版社,2001.
10. 冯霞敏. 旅游学概论[M]. 北京:科学出版社,2007.
11. 黄翔,连建功. 中国节庆旅游研究进展[J]. 旅游科学,2006,20(1):45-49.
12. 程渭山. 浙江森林旅游[M]. 北京:中国林业出版社出版,2002.
13. 陈波. 中国饮食文化(第二版)[M]. 北京:电子工业出版社,2016.
14. 周珠法. 绍兴美食文化[M]. 杭州:浙江工商大学出版社,2014.
15. 叶大兵. 中国民俗大系:浙江民俗[M]. 兰州:甘肃人民出版社,2003.
16. 王全吉,周航. 浙江民俗故事[M]. 杭州:浙江文艺出版社,2009.
17. 杨爽,张建华. 主题公园旅游模式的浅析[J]. 上海商业,2011.
18. 姚武才. 浙江手册丛书:旅游浙江[M]. 杭州:西泠印社,2012.
19. 浙江省旅游局. 浙江著名景点导游词[M]. 杭州:浙江人民出版社,2004.
20. 浙江省旅游局. 浙江省文化旅游经典案例[M]. 北京:旅游教育出版社,2015.
21. 钱钧. 精编浙江导游词[M]. 北京:中国旅游出版社,2012.
22. 张佑林,陈朝霞. 区域文化精神与区域经济发展的理性思考——兼论"浙江工业化模式"的形成机理[J]. 浙江社会科学,2005(5):13-18.